古典文獻研究輯刊

二九編

潘美月・杜潔祥 主編

第 **13** 冊

胤禎（允禵）西征奏稿全本
（清廷統一西藏史料輯錄一）（中）

蔡宗虎 輯註

國家圖書館出版品預行編目資料

胤禎（允禵）西征奏稿全本（清廷統一西藏史料輯錄一）（中）
／蔡宗虎 輯註 — 初版 — 新北市：花木蘭文化事業有限公司，
2019〔民 108〕
目 26+158 面；19×26 公分
（古典文獻研究輯刊 二九編；第 13 冊）
ISBN 978-986-485-952-8（精裝）
1. 奏議　2. 史料　3. 清代
011.08　　　　　　　　　　　　　　　　108012003

ISBN-978-986-485-952-8

古典文獻研究輯刊
二九編　第十三冊　　　　　　　ISBN：978-986-485-952-8

胤禎（允禵）西征奏稿全本
（清廷統一西藏史料輯錄一）（中）

輯 註 者　蔡宗虎
主　　編　潘美月　杜潔祥
總 編 輯　杜潔祥
副總編輯　楊嘉樂
編　　輯　許郁翎、王筑、張雅淋　美術編輯　陳逸婷
出　　版　花木蘭文化事業有限公司
發 行 人　高小娟
聯絡地址　235 新北市中和區中安街七二號十三樓
　　　　　電話：02-2923-1455／傳真：02-2923-1452
網　　址　http://www.huamulan.tw　信箱　hml810518@gmail.com
印　　刷　普羅文化出版廣告事業
初　　版　2019 年 9 月
全書字數　456588 字
定　　價　二九編 29 冊（精裝）　新台幣 58,000 元　　版權所有・請勿翻印

胤禛（允禵）西征奏稿全本
（清廷統一西藏史料輯錄 一）（中）

蔡宗虎　輯註

[125] 恭奏青海王公數次會盟情況摺（康熙五十八年十一月初六日） [2]-《卷五》

奏爲青海王公會盟事。

十月二十七日會盟，青海親王羅布藏丹津〔註685〕、郡王察罕丹津〔註686〕、貝勒額爾德尼額爾克托克托柰〔註687〕、阿喇普坦鄂木布〔註688〕、貝子洛布藏達爾扎〔註689〕、巴勒珠爾阿喇普坦〔註690〕、台吉吹喇克諾木奇〔註691〕，又貝勒色普特恩扎勒〔註692〕、洛布藏察罕〔註693〕、繃蘇克旺扎勒〔註694〕，貝子拉察布〔註695〕，公車凌〔註696〕、噶勒丹達什〔註697〕、諾爾布繃楚克〔註698〕，台吉藏巴扎布〔註699〕、拉瑪察布〔註700〕、端多布旺扎勒〔註701〕、達木林色

〔註685〕《蒙古世系》表三十七作羅卜藏丹津，顧實汗圖魯拜琥幼子即第十子達什巴圖爾之子。

〔註686〕即郡王戴青和碩齊察罕丹津。

〔註687〕《蒙古世系》表三十六作額爾德尼額爾克托克托鼐，顧實汗圖魯拜琥第四子達蘭泰之孫，其父衰布。

〔註688〕顧實汗圖魯拜琥長子達顏鄂齊爾汗孫，《蒙古世系》表三十八失載。《如意寶樹史》頁七九〇後表一載其父羅布藏彭措貝勒，其名博碩特拉布坦旺波。

〔註689〕《蒙古世系》表三十六作羅卜藏達爾札，顧實汗圖魯拜琥第二子鄂木布之孫，其父卓哩克圖岱青。

〔註690〕顧實汗圖魯拜琥第二子鄂木布孫，其父納木扎勒，《蒙古世系》表三十六失載。

〔註691〕此人爲右翼盟長，顧實汗圖魯拜琥第七子瑚嚕木什之孫，《蒙古世系》表三十七失載，《如意寶樹史》頁七九〇後表五載父名旺欽，己名曲扎諾木齊台吉。

〔註692〕準噶爾部遊牧於青海者，《蒙古世系》表四十三作色布騰札勒，準噶爾部巴圖爾渾台吉孫，其父卓特巴巴特爾。

〔註693〕《蒙古世系》表三十六作羅卜藏察罕，顧實汗圖魯拜琥第二子鄂木布曾孫，父納木扎勒，祖墨爾根台吉。

〔註694〕《蒙古世系》表三十七作朋素克旺札勒，顧實汗圖魯拜琥第六子多爾濟曾孫，父額爾克巴勒珠爾，祖策旺喇布坦。

〔註695〕《蒙古世系》表三十九作喇察布，顧實汗圖魯拜琥第五子伊勒都齊曾孫，其父墨爾根諾顏，祖博碩克濟農。

〔註696〕《蒙古世系》表三十八作車凌，顧實汗圖魯拜琥長子達顏鄂齊爾汗孫，其父墨爾根諾顏。

〔註697〕《蒙古世系》表三十八作噶勒丹達什，顧實汗圖魯拜琥長子達顏鄂齊爾汗曾孫，其父垂庫爾，祖多爾濟。

〔註698〕《蒙古世系》表三十八作諾爾布朋素克，顧實汗圖魯拜琥長子達顏鄂齊爾汗孫，其父索諾木達什。

〔註699〕顧始汗第六子多爾濟之孫，其父畢嚕咱納，《蒙古世系》表三十七失載，《如意寶樹史》頁七九〇後表五作額爾德尼台吉策旺札布，其父畢塔咱那。

〔註700〕待考。

〔註701〕疑爲郡王察罕丹津之子，《蒙古世系》表三十八作惇多布旺札勒。

普特恩〔註702〕、扎布〔註703〕、格勒克、額爾德呢吉農〔註704〕等二十一人，至時引入，向上跪，俟部院章京宣讀聖旨後，親王羅布藏丹津跪稱，竊我等前皆以此新呼畢勒罕爲達賴喇嘛之呼畢勒罕，曾經據實具奏在案。今聖主憐愛我衆，將此新呼畢勒罕封爲達賴喇嘛，送往西藏，嗣奉聖旨，我等不勝歡喜，唐古忒等聆聞之下，亦無不歡喜，我等除各欽遵諭旨，勉力効命外，無可奏陳等語。向臣呈遞哈達，臣亦回給哈達，飲茶後，遂與青海王等將皇父慈愛爾衆，封新呼畢勒罕爲達賴喇嘛，送往西藏坐牀，所奉諭旨，爾均聞知，此不惟爾等喜悅，吾亦甚喜悅，爾衆意自應一致，凡事盡力等語傳告。據親王羅布藏丹津等跪稱，聖主既爲我衆盡心籌畫，我等惟有盡力圖報，謹稟聞於大將軍王前，今我等尙未商議，擬出外共議再行稟告。臣照伊所請，派出大員會盟，據王羅布藏丹津等同來稟稱，仰蒙聖主恩施，以固什汗之子孫逾格鴻施，各封爲王貝勒貝子公，可謂深仁厚澤，今復蒙聖主洞鑒，頒給呼畢勒罕冊印，封爲達賴喇嘛，仰蒙聖旨送往西藏，復令坐牀，皆與前奏符合，感激恩施，不勝歡忭，我等各選派精良兵丁，不惜身命，奮勇前進，俟至青海之烏勒噶，待入秋後，亦可餵養馬匹，若至八九月間，路積雪過大，牲不得食，糞不得燒，兵行甚難，必俟五月間草木萌發時方能起身，僕從等雖稱健勇〔註705〕不論有無牲畜，必皆明理，各儘力出兵一萬六千名，況準噶爾賊甚形奸宄，實不可靠，現已佔據藏地，復有增兵消息，難免送到呼畢勒罕後，竟行抗拒，及我兵起程之後，由噶斯路侵犯，擬令派出之一萬六千名，於明年五月十五日各由家起程，六月十五日皆至索羅木，挑選八千名，會同內地大軍，往送呼畢勒罕，所餘八千名，令駐紮噶斯路等處要地，保衛本遊牧。青海之人素皆仰賴聖主威福，且聖主之天兵，不分疆域，可謂馬肥糧足，威望浩大，我等皆倍增信心，事在必克，況藏地窄小，大軍不能久駐，若少駐兵，恐無濟於事，今日天晚，明日再共同會議。乃於二十八日會盟之時據親王羅布藏等稟稱，我等共同詳酌赴藏之事，地多狹窄，且乏水草，燒柴亦艱，我軍與大軍難於一路行走，我軍至索羅木將挑選之兵八千，分爲三隊，由索

〔註702〕《蒙古世系》表三十六作達瑪璘色布騰，顧實汗圖魯拜琥第二子曾孫，父額璘沁達什。
〔註703〕《蒙古世系》表三十六作顧實汗圖魯拜琥第三子巴延阿布該阿玉什子札布。
〔註704〕屬土爾扈特部遊牧於青海者，《蒙古世系》表四十六作丹忠，號額爾德尼濟農，父拜博。
〔註705〕原文作健男，今改爲健勇。

羅木分路，郡王察罕丹津帶領自巴哈庫庫塞多歡〔註706〕前往，親王羅布藏丹津帶領自伊克庫庫塞多歡〔註707〕前往，貝勒貝勒額爾德尼額爾克托克托柰帶領自多倫鄂羅木多歡〔註708〕前往，皆在圖固勒托羅海地方會集，再自一路前進，則於事有濟，我等詳細妥商後再行稟告。因天時已晚各歸。又二十九日會盟，據親王羅布藏丹津等稟稱，我等雖隨營，惟其子與遊牧，仰蒙聖主威福，斷然無妨，今我兵若出一萬六千，馬匹殊不易得，請按照前奏，先派出一萬兵丁，皆選強壯，馬匹精良，於五月十五日起程，六月十五日至索羅木，由三路前進，眾皆議定，惟我弟兄內若有鉅細事件，必上聞於呼畢勒罕，今此案既關於呼畢勒罕，我等之內擬派一二人前往棍布木廟〔註709〕稟聞呼畢勒罕，右翼親王羅布藏丹津，左翼貝子洛布藏達爾扎已經前往。於十一月初二日王羅布藏丹津等由棍布木廟返回，又值會盟，據稟稱，我等二人已將聖主仁愛並我大眾所議，稟告於呼畢勒罕，據呼畢勒罕答云，因我一小人坐牀，興兵致貽害眾生，爾等宜盡力籌思，我亦抒所見，奏明聖上等語。已宣告大眾，復行會商，共同稟稱，方今聖主為振興黃教，普救眾生，所奉聖旨至周且備，呼畢勒罕深慮貽害眾生，所見亦是，今我眾意，欲遵聖主之旨，將設施具陳，維振興黃教，普救眾生，事本重大，非我群小所能深知，今聖主以菩薩之尊，明鑒所照，何不請頒訓諭，使我等敬謹遵行，即行繕摺，各蓋印信，陳報前來。

當經繙閱所報，內稱，今君上如天之聖，我青海親王羅布藏丹津暨王貝勒貝子公台吉等共同謹奏，聖君為振興教務，普救生靈，冊封達賴喇嘛之呼畢勒罕，奉旨以第五輩達賴喇嘛坐牀，恩施無極，我固什汗之子孫，素為如天之聖主所鍾愛，今復封達賴喇嘛之呼畢勒罕，奉旨派我等出兵一萬護送，我等不勝喜悅。又自大將軍王遵奉聖旨至此以來，本地生靈獲益良多，固什汗之子孫，皆為達賴喇嘛所縛，我等再三奏請，仰蒙聖主仁愛無窮，我等除禱祝聖主萬歲萬歲外，無可奏陳，從前凡我等大小事件，皆稟聞達賴喇嘛，

〔註706〕《大清一統志》（嘉慶）卷五百四十七作巴漢苦苦賽爾渡，即小苦苦賽爾渡。《欽定西域同文志》解庫克賽郭勒，庫克賽青石也，河中積有青石，故名。此小庫庫賽渡口為清代青海入藏官道之渡口。即今青海省治多縣治曲鄉浪宗青所在之小河注入木魯烏蘇處之渡口，《軍民兩用分省系列交通地圖冊 青海省》。

〔註707〕此處補歡字，《大清一統志》（嘉慶）卷五百四十七作伊克苦苦賽爾渡，即大苦苦賽爾渡，在巴漢苦苦賽爾渡之上游。

〔註708〕即七渡口。

〔註709〕即塔爾寺，位於青海省湟中縣魯沙爾鎮。

故此次亦稟聞達賴喇嘛，據達賴喇嘛云，宜欽遵聖旨，惟爲我貽害衆生，我心不安，爾等務將我言拳拳遵奉等語。雖云達賴喇嘛貽害生命，惟策旺阿喇布坦者本非人行，素稱奸宄，不足與議，今以聖主無疆之仁，並仰賴聖主軍威，我等擬亦派兵萬餘奏請，今因我馬匹不足，惟盡數派兵萬名具奏，現在既盡數派兵，我等遊牧，惟有仰賴聖主之威是請，至此次軍需，無論如何患病，不得中止，倘有推諉，皆按照固什汗之例，軍法從事，懇請聖主明鑒，即令達賴喇嘛之呼畢勒罕按照第五輩達賴喇嘛迅速坐牀。

　　據呼畢勒罕云，惟爲我貽害衆生，於理亦所不安，我等惟有仰賴聖主頒布振興黃教，以安生命之旨遵行，本青海人衆，無論聖主如何頒布，無不遵行。本日呼畢勒罕噶勒藏加木錯〔註710〕差伊治病喇嘛伊什加木錯持封奏唐古忒公文一件，奏稿一件，呈送前來。經治病喇嘛伊什加木錯略爲繙譯，內稱，考之書載，地利人運之靈，即應菩薩聖帝文明之化，故敢奏陳，此際聖上以威信普及，利益無窮，小人亦渥被聖上恩施，故祈禱三寶，以祝聖上萬歲，惟有虔誦經卷，方今聖上普愛衆生，因而〔註711〕尊崇佛教，使衆生無劫，闡揚道教，故聖上有以信之也，今惟闡揚道教，爲祝聖主萬歲而已，謹疏奏章，恭祝聖上無疆之休，聖君之子大將軍王今來此處，愛我無窮，故身心大悅，而聖上垂鑒教務，謹依照聖旨，召西寧與青海之左右翼台吉等會盟，照前封給冊印，令在原處坐牀，蒙聖主之君，並我舊施主及青海台吉等之兵，請於明年護送，經親王羅布藏丹津、貝子車臣岱青洛布藏達爾扎〔註712〕等來轅呈稱，聖君仁旨，愛惜無窮，惟爲我小人之事，致勞生命，故聖上以平靖教務爲要事，以軍旅爲小事，前曾奉旨，小人惟有禱祝三教而已，今小人之意奏聞軍務，除以生靈爲本外，別無可憂，且藏地遙遠，行走不易，勞苦無甚於此者，準噶爾之事，亦不可靠，而圖伯特〔註713〕之生命，亦頗可憂，若爲小人坐牀，致起兵端，貽害衆生，實與聖上闡揚教務普救衆生之旨大相違背，且小人年齡幼小，不能有益教務，反起兵端，此係我所深憂者，今聖上恩施，封給冊印，於坐牀無甚區分，且我前輩既有歸者，則軍戎可休，太平之日再遣我原處坐牀，則體恤無極，爲此跪奏，隨遞貢物荷包，吉日具奏等語。

〔註710〕即七世達賴喇嘛羅布藏噶勒藏佳木磋。
〔註711〕原文作因爾，今改爲因而。
〔註712〕《蒙古世系》表三十六作羅卜藏達爾札，顧實汗圖魯拜琥第二子鄂木布之孫，其父卓哩克圖岱青。
〔註713〕蒙古人於西藏之稱謂。

青海王貝勒貝子公台吉等於十一月初六日會盟完畢，各在臣前呈遞物品，經臣酌收細小物品，每人回給蟒袍各一件，素珠腰帶各一份，除咨覆外，即日同延信等起程，為此繕摺，並將呼畢勒罕具奏唐古忒文一件，青海往羅布藏丹津等同奏蒙文一件，一併奏覽。

[126] 查核養贍口糧摺（康熙五十八年十一月初六日）[2]-《卷五》

奏為查核養贍口糧事。

本年四月十九日准兵部咨開，靖逆將軍富寧安奏，此次出兵兵丁家口尚未給予養贍米石，應查核情由，著議政大臣覆議具奏，前總兵范世傑以 [註714] 兵丁之養贍口糧，由兵部遲延二年餘至今尚未發給具奏，該管地方總督巡撫提督總兵等，著交將軍富寧安查明奏參等因，咨行在案。今據總督鄂海、巡撫綽啓、噶什圖等咨將軍富寧安文開，此項米石皆發給各子妻，並無遲延，應請毋庸置議。查三十五年例載，除發給正餉外，並無加給家口米石，此次出兵之兵丁，在軍事地方，每人每月發給口糧各二斗，復蒙聖主恩施，按月每人發給鹽菜銀各九錢。范世傑三十五年出兵，兵丁除平常所得銀米外，並有發給養家口之例具奏。奉旨此案著交大將軍王查明，欽此欽遵，咨行前來。臣當即咨查總督巡撫提督總兵等在案。茲據總督鄂海咨稱，查三十五年進征寧夏之兵，每季滿發三個月錢糧，截留應領之米發給家口，此次自臣以下進征之兵，每年應領四個月之米，皆發給兵丁妻子以為養贍，進征之兵在外每季給予兩月錢糧，復給菜銀，自與三十五年進征寧夏之兵發給錢糧之例不同。據巡撫綽啓咨稱，三十五年出兵寧夏之兵借給五個月錢糧，坐扣四月錢糧，免扣一月，所有免扣一月之處，雖奏銷有案，並無奏准明例，今在軍務之綠營兵丁每年發給九個月口糧，三個月羊價，每月仍發給鹽菜銀各九錢。據固原提督馬堅博、西寧總兵官王益謙咨稱，三十五年進征之時固原西寧並未出兵，故無案可查，此次固原進征之兵，每年應領八個月餉銀，已發給兵丁本身，四個月米石已發給兵丁家口，此外並無另給養贍家口米石等語。據涼州總兵李忠岳咨稱，三十五年進征之兵，支借五個月錢糧，扣時僅扣三個月，其兩個月米糧，仍給家口，此次進征兵丁，一年應領四月米糧發給家口，八個月餉銀發給兵丁本身，此外並無另給養贍家口米糧。據署理肅州總兵事務

〔註714〕此處補以字。范世傑《平定準噶爾方略》卷四頁四十作范時捷，清初重臣范文程之孫。

參將郭成功〔註715〕咨稱，此次進征兵丁每季應領一個月米糧，此一個月米糧若發給兵丁本身，並無養贍家口米石，三十五年兵丁等本身按季發給三個月錢糧，而應領四個月米糧，仍發給家口。據署理寧夏總兵事務參將董玉祥〔註716〕咨稱，三十五年進征之兵，支借五個月錢糧，僅扣兵丁四個月錢糧，其應領一個月米糧，發給家口，另行覆銷，此次進征之兵，議政大臣等雖按照三十五六等年之例發給行餉，並養贍家口米糧，其發給家口之米仍係兵丁等平常應領之米，並未按照三十五年之例，另行發給養贍家口米石。據甘肅布政使覺羅哲勒金咨稱，三十五年進征之兵支借五個月錢糧，僅扣四個月錢糧，其一個月米糧發給家口，以此觀之，兵丁等一季應領三個月錢糧，而應得僅扣兩個月錢糧，此次進征之兵丁應領之米，若發給家口，兵丁在外一季僅得兩個月錢糧。據西安布政使薩木哈咨稱，三十五年自陝西總督及各總兵等以下之軍，因無進征地方，故無檔案可查，此次發給進征兵丁家口之米，即平常發給本身之米，並無另給養贍家口米糧。據署理甘肅提督事務總兵范世傑咨稱，三十五年進征之兵，自四月出口八月進口，支借五個月錢糧，由應領月餉銀內扣還，應領月米發給家口，時值領甘州寧夏一月之米，時值應領涼州肅州二月之米，故給予二月之米，此係三十五年奉到部咨，此次奉部咨開，兵丁平常應得之錢糧，皆發給兵丁本身，平常應得之米石，發給妻子，此係三十五年已經議妥，此次所議，亦皆相同，惟三十五年每季兵丁本身滿發給三個月錢糧，並發給兵丁家口一個月米石，此次進征之兵，每季僅發給兩個月錢糧，兵丁家口一個月米石，倘有支借錢糧，按照數目扣還，若一季不完，則下季再行補扣，發給家口之米及兵丁平常發給之米，並非養贍兵丁家口之米等因，陸續咨行前來。臣復將三十五年兵丁預支五月錢糧，少扣一月或兩月不等，是奉特旨免扣，或由該管地方官奏請免扣，查明咨覆。據甘肅布政使覺羅哲勒金查明覆稱，三十五年進征兵丁預領五個月錢糧，在甘州寧夏支給六個月月米，將米養贍兵丁家口，四五七八此四月錢糧，經庫抵扣，涼州四七兩月月米養贍兵丁家口，五六八三個月錢糧經庫抵扣，八月撤兵之時照常發給錢糧，不再續扣，故將抵扣錢糧歸入虧空項下覆銷，預領五個月錢糧歸入軍需錢糧項下覆銷，並非特旨免扣，亦非地方官請豁免等語。臣查三十五年會議及此次會議，皆兵丁平常應得之錢糧發給兵丁本身，平常應得

〔註715〕原文作蔡江、郭成功，今改正爲參將郭成功，時爲甘州城守營參將。
〔註716〕原文作蔡江、董玉祥，今改正爲參將董玉祥，時爲平羅營參將。

之米，發給兵丁家內，以養妻子，並非平日應得錢糧之外，復加給養贍家口米糧等語。三十五年出兵之兵丁皆領五個月錢糧，四月始出口，八月底撤退，正係五個月，平日應得之錢糧以抵支借之錢糧，平日應得之米石，養贍妻子。再定例綠營兵丁一年內八個月錢糧，四個月米石分四季發給，在涼州肅州二處發給正四七十四個月月米，僅扣三個月錢糧，並未扣四七兩月錢糧，甘州寧夏二處按三六九臘發給四個月米糧，扣四五七八四個月錢糧，並未扣六月份一月錢糧，若遇領錢糧之月，則庫抵扣，若遇領米之月，將米發給兵丁家內，並非平常領餉之外又另發給養贍家口米糧。此項借支五個月錢糧，自應陸續照數扣完，上年地方官以撤兵將欠扣錢糧未即追扣，今將此次出兵之平日應得之米，撥給家內養贍妻子，平日應得錢糧發給兵丁本身，且每月復給米二斗，鹽菜銀九錢，皆與原議相符，並無另行發給家口米糧。總兵范世傑應將此等情形查明具奏，彼既未查明，而反將發給養贍家口之米，按照原議不給，妄行具奏，本應參處，惟三十五年一月二月錢糧不一，難免欠扣，應請免參議處，三十五年應扣錢糧欠扣，應將地方官查參議處，惟事既年久，既非肥己，應請免查究，為此謹奏請旨。

[127] 胤禛奏為皇父賞克食謝恩摺（康熙五十八年十二月十一日）

[1]-3476

臣胤禛謹奏，為謝恩事。

臣於十一月初六日奏報之文，十二月初二日抵達，皇父親書諭旨，朕多年未曾如此氣色好，飲食睡眠平安。爾肩負要務，出已一年，爾所差之人，朕均引見遣之，伊等告爾否。爾惟寬舒心懷，勤奮効力承擔之事，爾等具奏之事，待人前來議竣後送之。今部文往，裝爾之匣小報內自盛京初到數件，做為信送之，欽此欽閱。內心感激歡忭，實不能以言語表達。此前臣之屬下返歸，雖常獲聞皇父容光煥發，聖體結實，強於先年，見皇父此諭旨，不勝喜悅，臣之食眠均較先大增，臣惟欽遵皇父訓誨聖旨，保養身體，盡能効力。再前交付與茶上人曹奇甚多克食〔註717〕，臣等尚未食竣，皇父又施恩賞與，臣謹受領謝恩，恭藏緩食，為此謹具奏聞。

硃批，知道了。

〔註717〕譯者註，克食 kesi，滿語本義為恩惠之義，轉義為皇帝、太后等恩賞臣工的點心等食品。

[128] 胤禎奏報陝西等地方官員獻物品摺（康熙五十八年十二月十一日）

[1]-3477

臣胤禎謹奏，爲奏聞事。

陝西總督鄂海遣人向臣問好，獻馬八匹、兔鶻鷹四隻鷹六隻犬四條，臣受馬七匹鷹一隻犬一條，餘均卻之。固原提督馬建伯遣人向臣問好，獻鷹六隻，臣受鷹一隻，餘卻之。陝西巡撫噶什圖獻臣柑子果四百隻醃小菜四種，臣受之。署理甘肅按察司事務之詹事府衙門詹事富山〔註718〕遣人向臣問好，獻馬八匹，臣受之。寧夏屬之涼州營參將馬龍〔註719〕遣人向臣問好，獻哈密瓜四十隻，臣對送瓜之人訓示，爾返回向參將問好，參將任汛地，既從遠處特遣人送來，我均受之，嗣後勿再獻物等情，賜給棉衣一件遣之，爲此謹具摺奏聞。

硃批，知道了。

[129] 准三官保回京調養摺（康熙五十八年十二月二十七日）[2]-《卷五》

奏爲三官保回京調養事。

鎮國公宗室三官保於本年四月患咳血之症，業經醫治痊癒，自九月咳血復發，醫治罔效，漸漸加重，在西寧地不相宜，三官保著回京延醫調理，派廂黃旗二等侍衛錫良、正藍旗阿克敦王〔註720〕屬下頭等侍衛雲保等同三官保於十一月二十七日起程回京調養，爲此謹繕摺奏聞。

[130] 胤禎奏為皇父賞魚謝恩摺（康熙五十八年十二月二十八日）

[1]-3481

臣胤禎謹奏，爲謝恩事。

十二月二十四日皇父仁賞之由烏拉〔註721〕、盛京捕獲之鱘、鰉、翹頭白、花𩸄等魚共七馱，恭謹受領，同子望闕謝恩。奉旨此非抵達西地之物，謹藏之，同阿哥等稍加品嘗。再青海人若來，將鱘魚限量賞之，欽此欽聞。竊思鱘魚者實乃首次運往西地邊陲之物，皇父將自遠方所獻之佳品，不止一項賞之，且今又賞此難獲之稀罕之物，令收藏稍加品嘗之，實仁愛之至意。臣仰

〔註718〕《甘肅通志》卷二十八頁二十六作傳善。

〔註719〕《甘肅通志》卷二十九頁四十三作靈州營參將馬龍，涼州應爲靈州之誤，靈州即今寧夏靈武市。

〔註720〕待考。

〔註721〕應爲打牲烏拉之簡稱，爲清廷專爲皇室採集東北特産而設之機構，衙門在今吉林省吉林市烏拉街鎮。

副皇父此仁愛之心，珍藏品嘗，若青海人元旦令節前來，亦限量品嘗之，爲此謹具奏聞。

硃批，江南藕到來，曬乾送四匣。

[131] 青海王公會議均願派兵護送新呼畢勒罕入藏摺（康熙五十八年十二月二十八日）[2]-《卷五》

奏爲遵旨會議事。

十一月十二日准理藩院咨稱，恭錄諭旨及策旺阿拉布坦原奏，一併咨行大將軍王，由彼處令青海王閱看具奏等因。黃教係你們祖父固什汗所立，策旺阿拉布坦何能擅專呼畢勒罕之事，因教你們眾人共同會盟，速議具奏，咨文到臣。即咨令青海各盟長，十二月初間在查罕托洛海地方聚集會盟，王羅布藏丹津等差人，王查罕丹津身病，雪大，左右翼眾台吉等不能到，展期爲十二月十五日，並請在巴彥諾爾〔註722〕地方會盟，當照准所請。十五日派侍衛扎什、員外郎喀勒喀同來稟稱，我們十四日至巴彥諾爾地方，王查罕丹津迴避，待人未至，其餘台吉等亦未全來，二十一日盟長親王羅布藏丹津、郡王查罕丹津、貝勒額爾德尼額爾克托克托奈、貝子洛布藏達爾扎、巴拉珠爾拉布坦〔註723〕、台吉踹拉克諾木齊〔註724〕，並貝勒洛布藏查罕、盆蘇克旺扎爾〔註725〕、公達什端多布〔註726〕、車凌、諾爾布盆蘇克、台吉臧布扎布〔註727〕、達什端多布〔註728〕、達什盆蘇克〔註729〕、格勒克等十五人，因病

〔註722〕諾爾爲蒙古語，湖泊之謂，該湖位於青海省共和縣恰卜恰鎮東巴村東十餘里，《寧海紀行》載其東西長六里，南北闊二里餘。

〔註723〕貝子巴勒珠爾阿拉普坦，顧實汗圖魯拜琥第二子鄂木布孫，其父納木扎勒，《蒙古世系》表三十六失載。

〔註724〕此人爲右翼盟長，顧實汗圖魯拜琥第七子瑚嚕木什之孫，《蒙古世系》表三十七失載，《如意寶樹史》頁七九○後表五載父名旺欽，己名曲扎諾木齊台吉。

〔註725〕《蒙古世系》表三十七作朋素克旺札勒，顧實汗圖魯拜琥第六子多爾濟曾孫，父額爾克巴勒珠爾，祖策旺喇布坦。

〔註726〕《蒙古世系》表三十七載達什敦多布，顧實汗圖魯拜琥第七子瑚嚕木什之孫，其父哈坦巴圖爾，疑即此人。

〔註727〕顧始汗第六子多爾濟之孫，其父畢嚕咱納，《蒙古世系》表三十七失載，《如意寶樹史》頁七九○後表五作額爾德尼台吉旺札布，其父畢塔咱那。

〔註728〕遊牧於青海之喀爾喀蒙古，《蒙古世系》表二十八作達什敦多布，爲格呼森札札賚爾子鄂特歡諾顏五世孫。

〔註729〕《安多政教史》頁四十七載顧實汗第四子達蘭泰與第七子瑚魯木什額爾德尼岱青各有一子朋素克，疑爲二人中一人。

未來盟長貝勒阿拉布坦溫布〔註730〕，並貝勒色布特恩扎爾〔註731〕，貝子拉查布、丹鍾、阿拉布坦〔註732〕、公噶拉丹達什〔註733〕等，差使臣齋桑侍衛等皆到後，聚集一處，策旺阿拉布坦請奏蒙文，並聞策旺阿拉布坦宣讀旨文。各王貝勒貝子公台吉等告稱，我們來時大將軍王飭令我們，你們可言黃教原你們祖父固什汗所立，策旺阿拉布坦遣兵殺拉藏汗，毀寺廟，散喇嘛，使土伯特人民憂慮，圈禁坐牀達賴喇嘛扎克布哩〔註734〕，今又具奏新呼畢勒罕〔註735〕非達賴喇嘛〔註736〕呼畢勒罕，先此新呼畢勒罕〔註737〕實達賴喇嘛〔註738〕呼畢勒罕，你們青海王貝勒貝子公台吉等請奏後，聖主准你們請奏，住固木布木廟〔註739〕呼畢勒罕誤言達賴喇嘛，喀拉喀〔註740〕、厄魯特、唐古忒闔蒙古等祀大喇嘛，關係至大，聖主以道教共尊君主，斷其非，策旺阿拉布坦又何可擅專。拉藏亦教之王，一家之後裔，你們骨肉殘殺，策旺阿拉布坦將婦嬰奴僕皆搶去，聖主將蘇爾咱慈如固什汗之子孫，咨送拉藏婦嬰蘇爾咱並奴僕。策旺阿拉布坦奉諭旨，今呼畢勒罕之事，你們速議具奏。親王羅布藏丹津、郡王查罕丹津等閱策旺阿拉布坦所奏蒙文，又策旺阿拉布坦閱奉聖旨，眾皆跪稟稱，我們雖固什汗之子孫，原皆青海小台吉，扎什巴圖爾〔註741〕，我們領眾歸順聖主仁化以來，深受浩蕩重厚之恩，各封親王郡王貝勒貝子公，養

〔註730〕顧實汗圖魯拜琥長子達顏鄂齊爾汗孫，《蒙古世系》表三十八失載，《如意寶樹史》頁七九○後表一載其父羅布藏彭措貝勒，其名博碩特拉布坦旺波。

〔註731〕準噶爾部遊牧於青海者，《蒙古世系》表四十三作色布騰札勒，準噶爾部巴圖爾渾台吉孫，其父卓特巴巴特爾。

〔註732〕顧實汗圖魯拜琥第二子鄂木布曾孫，父額琳沁達什，祖墨爾根台吉，《蒙古世系》表三十六失載。

〔註733〕《蒙古世系》表三十八作噶勒丹達什，顧實汗圖魯拜琥長子達顏鄂齊爾汗曾孫，其父垂庫爾，祖多爾濟。

〔註734〕此句意爲將坐牀達賴喇嘛圈禁於扎克布哩廟，此坐牀達賴喇嘛即阿旺伊西佳木磋。

〔註735〕指七世達賴喇嘛羅布藏噶勒藏佳木磋。

〔註736〕此處指第五世達賴喇嘛，《欽定西域同文志》卷二十三頁三載，阿旺羅布藏佳木磋，淵旦佳木磋之呼必勒汗，出於衛，坐布賴賁寺牀，又建布達拉寺，賜金冊印，封西天大善自在佛領天下釋教，爲第五世達賴喇嘛。

〔註737〕指爲拉藏汗所立且爲清廷冊封之六世達賴喇嘛阿旺伊西佳木磋。

〔註738〕此處指第五世達賴喇嘛阿旺羅布藏佳木磋。

〔註739〕即塔爾寺，位於青海省湟中縣魯沙爾鎮。

〔註740〕常寫作喀爾喀，即清時期漠北四部蒙古。

〔註741〕原文作扎巴圖爾，今改正爲扎什巴圖爾，《蒙古世系》表三十七作達什巴圖爾，顧實汗圖魯拜琥幼子，即第十子。

育尊榮之極，又再三頒降仁旨，喀爾瑪他海，使我們大眾萬分感戴，毫無報答，黃教原我們祖父固什汗所立，我們庸儒，今奪祖父所立之道，骨肉拉藏汗被策旺阿拉布坦所殺，搶拉藏婦嬰奴僕，不能答取，今聖主令送我們骨肉拉藏婦嬰蘇爾咱並奴僕，策旺阿拉布坦奉旨，我們實不能受，惟感無窮之恩外，如何報答，此呼畢勒罕實為達賴喇嘛呼畢勒罕，我們再三具奏，聖主准其所請，今新呼畢勒罕學經文，住固木布木廟，策旺阿拉布坦橫編另盟之人，伊僅獨任意言殺呼畢勒罕、達賴喇嘛呼畢勒罕，待我青海人如草芥，策旺阿拉布坦心極奸猾，毀壞黃教，殘害眾生，使土伯特民恨入骨髓，婦嬰任意佔行，策旺阿拉布坦言新呼畢勒罕虛實，並無關係，封達賴喇嘛推廣黃教，皆滿洲聖主明鑒。策旺阿拉布坦奏文內博克達班禪黃教之詞，為喀木布黃教舊善行為道，遣子弟辦理等語，策旺阿拉布坦以誠意尊博克達班禪為黃教，伊子弟留藏，班禪不得擅專，令土伯特民讋恨，顯謀佔據西藏之意，聖主明鑒，博克達班禪新派使臣，在達賴喇嘛呼畢勒罕使臣之上筵宴，我們全知之，以達賴喇嘛為無上至大，青海台吉等、土伯特、阿木導、喀爾喀蒙古等，總倭哩格君主等議定之事，我雖道教之主，亦不擅專決斷，降旨極其聖明，此事所關至大，令我們會議具奏，今晚我們去將文復行查驗，彼此定議。侍衛扎爾固齊宣告散會，次日二十三日親王羅布藏丹津、郡王查罕丹津等皆見，同告我們，昨日聖主為我們降旨誦閱，侍衛扎爾固齊等並告大將軍王飭言，會盟共議呼畢勒罕送藏事，我們青海人等共派萬兵，藏路狹窄，水草不足，又有瘴氣，難於一路行走，分為三路，我們青海人等原仗聖主威福，天兵威聲，兵數比我兵加倍，咨行事成，我們同意議奏，抄錄奏文給侍衛扎爾固齊稟呈大將軍王。

次日二十四日親王羅布藏丹津等稟，他們繕奏蒙文，各鈐印，譯文內開，滿洲聖主明鑒，青海親王羅布藏丹津、郡王查罕丹津、貝勒貝子公台吉等具奏，聖主降旨策旺阿拉布坦之文，侍衛扎什扎爾固齊喀爾喀來盟，我們奉誦聖旨，眾心喜悅，但策旺阿拉布坦閱見此文，意以此達賴喇嘛呼畢勒罕為非，霍木什木博迪薩都呼畢勒罕，達賴喇嘛聖主識外，何人能識其非，先五代達賴喇嘛呼畢勒罕聖主所封，今封此呼畢勒罕，我們青海派萬兵咨送，先在盟地，西藏衛藏全地之眾，皆以新呼畢勒罕為是，祈禱感激，策旺阿拉布坦妒嫉奸猾，似有〔註742〕令博克達〔註743〕專為教主之意，果有此意，有博克達班

〔註742〕此處刪一無字。
〔註743〕第五世班禪，《欽定西域同文志》卷二十三頁五載其名班臣羅布藏葉攝巴勒藏博。

禪之明，不致立殺拉藏，又博克達班禪師傅呼畢勒罕父呼畢勒罕二人，博克達班禪之明，是以思博克達班禪之明，自無誠意，博克達班禪先世之明，以五代達賴喇嘛爲是，五代達賴喇嘛，以此博克達班禪爲是，今以五代達賴喇嘛爲非，凡呼畢勒罕爲是，今封此達賴喇嘛呼畢勒罕，推廣黃教，以安衆生，茲事至大，非我們小人所能窺悉。

青海王台吉等皆往呼畢勒罕處過年，二十四日各來固木布木廟，我亦親自亦二十四日由巴彥諾爾地方起身來此，並以親王羅布藏丹津等奏蒙文一件，一併謹具奏聞。

[132] 撫遠大將軍胤禛請安摺（康熙五十九年正月初五日）[1]-3482

臣胤禛等謹請皇父萬安，爲此具文謹奏。

臣胤禛、弘曙、弘智、弘曦。

硃批，朕體安，氣色甚好，爾之太監仔細看視而歸，或告之也。

[133] 撫遠大將軍胤禛奏報地方官員獻禮物摺（康熙五十九年正月初五日）[1]-3483

臣胤禛謹奏，爲奏聞事。

元旦陝西總督鄂海遣人向臣問好，獻鹿尾四十條童羊十隻漢中米六馱，麴、掛麵餑茶葉醃小菜等物。又布政使薩睦哈同獻銀五千兩，臣受食物卻銀。陝西巡撫噶什圖獻臣乾童羊四隻石花魚十二尾雉二十隻鹿尾二十根鵝十隻。甘肅巡撫綽奇遣人向臣問好，獻鹿尾十根柳丁一百五十隻桔子一百五十隻、文旦二十、佛手二十個、香櫞八十個漢中米十石、象豬二十頭、鵝二十隻鴨二十隻白菜二馱。固原提督馬見伯遣人向臣問好，獻鹿四隻獐十隻麝香十塊石花魚八尾。涼州總兵官李忠玉遣人向臣問好，獻鹿二隻麝香四塊青羊四隻兔二十隻雉二十隻雞二十隻餑二箱掛麵二箱。甘肅布政使覺羅折爾金遣人向臣問好，獻佛手、香櫞、青稞共一箱白菜一箱。陝西布政使薩睦哈遣人向臣問好，獻童羊八隻鵝二十隻掛麵八箱麴八箱。寧夏道員雷右成遣人向臣問好，獻魚二馱鮮菜二馱醃小菜二壇。署理寧夏總兵官事務參將董玉祥遣人向臣問好，獻魚四十條鵝八隻，臣均受之。署理甘肅提督事務總兵官范時捷遣人向臣問好，獻凍魚六十條鹿一隻乾菜四種，臣受魚鹿，他物卻之。原提督馬進良之妻遣人，獻臣羊二隻火雞二隻魚八條奶油二肚 [註744]，臣受魚二條，他

〔註744〕譯者註，北方牧民風俗，有以羊肚盛裝奶油者。

物均卻之，移賜皇父賞臣之克食。土司楊汝松遣人向臣問好，獻藏香二束藏碗二個綠葡萄二包馬二匹，臣受香碗葡萄，卻馬，賞緞一疋，爲此具摺恭謹奏聞。

　　硃批，知道了。

[134] 撫遠大將軍胤禎奏請進藏或往木魯烏蘇摺（康熙五十九年正月初五日）[1]-3484

　　臣胤禎謹奏，爲請訓諭事。

　　臣奏欲於此前進藏，否則欲往木魯烏蘇等情，乃臣不倚大臣等，靠己視察之意。今平王等具奏，西寧地方爲要，將臣留後，聞議政即依所議，臣甚著急。若言調軍重要，何地不可調軍，若稱地方重要，臣抵達前，孰在此地。此前王大臣等具奏，著臣留於西寧之處，尚欲繕入臣奏摺內，臣不顧情面，向王等云爾等如此立我，或爲我自身乎，或爲爾等自身乎，倘言對我仁愛，皇父反不仁愛我哉，爾等仁愛我何干，倘以我爲皇父之子有關，先皇父征噶爾丹，身不辭辛苦，三次發兵，終滅噶爾丹，彼時王大臣等理應差一人前往也。若謂途中有氣，西寧地方無氣乎等語。今皇父將我留於西寧，命遣入藏之大臣，大臣之內臣實無可信之人，萬一大臣前往，沿途踟躕，又稱雪大米糧不足等而藉故返回，臣有何顏面見皇父。臣前具奏內開，祈請遣臣進藏或至木魯烏蘇等情，亦爲倚己，對皇父不隱諱實情具奏之意，臣念親自進藏之事，業已張揚，仰賴皇父之威福，抵木魯烏蘇之際，諒得佳音矣。得佳音之時任遣一臣，決定藏務，似較容易。此事既關臣一生之事，皇父務寬恕仁愛，先依降旨，聖意定奪，將臣或遣進藏或務遣木魯烏蘇，皇父聖意定奪。臣會盟後，趕赴萬壽吉日，叩謝諸兄弟等，懇請皇父訓諭後再返回，應否之處，祈皇父教誨遣之，爲此謹奏。

　　硃批，爾之此奏甚是，朕意亦定，遣木魯烏蘇，留於西寧之人甚要，詳查方妥。今增派兵員，兵已不少，爾斷不可親自來京，再爾等隊伍若有無用王子應遣返京城者，於爾等進兵之前令來，如何。

[135] 撫遠大將軍胤禎奏賀萬壽吉日進物摺（康熙五十九年二月初四日）[1]-3486

　　臣胤禎謹奏，爲皇父萬壽吉日事。

　　臣謹將祝賀書寫之阿玉希佛經一套，壽碗壽麵等物，交付隨臣之太監白鎮世謹貢，臣之微薄心意，祈皇父笑納，爲此繕摺謹奏。

硃批，朕體較往年迥異，不可比矣。氣色飲食行走爾太監親見，朕勿庸多寫，以令遠方爾心寬〔註745〕，此摺內不可繕寫之事物，書於另紙。

[136] 撫遠大將軍胤禎奏查大臣內不睦等事摺（康熙五十九年二月初九日）[1]-3487

臣胤禎謹奏，爲奏請訓諭事。

見奏聞二摺內硃諭，皇父聖明，辦事通達精幹，卓爾不凡，奉旨此番事要，爾等隊伍之人皆不睦，甚應詳查，欽此。此旨甚是，臣篤記於心。竊臣看得隨此隊前來之大臣內，惟闔欣、楚宗均爲宗室，爲我不讓爾，爾不讓我，彼此稍有不合屬實，事並不甚嚴重，臣亦難調處，以致如此矣。除此等人外，其他大臣官員，均仰皇父之威福，豈敢如此放肆，祈皇父惟放寬聖心。再大臣內闔欣符衆人之意，臣具奏以伊爲首遣派進藏等情，蓋我等衷心，皇父既悉，祈皇父聖意定奪，爲此謹奏。

[137] 撫遠大將軍胤禎奏謝賞物摺（康熙五十九年二月初九日）[1]-3488

臣胤禎謹奏，爲謝恩事。

正月初八日理藩院員外郎常明珠攜來皇父仁賞盛京野豬一頭鹿六隻鹿尾一百條雉一百隻，隨同二月初二日前來之邸報賞送之江南藕四箱，臣謹受領，謝恩，將盛京之物，攜至塔爾寺〔註746〕，青海衆人均予品嘗。謹思皇父諸美味適口之物踵至，惦念於臣，諸般恩賞，臣實不能領受，臣惟謹遵皇父訓示，盡心圖報，爲此繕摺謹奏。

硃批，知道了。

[138] 撫遠大將軍胤禎奏將王子等送返京城等事摺（康熙五十九年二月初九日）[1]-3489

臣胤禎謹奏。

臣奏請率軍欲進一摺內，聞皇父定遣我至木魯烏蘇，不勝歡忭，飲食加增。又遵旨命臣斷不可來京城，臣亦豈敢瀆奏，今有將呼畢勒罕送藏諭旨，不僅臣聞喜悅，衆喇嘛、蒙古以至軍民，無不歡忭。況且敵方肇亂，觀唐古特人傾心歸順，賴皇父威福，大軍一至事即平定，事平後，或今多或明春，皇父務命臣速返京城，對臣滿懷思念之情，每念及此，尚可稍慰。再奉旨將

〔註745〕原文作不令遠方爾心寬，今改爲以令遠方爾心寬。
〔註746〕即塔爾寺，位於青海省湟中縣魯沙爾鎮。

爾等隊伍之無用王子倘有應遣返京城者，於爾等進兵之前令其前來，若何，降旨甚是。今並無効力〔註747〕且人多，則徒耗錢糧，故此臣遵皇父之旨，將貝子盧斌〔註748〕，裕王之子廣善〔註749〕、簡王之子永前〔註750〕、簡王之弟景順〔註751〕等，於進兵之前遣返京城之處，另摺具奏請旨外。再皇子等內弘智、弘曦等年幼且不能承事，將此等人或遣京城，或留西寧，臣返抵時共同辦理之處，請皇父訓諭，爲此謹奏。

硃批，既由議政於爾之摺內議遣，朕無另旨。弘智、弘曦正值効力之際，勤加學習，務將其帶往軍營。

[139] 撫遠大將軍胤禎等請安摺（康熙五十九年二月初九日）[1]-3490

硃批，朕體安。

臣胤禎等謹請皇父萬安。

臣等正月初五日請安摺二月初二日到，謹聞聖體萬安，氣色甚好，爲此繕摺謹奏。

大將軍王臣胤禎。

平王臣訥爾蘇。

貝子臣魯彬。

前鋒統領臣弘曙、臣弘智、臣弘曦、臣廣善，臣永前。

公臣嫩托和。

公臣奎惠。

宗室海山，宗室普奇。

都統臣汪古利。

閒散大臣伯臣欽拜。

閒散大臣臣拉忻。

護軍統領臣五十八。

副都統臣阿林保。

副都統臣宗室赫世亨。

〔註747〕原文作効辦，今改正爲効力。
〔註748〕《平定準噶爾方略》卷七頁十九作固山貝子魯賓。
〔註749〕《平定準噶爾方略》卷七頁十九作和碩裕親王保泰子廣善，祖清聖祖兄福全。
〔註750〕《平定準噶爾方略》卷六頁十三作簡親王之子永謙，簡親王雅爾江阿第三子。
〔註751〕《平定準噶爾方略》卷六頁十三作鎮國將軍敬順，簡親王雅爾江阿之弟。

　　副都統臣覺羅伊里布。

　　副都統臣包色。

　　副都統臣烏里布〔註752〕。

　　副都統臣徐國貴。

　　兵部侍郎臣渣克丹〔註753〕。

　　陝西巡撫臣噶什圖。

　　山東總兵官臣李林。

[140] 選派進藏官員摺（康熙五十九年二月初九日）[2]-《卷六》

　　奏爲選派各軍進藏請旨事。

　　竊臣前經奉旨派兵送小呼畢勒罕入藏，並擬領兵進駐穆魯烏蘇，以壯軍威，再相機分調大兵進藏具奏在案，茲據議奏，著臣仍舊辦理西寧各項事務，現在穆魯烏蘇軍務於王大臣內請聖上派出一員辦理等語。臣竊思派出大軍之後，地方之事有該管總督巡撫辦理，錢穀有巡撫噶什圖，臣並無應辦事項，前蒙皇父降旨，著臣帶兵駐紮索羅木之水草茂盛地方，牧養牲畜，並照看呼呼諾爾〔註754〕之眷屬遊牧駐所等因，欽此欽遵。當齊集呼呼諾爾王台吉等會盟，將此項旨意宣示，呼呼諾爾人等均皆喜悅，至此次入藏之兵，除由雲南、打箭爐巴爾喀木路程進兵外，自西寧進兵一萬二千有餘，兵既甚多，臣帶兵至穆魯烏蘇，選派入藏之兵，辦理穀糧起程，並調署前鋒統領臣弘書隨同進駐穆魯烏蘇，以壯軍威，督催米糧，相機分調大兵行走。仰賴皇父天威，我兵一到，準噶爾之賊難於抵擋，必然敗退，或是歸降，現在穆魯烏蘇軍需用運送米糧之駝畜甚多，而帶來之烏克孫等並未効力，令其駐紮西寧，徒然耗費錢糧，相應將額勒金王之子廣山〔註755〕，克蒙額王之子永謙咨遣回京。貝子祿斌之父年老有疾，而祿斌又無子嗣，患病。再克蒙額王之弟鎮國將軍景順，亦有疾病，應一併咨回。臣此次出征駐紮穆魯烏蘇，以壯聲勢，不惟我滿洲綠旗官兵，皆感皇父養育重恩，各願奮勉出力，即呼呼諾爾王台吉等，亦莫不振奮精神，遵守法律，不敢退縮。至防守呼呼諾爾遊牧之兵駐紮棍邊，

〔註752〕《欽定八旗通志》卷三百二十一作滿洲正紅旗副都統吳禮布。
〔註753〕《清代職官年表》部院滿侍郎年表作兵部左侍郎渣克旦。
〔註754〕即青海湖，《欽定西域同文志》卷十四頁一載，庫克淖爾，蒙古語庫克青色，淖爾水聚匯處，即青海，地以水名，亦稱庫庫淖爾，音之轉也。
〔註755〕《平定準噶爾方略》卷七頁十九作和碩裕親王保泰子廣善，祖清聖祖兄福全。

著會同訥欽王納爾蘇、楚宗等管理駐守，遣都統延信、公策旺諾爾布、副都統阿林保等率兵入藏，臣與延信意見相同，懇乞聖裁。至西寧之地重要，除總兵官王益謙未出兵外，總兵官李林，伊告請出兵。飭令赴任之蔡吉揚、舒明、錫鳳樹、富吉揚等各具稟前來，亦欲請出兵，是以臣派李林、舒明出兵，至富吉揚、蔡吉揚等俟再須調取綠旗兵之時再行酌量選派。其固原提督馬堅〔註756〕，署理甘州提督事務總兵官范實階〔註757〕，涼州總兵官李忠岳，現駐肅州延綏總兵官李堯〔註758〕等，均蒙皇父擢用，由伊等內選派何人管理綠旗兵之處，呈請皇父指派。至派出大軍之後，西寧之地亦要，京城所來之兵酌留西寧，其餘之兵著駐紮莊浪涼州略近等處，如有用則調，無用則令西安之滿洲兵，隨副都統巴爾布、將軍聰扎布〔註759〕帶往西寧，會同京城領兵大員管理駐守，或訥親王納爾蘇、前鋒統領弘書之內，著留一人，呈請皇父諭示。再署前鋒統領弘書，年富力強，呈請皇父體恤，補以前鋒統領之職，以資管理，此次之兵，咨商王額奇格〔註760〕，額奇格何時若至，則隨額奇格等學習効力等因，爲此恭摺謹奏請旨。

[141] 遵旨預備護送呼畢勒罕進藏官兵摺（康熙五十九年二月初九日）[2]-《卷六》

奏爲遵旨領兵前進具奏事。

據議政大臣等議奏，送新呼畢勒罕進藏之時呼呼諾爾兵一萬名，我軍爲八千名，力稍薄弱，擬再增兵四千名，共爲一萬二千名。再由巴爾喀木前進都統法喇之兵僅三千名，此間聞得年羹堯相機增派兵二千名，由都統在鳥槍兵內選擇滿洲兵一千名綠旗兵二千名，著咨明法喇、烏格〔註761〕。至法喇等軍何時起程，在何處會合，著咨商大將軍王，約期一同進兵。再策旺阿喇布坦擾亂遊牧，著挑選阿爾泰、巴爾庫勒〔註762〕之軍，前進征討等因具奏。當奉諭旨，所議甚詳，此案至鉅，著咨行大將軍王等，共同詳議，各抒己意，

〔註756〕《平定準噶爾方略》卷七頁十九作提督馬見伯，爲固原提督。
〔註757〕《平定準噶爾方略》卷四頁四十作范時捷，清初重臣范文程之孫。
〔註758〕《平定準噶爾方略》卷三頁二十八作總兵官李耀。《陝西通志》卷二十三頁五十八作延綏鎮總兵李耀。
〔註759〕《欽定八旗通志》卷三百二十四作蒙古鑲黃旗副都統宗查布。《平定準噶爾方略》卷五頁二十一作副都統宗扎卜，後陞任西安將軍。
〔註760〕待考。
〔註761〕《欽定八旗通志》卷三百二十四作蒙古正白旗都統五格。
〔註762〕今新疆巴里坤縣。

將二案會同呼呼諾爾王台吉等妥議具奏，是否仍令新呼畢勒罕於本年隨同大軍進藏，抑或暫行停止封送，凡送往者著一面辦理兵餉錢糧，一面議奏。其領兵入藏之將軍大臣，由各本處起程，不知是否相宜，抑或在大將軍王一處行走，亦著大將軍王定議具奏，欽此欽遵等因，於正月初二日准兵部咨行前來。臣竊維由西寧四川以至雲南西界之內外，土司番子作亂，討論可否固守，須將小呼畢勒罕送藏，推廣黃教，以安地方，此去之時將由西寧出兵，又增派四千名，共為一萬二千名，又增派四川雲南之兵由巴爾喀木路前進。再策旺阿拉布坦擾亂遊牧，著挑選阿爾泰、巴爾庫勒之軍進前征討，再由京城每佐領各派遣兵三名等因，聖意甚為詳盡，是以會盟議事，委派大臣之事，另行具奏外，臣謹遵旨，著由巴爾庫勒調來額駙阿保之軍、察哈爾之軍換給馬匹，在西安固原寧夏辦來增拴馬匹內咨取。在柴達木駐紮之都統阿爾那等二千名軍內挑選一千五百名，令都統阿奇圖〔註763〕、和尚、護軍章京善保率領入藏，將所餘之兵令都統阿爾那帶領，駐柴達木聽候消息。入藏之馬匹牲畜數目，預備足用，軍械整理堅強，預備妥當等因，咨行各處。大軍會合穆魯烏蘇之時，由駐紮穆魯烏蘇之軍內著派一千六百名入藏，駐涼州之護軍炮甲，涼州之綠旗兵，河州駐紮之滿洲馬甲，蘭州駐紮之滿洲護軍馬甲，蒙古扎薩克之兵，皆各在本處預備餵養馬匹，除酌調往西寧外，據臣原奏內稱，陝西督標與漢固原延綏寧夏甘州之綠旗兵，皆於三月二十日內來至西寧，出口後再行歇養馬匹。此各處軍兵，若皆帶往西寧餵養馬匹，需費草料既多，運輸工價亦屬不貲，著皆到莊浪地方餵養馬匹，再調來西寧，通咨該管總督提督總兵官等，是項調來之兵，皆帶往西寧有青草地方，與在西寧之前鋒護軍一同起程，各處軍兵至穆魯烏蘇之時，依臣原奏，派取前鋒二百名，鳥槍護軍八百七十一名，炮甲四百二十九名，鄂爾多斯、土默特、喀喇沁、翁牛特之蒙古兵五百名，固原涼州陝西督標甘州之綠旗兵各一千名，由四川派出看守察罕丹津遊牧之兵，調遣入藏之滿洲兵一千名，綠旗兵一千名，再議商增派額駙阿保之烏勒特〔註764〕兵五百名，察哈爾兵四百名，柴達木兵一千五百名，再由穆魯烏蘇兵內酌派兵一千六百名，共兵一萬二千名，數目限滿，著即起程進藏。此項進藏大軍所需之子母炮、藥彈、炮手、炮駝馱子、炮手所騎之馬等項，俱依臣前奏辦給。各處綠旗兵各辦各營之馬匹，設若不敷，指由四

〔註763〕《平定準噶爾方略》卷一頁十一作侍衛阿齊圖，作都統疑誤。
〔註764〕第一二五號文檔作烏勒噶

處拴養馬匹之內給辦，俱已咨行陝西總督提督總兵官等。臣前派出滿洲綠旗兵及加派之兵所帶跟役，俱著辦理米石錢糧，除交巡撫噶什圖外，亦咨行陝西總督甘肅巡撫等。至駐紮雲南都統烏格之軍，文到即著辦理錢糧前往法喇營內，會合法喇軍，候大軍何日起程，在何地會合，再行咨行烏格、法喇等，發給是項軍兵錢糧，議商依照原議給辦等因，亦咨行四川雲南總督巡撫等處，除計算口外生有青草時再定起程之日另行具奏外，謹此具摺奏聞。

[142] 棍布木廟會盟與會者一致遵旨護送呼畢勒罕入藏摺（康熙五十九年二月初九日）[2]-《卷六》

奏爲遵旨會盟事。

據呼呼諾爾各王台吉等，因爲議事會盟，盟長親王羅布藏丹津、郡王察罕丹津、貝勒額爾德尼額爾克托克托柰、阿喇普坦鄂木布、貝子巴勒珠爾阿喇普坦〔註765〕、落普藏達爾扎〔註766〕、台吉吹喇克諾木奇、又貝勒落普藏察罕、色普特恩扎勒、繃蘇克旺扎勒〔註767〕、貝子阿勒普坦〔註768〕、公達什端多布、車楞〔註769〕、嘎勒丹達什、台吉扎布、阿喇普坦〔註770〕、達木林色普特恩、索諾木達啓〔註771〕等十九人，至棍布木廟時，臣於二月初六日前往會盟。在棍布木廟於新呼畢勒罕所居之室頒佈聖旨。據呼畢勒罕稟稱，滿珠什哩佛大皇帝爲推廣黃教，以安衆生，封余爲達賴喇嘛，送往西藏坐牀，竊我乃一小喇嘛，承蒙聖主重恩，惟增加聖主萬壽，虔誦經外，何以圖報，前曾爲余一人致動兵戎之事，余實不安等情具奏在案，今聖主大皇帝至爲明鑒，

〔註765〕顧實汗圖魯拜琥第二子鄂木布孫，其父納木扎勒，《蒙古世系》表三十六失載。
〔註766〕《蒙古世系》表三十六作羅卜藏達爾札，顧實汗圖魯拜琥第二子鄂木布之孫，其父卓哩克圖岱青。
〔註767〕《蒙古世系》表三十七作朋素克旺札勒，顧實汗圖魯拜琥第六子多爾濟曾孫，父額爾克巴勒珠爾，祖策旺喇布坦。
〔註768〕顧實汗圖魯拜琥第二子鄂木布曾孫，父額琳沁達什，祖墨爾根台吉，《蒙古世系》表三十六失載。
〔註769〕《蒙古世系》表三十八作車凌，顧實汗圖魯拜琥長子達顏鄂齊爾汗孫，其父墨爾根諾顏。
〔註770〕遊牧於青海有台吉名號名阿喇布坦者有二。一爲爲準噶爾部遊牧青海者，爲郡王察罕丹津之婿，《蒙古世系》表四十三作阿喇布坦，父納木奇札木禪，祖卓哩克圖和碩齊，曾祖巴圖爾渾台吉。一爲貝勒納木札勒之弟，《蒙古世系》表三十六作阿喇布坦，父墨爾根台吉，祖顧實汗圖魯拜琥第二子鄂木布。
〔註771〕《蒙古世系》表三十七作索諾木達什，顧實汗圖魯拜琥第九子桑噶爾札之孫，其父塔薩博羅特，其兄爲公端多布達什。

令內地大兵會同呼呼諾爾之兵馬，以全力送余往西藏坐牀，推廣黃教，以安土伯特國眾生，使無兵戈，欽此遵行。今余惟有欽遵聖旨，隨軍前往外，竊無別項陳詞，謹具奏文，粘封唐古忒奏文一件，奏文稿一件，呈報前來。

臣自呼畢勒罕之室出，入於金製之都楞廟，呼呼諾爾盟長親王羅布藏丹津等王貝勒貝子公台吉等向上跪拜，部院章京宣讀旨意。臣向伊等告知，已向呼畢勒罕宣佈旨意，呼畢勒罕惟有欽遵上諭，願欲隨軍前往，稟告前來，今正爾等共同勤奮有爲之時，爾等自應同心合意，抒誠具陳等語。宣告畢，親王羅布藏丹津等跪稱，本呼呼諾爾之眾，前爲呼畢勒罕疊向聖主請奏，聖旨施仁，飭呼畢勒罕駐棍布木廟學經，今聖主封呼畢勒罕爲達賴喇嘛，使內地大兵會同本呼呼諾爾之兵，共以全力送往西藏坐牀等因，頒佈聖旨，聞命之下，我們喜樂無窮，前次雖有爲我呼畢勒罕一人致起兵戎之事，余實不安之奏，今呼畢勒罕感荷聖君之明，願欽遵旨意隨軍前往，既與我們前奏意見相符，呼畢勒罕與呼呼諾爾之眾，謹遵上諭，共爲一心，造具本處奏文及蒙古奏文，各自蓋印呈報前來。

繙閱呼畢勒罕嘎勒藏加木錯〔註772〕所奏唐古忒之文，文內奏稱，夫功蓋天下，誠虔祝聖主之明，欽達穆呢威生有曼珠什哩人之形容，今扶助教命，仰體聖德之明光，以俯恤黎庶眾生，無逾於此，因是甚爲喜悅，惟有衷心禱祝聖主萬萬歲，今天命曼珠什哩大皇帝，總理教務，無復比擬，蓄意於大總喀巴〔註773〕永久之道，爲慈愛教命，著大將軍王遣發大軍，爲教命恩施不盡，我極喜悅，聖主體恤，著內軍會同呼呼諾爾施主之軍，將我送還原處，因此我思先往西寧之盟，以誠意奏明聖主，現在天命聖主之明，復有眾生思以爲藏之教命，以資爲安，體恤於我，送回西地，呼呼諾爾總台吉等，以我意皆議爲一等語。奉旨著大將軍王來棍布木廟對我宣佈曰，聖主曼珠什哩佛，因我喜悅，欽遵聖旨，伏首六次，除全力會同送往外，因我年甚小，並陳詞不得要領，嗣後凡我之安危，若奏明聖主，懇祈聖主之明，如江水之流，永明不絕等語。

翻閱親王羅布藏丹津等奏蒙文，文內奏稱，呼呼諾爾親王羅布藏丹津、郡王察罕丹津、貝勒貝子公台吉等俱以奏稱，聖主之明，自始及今，迄以仁

〔註772〕即七世達賴喇嘛羅布藏噶勒藏佳木磋。
〔註773〕即宗喀巴，藏傳佛教格魯派之創始人。《欽定西域同文志》卷二十三頁一載，
　　　　宗喀巴羅布藏扎克巴，衛地始興黃教之祖，生於東宗喀，至衛地建噶勒丹寺，
　　　　闡揚法教衣鉢，開先一支八葉，相傳爲曼殊師利之呼必勒罕云。

愛，今爲封達賴喇嘛，奉旨著我等呼呼諾爾進兵，仰蒙主子之福，無窮仁愛，送往達賴喇嘛之時，想其不肖小寇，必先逃匿，聖主體恤，著我進兵，降旨之時，我皆按時前去，故由聖主之明，爲體恤達賴喇嘛接印較速，土伯特、巴爾喀木、唐古特人等蒙主子之恤封，使看守，鈐蓋金印，土伯特、巴爾喀木、唐古忒之總意，皆可趨向我之呼畢勒罕，請聖主體恤，飭封呼畢勒罕速爲接印，呼畢勒罕亦願遵主子旨意前去，余亦欽遵主子旨意，照呼畢勒罕之言，一律前往，妥爲具奏聖主之前，請奏將小人遊牧之嘎斯口〔註774〕，駐守有力軍兵，遣使甚是，我遵照聖主所頒諭旨，派使籌備妥協，俟大將軍王文書到時酌派，至道教之案，我聖主所頒諭旨甚當，係佈告我之以下，嚴行約束不肖人等，聖主似此儘力勤行聖意等語。

親王羅布藏丹津等請以有力軍兵駐守伊之遊牧等因，請奏遵行，駐紮棍邊之兵，或派駐紮柴達木，抑仍駐紮棍邊之處，伏乞皇父指示，謹此繕摺，呼畢勒罕奏唐古忒文一件，親王羅布藏丹津等奏蒙古文　件，合併具奏。

[143] 遵旨派人赴藏探聽消息摺（康熙五十九年二月初九日）[2]-《卷六》

奏爲派人赴藏事。

據乾清門頭等侍衛拉什〔註775〕咨開，康熙五十九年正月初八日奉旨，四川總督年羹堯、前鋒統領嘎拉畢〔註776〕等奏稱，巴爾喀木察木多之隨差郎中鄂來〔註777〕等將準噶爾消息稟稱，車凌端多布派六十人，將拉藏汗屬下人六百餘押送伊犁，在阿里途中被人將準噶爾五十五人殺死，又拏獲五人，劫去拉藏汗屬下人等，現在調兵於崗底砂山〔註778〕防備。又貢布地方之第巴阿爾布巴等調兵一萬，本年願同我大軍前進征伐準噶爾等語。曾聞準噶爾人前經派人赴伊犁防堵等事，今查此報近於事實，然不能確切，去年我們使者自藏

〔註774〕亦作嘎斯，《欽定西域同文志》卷十四頁十一載，嘎斯，蒙古語味之苦者也，其地水苦，故名，清代青海數地均名嘎斯。此處嘎即今青海省芒崖鎮稍東之嘎斯湖，此地爲青海入新疆塔里木盆地之要道口。

〔註775〕《欽定八旗通志》卷一百八十六作拉錫，有傳，曾與學士舒蘭往窮河源。

〔註776〕《欽定八旗通志》卷三百十八作護軍統領嘎爾弼。《平定準噶爾方略》卷六頁六作護軍統領嘎爾弼，後爲自四川率軍入藏之統帥，佩定西將軍印，《清史稿》卷二九八，《欽定八旗通志》卷一七三有傳。

〔註777〕《平定準噶爾方略》卷六頁二十四作郎中鄂賴。

〔註778〕即岡底斯山，《大清一統志》（嘉慶）卷五百四十七載，岡底斯山，在阿里之達克喇城東北三百十里，直陝西西寧府西南五千五百九十餘里，其山高五百五十餘丈，週一百四十餘里。

回來以後，並未得聞藏地消息，今大軍既於四月進兵，西藏消息最爲緊要，咨行大將軍王，或由西寧等寺廟喇嘛，或土司番子，先差人探取消息，發給馬匹，作爲一隊，南由濟嚕肯塔拉〔註779〕、碩般多喀木路前往，最爲捷便，若臨藏地，須扮作前往寺廟叩頭閑走之人，準噶爾軍之消息、杜伯特之情形，阿里中途殺準噶爾人之事，準噶爾之軍增到與否，並別項消息，均乏探聽。再由新呼畢勒罕之父索諾木達爾扎及貢布地方之第巴阿爾布巴爲兩處，派其妥善之人爲一隊，亦發給馬匹差往，使其探取一切實在消息，俟得確實消息，再行獎賞，並曉諭嗣後限定三月或四月，我們大軍未至藏之先，若得確實消息，於事尤便，相應迅咨大將軍王，由彼處先將二隊人妥爲差遣，欽此欽遵等因，於正月二十日咨行前來。竊臣前因未得西藏消息，令小呼畢勒罕之父索諾木達爾扎派數人入藏探取消息，所去之人前後需用若干日期，所差之人，均據索諾木達爾扎稟稱，崇布色爾扎及西藏等處，著差蘭占巴阿旺洛普藏、嘎普楚雲端諾爾布〔註780〕、班第阿拉羅墜、蘭占巴羅普藏車木波勒、蘭占巴哩克砂特、平民桑嚕布〔註781〕、拉扎普達哩等七人，探取消息，此七人每人辦給馬騾各三匹，俱要黑色強壯能越山嶺者，著由穆魯烏蘇白塔〔註782〕路徑，尋濟嚕肯塔拉之路前進，俟到崇布色爾扎地方，探明消息，著蘭占巴羅普藏車木波勒、蘭占巴哩克砂特、班第阿旺羅墜、平民拉扎普達哩等由原去之路稟覆，前後需用七十日。蘭占巴阿旺洛普藏、嘎普楚雲端諾爾布、平民桑嚕布等由崇布色爾扎往藏，探取消息，俟得確實消息，著亦由原去之路速來稟覆，其前後需用一百三十日，是以暫待口外大雪稍化，再令其起程等因在案。今既奉到聖旨，即傳諭索諾木達爾扎，爾著即差人探取消息，以便將爾子小呼畢勒罕妥爲護送入藏，先派之人，速即起程，索諾木達爾扎甚爲喜悅，遂派蘭占巴阿旺洛普藏等來至西寧，臣令七人前去之時，每人賞給肥馬各二匹，

〔註779〕 亦作濟魯肯，《欽定西域同文志》卷十四頁十三，蒙古語濟魯肯謂心也，四山環繞，中有平甸之意。此爲青海入藏之要道，此地爲瀾滄江二源之一，《衛藏通志》卷三頁二載，瀾滄江有二源，一源於喀木之格爾機雜噶爾山，名雜楮河。一源於喀木之濟魯肯他拉，名敖木楮河，二水會於察木多廟之南，名拉克楮河，流入雲南境爲瀾滄江，南流至車里宣撫司爲九龍江，流入緬國。
〔註780〕 第四十七號文檔作嘎布楚雲端諾爾布。第七十三號文檔作嘎布楚雲敦諾爾布。
〔註781〕 第四十七號、第七十三號文檔作桑魯布。
〔註782〕 即白塔渡，《大清一統志》（嘉慶）卷五百四十七載白塔渡，達爾汗庫布渡，與西海部落接界。皆金沙江上流，水深難涉處，用皮船可渡。渡口在青海省稱多縣拉布鄉蘭達村旁。

並緞布茶葉等物，自崇布色爾扎地方後來之人，著於四月十五日回來，赴藏之人，著於六月十五日回來，由藏回來時，如遇見我軍，即將所得消息，即行告知，若不遇我軍，限直到西寧之日再爲報告，除二月初二日起程，俟其回來時，將所得消息另行奏聞外，並調集土司楊如松、魯華連〔註783〕，俟其到時，他們若有熟習藏路之人，或假充喇嘛，差往探問消息等情，謹此繕摺摺奏聞。

[144] 蘇爾匝屬人由藏逃出傳來消息摺（康熙五十九年二月初九日） [2]-《卷六》

奏爲探得準噶爾在藏情況事。

臣將總兵官王依謙以下通事等，派令由呼呼諾爾等處假充前往西地，若遇有自西藏逃來之人，即向之探取消息報聞等因在案。茲於正月二十七日通事多爾濟等稟稱，我在年幼時到過西藏，我今在路上遇見台吉蘇爾匝所屬二人車凌扎布、巴圖孟克，將伊拏來，以俻察詢。遂即詢問車凌扎布、巴圖孟克，爾何時出藏，由何路行走，準噶爾之軍及唐古忒之情形如何，將爾見聞全行告知。據共同稟稱，我等皆台吉蘇爾匝所屬之人，在伯囉崇格克〔註784〕居住，於五十六年隨從蘇爾匝赴藏，本年七月準噶爾至藏殺我們拉藏汗，拋屍骨於噶勒昭穆勒恩地方，遂佔據藏地。五十七年四月準噶爾之齋桑和碩奇等帶兵三百將我等岱青巴圖爾二百戶人，由奇哩業路送往於策旺阿拉布坦之前，行將四月至特普克托羅海地方，準噶爾軍將我們拉藏汗屬下和碩特部落之人帶領前去，我至特普克托羅海地方，趁彼不備，落荒行走，至空閒之時岱青巴圖爾帶我自特普克托羅海地方由哈勒瞻胡察路陸續向呼呼諾爾逃走，至哈拉占胡察地方，我們撒克都爾扎布一股人，跟隨一回子逃回藏地，聽候消息。其時車凌端多布派呢瑪藏布率領阿勒達哩和碩奇等，帶二百餘兵將我等追趕，追至穆魯烏蘇河源全行擄回，本年十一月間到藏。次年二月準噶爾之桑濟等仍將岱青巴圖爾等拏獲，送交於策旺阿喇布坦，使我二人充當跟隨，留藏差遣。去年六月初二日我二人商議，將準噶爾之巴圖爾額磨根、胡勒布斯車凌的二肥馬偷去，由巴爾喀木路逃出，至拉里〔註785〕地方被準噶爾之哨

〔註783〕《平定準噶爾方略》卷五頁二十八作陸華齡，應爲魯華齡，土司衙門在甘肅省永登縣連城鎮。

〔註784〕同名河流名，《清史稿》卷五二二頁一四四四三作博囉充克克河，即湟水，作地名應在青海省海晏縣城一帶地區。

〔註785〕《欽定理藩院則例》（道光）卷六十二載名拉里，達賴屬小宗之一，今西藏嘉黎縣嘉黎鎮。

兵拏獲，將我等馬槍撒袋皆拿去充公，看守我等六日，夜晚趁伊熟睡我等步行逃出，走二十七日來至名色爾色地方，與貝子拉察布充當廝役，遇見錫達爾齋桑，將情形向伊告訴，錫達爾齋桑給我等衣服口糧馬匹，當在色爾色地方住居三月，於十月間前來，十一月二十七日到貝子拉察布家，次年是月二十日尋至伯囉崇格克阿什汗〔註786〕地方，並未到家即遇見內地通事，將我等拏來。我等於去年六月間逃出時即聞車凌端多布患病，餘無見聞，其準噶爾之兵雖傳聞有四千，然經我等看見祇三千有餘，此內在達木地方看守準噶爾之馬匹牲畜有兵二三百名，喀喇烏蘇、諾莫歡〔註787〕等處伊有哨兵，每哨有兵十餘名，其兵每人每月各給銀六兩，不與別物，惟每次給分散羊隻銀物，皆由唐古忒人內索取，又聞每人各有馬四匹，並不全備，若夏季在有草之地牧放，若多季帶往藏內，於第巴達克冊各地由唐古忒人等分給草豆餵養，至準噶爾兵等皆不願住藏，一齊怨恨，常說我輩在此地不服水土，往往死於瘡腫之症，患病者甚眾，昔年在我遊牧地方與土爾扈特、哈薩克構兵，又與內地大兵交戰，今又領我們入藏，殺害拉藏汗，佔據藏地，又向內地大軍交戰，我輩豈能頻戰，誠以內地大軍會同呼呼諾爾之軍，皆係全力，何能抵擋，惟有捨去後再恢復耳，此時能獲活命，嗣後與子女同死亦無怨恨，此等議論即準噶爾小首領聞得軍兵人等互相傳說，並不警戒，皆云我等雖係居首之人，亦與兵丁人等意見相同，並且齊說小車凌端多布帶兵來換我們，至今實無確到消息，因伊不復前來，以致我等皆有怨言等語。由此觀之則所謂小車凌端多布帶有兵來之說，竟似謠傳。至第巴達克冊、噶隆扎什〔註788〕等因準噶爾與唐古忒人等常常為讐，若容留準噶爾人眾則唐古忒人皆甚怨恨，意欲將準噶爾人等活捉，送呈聖主而絕根株，惟因徒眾力量不足不能舉事，祇以誠意禱盼大軍速來拯救，此外再無見聞。車凌扎布、巴圖孟克皆去年六月間由藏逃出，因尋訪伊主台吉蘇爾匝之妻常瑪爾之人，臣賞給布疋茶葉，除送交蘇爾匝之妻收領外，謹此繕摺奏聞。

〔註786〕《欽定大清會典事例》（嘉慶）卷五百六十載名哈什哈水。《寧海紀行》記有阿什汗水城，在黑城子東南，城稍大，此城距倒淌河四里餘，即今青海省共和縣倒淌河鎮附近。
〔註787〕即諾莫渾烏巴什山，今名唐古拉山，藏名當拉嶺。
〔註788〕本書第七十三號文檔作第巴札西匝巴，第九十四號文檔作扎什則巴。

[145] 青海王公台吉等已遵旨和好摺（康熙五十九年二月初九日）
[2]-《卷六》

奏爲欽遵上諭事。

正月十一日奉到理藩院咨開，具奏青海王公事件，奉旨王察罕丹津等固什汗之子孫，皆爲一體，凡事應一心一意勤勞有爲，此諭著大將軍王頒佈於伊等，以昭體恤等因，欽此，咨行前來。查原奏內開，大將軍王前赴西寧時即便〔註789〕向呼呼諾爾各王台吉等頻加訓諭，令以和好相處。茲查王察罕丹津等所奏，伊兄弟之間常相不睦，仍著大將軍王表率訓飭，令其和睦等語。臣於二月初六日會議盟事務畢，當即曉諭呼呼諾爾各台吉等，爾皆固什汗之子孫，一向恭順，故皇父封爾等爲王貝勒貝子公，並常加訓諭，爾等兄弟之間須以和好安生，爾等並不誠實遵依，彼此和好，各自懷怨，輕聽調唆之言，互相不睦，以致策妄阿拉布坦乘隙入藏，破壞爾祖所立教道，殺害爾等骨肉拉藏汗。今皇父爲爾等推廣黃教，以安衆生，封呼畢勒罕爲達賴喇嘛，同以全力護送赴西藏坐牀，正爾等共同一體一志感戴皇父重恩，奮勉効力之時，嗣後著將猜忌之意均盡解釋，共同一心一意力行推廣教務，恭敬長輩，憐愛幼輩，凡兄弟之間遇事盡可涵容，以寬厚行事，以和睦爲心，推廣黃教，必能常蒙皇父重恩，倘不遵教諭仍前不睦，互起爭端，我必指名參奏，科以重罪等語。王羅布藏丹津、察罕丹津等跪稱，聖主因我呼呼諾爾人等均係固什汗之子孫，倍加憐愛，諭戒我兄弟等永遠和好，復爲祖教道之故，發兵推廣黃教，我若不睦與事未便，特加諭旨，我等實感聖主重恩，且我等兄弟之間互相和好實與我等有益，我等欽遵聖主訓旨，嗣後我們兄弟願互相和好，共爲一心一意，隨繕具蒙文，各自蓋印呈報前來。

查譯文稱，滿珠什哩聖主將我固什汗之子孫特霑恩施，賞給名號，常久優恤，又使互相和睦之故，疊頒聖訓，我等已獲平安，茲復爲我衆有不能和好之處，著大將軍王頒佈聖諭前來，我衆不勝喜悅。我等皆係一祖之孫，欽遵聖旨，依照舊例，長輩則憐愛幼輩，幼輩則恭敬長輩，始終願和好等語。

除親王羅布藏丹津等呈報蒙文一件恭呈御覽外，謹此繕摺奏聞。

[146] 撫遠大將軍胤禛等請安摺（康熙五十九年二月十二日）[1]-3491

臣胤禛等謹請皇父萬安，爲此繕摺謹奏。

〔註789〕原文作即使，今改爲即便。

臣胤禛、弘曙、弘智、弘曦。

硃批，二月初二日赴水獵，仍喜悅而行，氣色較前好矣，京城之地甚太平，諸省均相似。

[147] 貝子拉察布差人稟告藏中消息及準噶爾被布魯克巴戰敗情況並令拉察布再派人前往偵探摺（康熙五十九年二月十二日）[2]-《卷六》

奏爲探聞藏情事。

二月初十日據呼呼諾爾貝子拉察布差伊護衛昂阿勒珠爾前來稟稱，去年八月間派遣卓哩克圖鄂木布等六人在巴爾喀木之崇布色爾扎地方當差。今此六人內鄂岳等回來稟稱，我等於九月初八日到崇布色爾扎，十一月初四日有呼畢勒罕之父索諾木達爾扎的親戚第巴阿爾布巴，由碩般多地方差一唐古忒人向卓哩克圖鄂木布前告稱，近聞由藏地所來之人傳說，去年十二月間準噶爾派五百兵丁往布魯克巴部落，不知何事，半路遇布魯克巴部落派兵攔截，戰鬥良久，準噶爾五百兵內，被殺者四百九十餘人，僅逃出二人到藏，馬匹牲畜皆被搶擄。又從前準噶爾之車凌端多布曾於喀木邊城等地均派有使者，皆令迅急回去，現在伊所差之使者，均皆赴藏，此事屬實，爾貝子拉察布所娶係索諾木達爾扎之女，我等皆是親戚，將是喜信告爾，爾可差人稟爾貝子等語。我們卓哩克圖鄂木布亦謂此係一極好喜信，本貝子又謂於大將軍王前報告所聞之事，不能不實，此消息是否十分確實。鄂岳等又稱，離由碩板多僅有兩日路程地方，有名沙布呼者於十一月初四日差往第巴阿爾布巴之前，初六日沙布呼回來稟稱，第巴阿爾布巴詳細告我，此信甚實，迅急差人去稟爾貝子，是以本卓哩克圖鄂木布令鄂岳率領跟隨五人於十一月初七日迅急起程等因具稟前來，是以本貝子拉察布特差我帶領鄂岳來稟告大將軍王等語。因詢問鄂岳，爾係唐古忒之人，情形如何，本大軍前進之消息，彼處人等有無所聞，爾卓哩克圖鄂木布幾時去到崇布色爾扎地方，將汝之見聞詳細稟告。據稱環居崇布色爾扎地方及巴爾喀木之唐古忒人等，齊皆怨恨準噶爾人等無故廢教，圍禁喀木藏，使唐古忒人等憂傷至極，不知何日獲見天日，聞曼珠什哩佛大皇帝之子大將軍王帶領無數大兵前來西寧，大眾議定以全力來藏，將準噶爾之賊斬盡殺絕，覯此情形，眾唐古忒人之意，皆趨向我們。至駐紮本崇布色爾扎地方當差之人，均屬三年更換，去年派卓哩克圖鄂木布前去，因前派之哈爾棟蘭占巴已滿三年，現已換回，我們六人乃係隨同卓哩克圖鄂木布前去之人，此外再無另外見聞消息。崇布色爾扎地方貝子拉查布既派遣伊卓哩克圖鄂木布駐紮，臣即具文向貝子拉察布告知，崇布色爾扎地方距藏均不甚遠，可獲切實消息，爾貝子拉察布可派妥善數人，辦給馬匹乾糧，著急赴卓哩克圖鄂木布處，將準噶爾一切消息妥實偵探，若得消息速來稟覆，又給與金花緞各一疋以昭勸勉。貝子拉察布所差由崇布色爾扎地方回來之人名鄂岳者來稟消息，臣亦賞給鄂岳緞子布疋，除咨覆外，謹此繕摺奏聞。

[148] 派土司屬下喇嘛赴藏探聽消息摺（康熙五十九年二月十二日）[2]-《卷六》

奏為派人赴藏探聽事。

竊查臣前經具奏熟習藏路之土司番子阿木道喇嘛等內，亦著遣赴西藏探取消息等因在案。今傳集囊蘇等向彼宣告，爾皆居口內地方年久，世受皇父重恩，以安生活，今為推廣黃教封呼畢勒罕為達賴喇嘛，送往藏地，正係爾等黃紅喇嘛奮勉効力之時，大軍進赴西地莫不以獲得藏中確息為要者，爾所屬人等，有從前赴藏學經及作買賣等事，其熟識之人亦必甚多，令伊等由別路繞赴略近西藏地方，或飾閑行之人，或飾去熬茶叩頭之人，偵探消息，俟獲確息後即回報，此係軍機大事，即係爾等効力之時等言，向之勸勉。今深中囊蘇索諾木林沁〔註790〕所屬蘭占巴根敦扎克巴，班第鄂匝爾藏布，多巴囊蘇特勒衣加木錯所屬蘭占巴扎克巴扎木蘇，格楚勒阿旺丹則恩，米納克囊蘇丹津扎木蘇所屬格楚勒吹普藏扎木蘇，錫那囊蘇洛普藏扎勒〔註791〕所屬蘭占巴羅普藏莫羅木，班第錫啦布巴勒珠爾，倫布木囊蘇那罕繃楚克〔註792〕所屬班第扎什達爾濟，那罕索諾木等九人帶來稟稱，此輩從前皆到過西藏，可令至巴爾喀木等處將馬匹留於熟識之人處所，或飾閑行之人，或飾赴藏叩頭之人，不露形色，再覓地方熟識之人，使探消息，此輩每人應辦馬匹或騾子各四匹等語。臣令蘭占巴洛普藏莫羅木率領班第錫啦布巴勒珠爾、那罕索諾木、扎什達爾濟四人赴藏使探消息，蘭占巴根敦扎克巴率領班第鄂匝爾藏布、蘭占巴扎克巴扎木蘇、格楚勒阿旺丹則恩、吹普藏扎木蘇等五人赴巴爾喀木等處使探消息，此等派往探取消息之人共去九人，臣賞給每人肥馬一匹，並緞布茶葉等物，赴藏之人令於二月十四日由西寧起程，六月內回來，赴巴爾喀木等處之人於二月十六日起程，四月內回來，務須依限回來，往覓

〔註790〕深中即今青海省湟源縣申中鄉一帶地區。
〔註791〕錫那常寫作西納，今青海省共和縣攔隆口鎮一帶藏族一部落。
〔註792〕常寫作隆布族，為所謂塔爾寺六族之一，囊蘇駐地在今國師營。

大軍，將所獲消息明白稟告，俟此輩回來時，再將所獲消息另行陳奏，謹此具奏奏聞。

[149] 呼呼諾爾王等受封謝恩摺（康熙五十九年二月十二日）[2]-《卷六》

奏爲代爲受封謝恩事。

正月二十六日奉到理藩院咨開，具奏呼呼諾爾郡王察罕丹津之珠克特和阿旺喇嘛，以扶助教務，錫予額爾德尼諾們罕封號〔註793〕。台吉阿啦布坦扎木蘇〔註794〕封爲輔國公，均經奉旨允准等因前來。現在會議盟務已畢，臣於王察罕丹津前宣佈聖旨，王察罕丹津跪稱曼珠什哩佛大皇帝仁慈，以我無用之身加以極尊之榮，施以重厚之恩，實不勝任，今我胞兄之子阿喇布坦扎木蘇，並無寸功而越封公爵。詎料本珠克特和阿旺喇嘛，扶助教務，賞給額爾德尼諾們罕名號，勅領印綬，似此天地高厚之恩，我等實難圖報，惟有終日恭祝聖主萬壽外，何能報稱，我等喜悅之事無逾於此者，現在會盟議事既已完畢，我特欲敬謝聖恩等情。王察罕丹津於二月初十日來至西寧，臣依其所請，令其望闕謝恩，待以茶酒飯食，除令回遊牧外，謹繕摺奏聞。

[150] 撫遠大將軍胤禎奏西寧得雨雪情形摺（康熙五十九年三月二十一日）[1]-3495

臣胤禎謹奏。

臣等所駐之西寧，三月初八十三十四等日雖陸續降雪融化，地未甚透。自十九日午時至亥時正刻，因落雨地皆透，爲此使皇父喜悅，謹繕摺奏聞。

硃批，知道了，現京城週圍雨水甚調。

[151] 撫遠大將軍胤禎奏報延信等人謝恩摺（康熙五十九年三月二十一日）[1]-3496

臣胤禎謹奏，爲奏聞事。

三月初一日准兵部咨，議政大臣奏，據大將軍王奏稱，進藏之時遣派都統延信、公策旺諾爾布、副都統阿林保等，擬以延信爲首，都統延信爲將軍，副都統阿林保原既在議政，仍在議政行走，公策旺諾爾布亦爲議政等情奏入，奉旨依議，欽此欽遵前來。臣率都統延信、公策旺諾爾布宣旨。都統延信跪

〔註793〕甘肅拉卜楞寺第一世嘉木樣活佛阿旺宗哲。
〔註794〕《蒙古世系》表三十九作阿喇布坦扎木素，顧實汗圖魯拜琥第五子伊勒都齊曾孫，父岱青巴圖爾，祖博碩克圖濟農。

稟，聖主念奴才之祖父，將奴才自幼仁愛，徵爲侍衛〔註795〕，漸陞用爲都統，奴才愚憒，均賴聖主指教而行，蒙聖主之恩甚重，且奴才不能盡微力以報，今聖主又命我爲將軍，率兵平藏，職任甚要，奴才聞旨，不勝感激，甚爲惶恐，惟鼓勵屬衆，上至大臣，下至兵丁，同心協力，克盡厥職外，無奏語表達，伏乞謝恩等語。公策旺諾爾布跪稟，奴才乃一末等喀爾喀蒙古，聖主念奴才祖父，將奴才越封爲公，補爲內大臣，未盡微薄之力，前年率兵進發，獲有重罪，聖主未予治罪，今又宥奴才前罪，派爲平叛將軍〔註796〕延信之議政，聞旨奴才不勝感激，除盡心効力外，誠惶誠恐，無言以奏，伏乞謝恩等語。故此臣令延信，策旺諾爾布望闕謝恩，爲此繕摺恭謹奏聞。

　　硃批，知道了。

[152] 撫遠大將軍胤禎奏爲遣返貝子盧斌等人摺（康熙五十九年三月二十一日）[1]-3498

　　臣胤禎謹奏，爲奏聞事。

　　前臣具奏將貝子盧斌、裕王子廣善、簡王子永前、簡王弟鎮國將軍景順，將此四人遣送京城等情，奉皇父旨，依議，欽此前來。臣謹宣旨，此等人共跪，叩請於臣，我等乃玷辱皇上之宗室，今來軍營，並未効力，軍務尚未完竣，我等何顏返回，懇請隨大將軍王出邊聽命効力，祈代我等覆奏等情，數次請求，以此裕王之子廣善又另來跪泣，請求於臣。我不可比他人，荷蒙皇祖父之恩慕重，皇祖父特揀選我効力學習，遣送兵營，自來以後並未効力，且軍務尚未完結，我今若返回宮，何顏見我父，如何對衆生，我雖年幼，不能盡力，伏乞將我留於王叔之前，學習行走，寬我之生路等情，磕頭叩請。臣向伊等勸言，此次皇父命遣進藏兵甚多，留於木魯烏蘇者，無甚効力之處，我方具奏，將爾等遣回，既已降旨，爾等勿拒，我已知悉爾等稟告之意，我務奏聞皇父等情。而後伊等又懇請，今我等既不親往汛地効力，我等備帶之馬駝，情願捐獻軍用等語，故將貝子盧斌五十匹馬駝二十五峰，廣善馬四匹駝二十五峰，永前馬四匹駝二十五峰，景順馬四匹駝二十峰，予以接受，用於軍務，交付辦理糧餉之巡撫噶什圖，令伊等三月二十四日啓程返回，謹此奏聞。

　　硃批，知道了。

〔註795〕原文誤爲待衛，今改正爲侍衛。
〔註796〕《平定準噶爾方略》卷七頁十八作平逆將軍延信。

[153] 派土司楊如松等屬下喇嘛赴藏偵探消息摺（康熙五十九年三月二十一日）[2]-《卷六》

奏爲派員進藏偵探消息事。

竊臣前因徵調土司楊如松、魯華麟〔註797〕差往西藏偵探消息，或伊或屬下有曾赴西藏熟悉道路，或當喇嘛，亦著差往探聽消息，曾經具奏在案。今楊如松差千總憲登子將伊屬下喇嘛索諾木丹津、洛普藏達什咨送前來，土司魯華麟將伊屬下喇嘛噶布楚洛哩藏布、蘭占巴丹則恩扎克巴帶來稟稱，我等世受聖主重恩，以安生活，並無圖報，今聖主爲推廣黃教，以安眾生，復遣大軍入藏，我們正宜發奮之際，我們現在送來此四喇嘛，前皆屢赴藏地，在彼處認識喇嘛商人亦多，若使差探消息最善，但此四人身體似稍薄弱，在多巴地方有楊如松所屬喇嘛牌則瓦，魯華麟所屬喇嘛洛普藏端多布，加派此輩，每人給與肥馬或騾子各五匹乾糧等物，妥給辦理等因，稟報前來。臣將楊如松所屬索諾木丹津，魯華麟所屬蘭占巴丹則恩扎克巴，率領由爾巴爾喀木之扎嚕肯塔拉、碩板多路前往，俟到藏之較近地方，尋找妥善之處，酌留下二人照看馬匹牲畜，其餘之人，或步行飾作閑走之人，或飾作往藏熬茶叩頭之喇嘛，必須到藏，將準噶爾一切消息，賊盜情形，車凌端多布在何處放哨，策旺阿喇布坦地方又有無增派軍隊，及各唐古忒人等意向如何等消息，詳細偵取，至七月十五日以內回來，回來之時去尋找我們大軍，將所獲一切消息明白稟告等情，當賞給緞布茶葉等物，遣於三月初二日起程，俟此輩回來時將所獲消息另行奏聞外，謹此繕摺奏聞。

[154] 撫遠大將軍胤禛奏報平逆將軍延信祈賞妙藥摺（康熙五十九年三月二十一日）[1]-3497

臣胤禛謹奏，爲奏聞事。

據平逆將軍都統宗室延信等呈文內稱，聖主仁愛官兵，降諭將宮內所製妙藥賞之，於有氣之地大有裨益，祈大將軍王代臣等官兵轉奏聞，請將御製妙藥多加賞之等情，爲此繕摺恭謹奏聞。

硃批，賜去了。

〔註797〕《平定準噶爾方略》卷五頁二十八作陸華齡，應爲魯華齡，土司衙門在甘肅省永登縣連城鎮。

[155] 遵旨料理進藏調兵各項事宜摺（康熙五十九年三月二十一日）
[2]-《卷六》

奏爲欽遵諭旨料理進藏事。

竊據會議咨開，呼呼諾爾王台吉等共同會盟，皆爲一心一意，具奏懇請將受封之呼畢勒罕妥爲護送入藏，並請速頒冊印等情，小呼畢勒罕亦願欽遵聖旨，隨同大軍前往等因，應封小呼畢勒罕爲達賴喇嘛，我軍與呼呼諾爾之軍、四十九旗所派之台吉、塔布囊等，喀爾喀諾彦、哲布尊丹巴呼圖克圖〔註798〕之沙畢等，由本處所派土觀呼圖克圖〔註799〕、達喇嘛洛普藏札勒車木噶普楚〔註800〕等一同送往。並將封達賴喇嘛之冊印從速鑄就，由臣交原欽派土觀呼圖克圖、喇嘛洛普藏札勒車木噶普楚等從速帶往西寧，俟到時著大將軍王擇吉日帶領大臣等送往棍布木廟，令其受封，設立吉祥道場誦經熬茶，酌量將各喇嘛佈施散發。達賴喇嘛起程時駐紮西寧大臣官員及赴藏之將軍大臣沿途遇有唐古忒人等前來迎送，應向伊等告知，今聖主因推廣黃教封新呼畢勒罕爲達賴喇嘛，以全力護送入藏坐牀，以安爾圖伯特眾生，可將所獲一切消息稟我，恐爾不知，妄生畏懼等語，並繕文曉諭。其由雲南四川兩路入藏之兵，將軍大臣等沿途經過地方，遇有番子唐古忒人等，著亦照此繕文曉諭，俟大兵到藏後將軍大臣及各處施主之使者，著共同觀看達賴喇嘛坐牀，尊崇班禪年歲，使坐高牀，爲達賴喇嘛之師，向伊習經典，事班禪以師禮，仍先依常俗，行以寺廟之原禮等語。又咨稱穆魯烏蘇地方兵少，不得不加增，應調棍邊之兵，皆著大將軍王帶領，大將軍王起程之後京城之兵未到之先，西寧無有大臣，訥欽王訥爾蘇、都統楚宗暫留西寧守候，俟西寧之兵到莊浪西寧等處，將留駐西寧之滿洲綠旗兵一千名帶往棍邊，令其看守呼呼諾爾遊牧。酌將西寧留下餘兵使駐莊浪較近之處，以資餵養馬匹而備調用。西安將軍總喀布〔註801〕著調來西寧，會同都統穆森〔註802〕等共同管理軍隊。柴達木之兵既

〔註798〕指哲布尊丹巴一世，土謝圖汗察琿多爾濟之弟。

〔註799〕指第二世土觀活佛羅桑卻吉嘉措，今青海省互助縣東山鄉人，康熙四十三年至五十一年年任佑寧寺第二十四任法臺，卸職後被清聖祖召入北京，封爲掌印喇嘛，康熙五十九年奉命護送七世達賴喇嘛入藏坐牀，回北京後被清世宗封爲靜修禪師，成爲清代駐京呼圖克圖。

〔註800〕據《安多政教史》頁四十八註釋文載此人藏名全稱爲賽科巴達喇嘛噶居瓦羅桑程勒，賽科巴爲青海廣惠寺僧，達喇嘛爲喇嘛職銜之一，噶居巴係學位名。

〔註801〕《欽定八旗通志》卷三百二十四作蒙古鑲黃旗副都統宗查布。《平定準噶爾方略》卷五頁二十一作副都統宗扎卜，後陞任西安將軍。

然無餘，令大將軍王在彼處大軍內酌量派兵五百，駐紮柴達木，交都統阿爾納〔註803〕，亦令看守呼呼諾爾遊牧等語。俟奉到給予新呼畢勒罕冊印前來，擇以吉日，臣親自前往棍布木廟頒佈聖旨，封呼畢勒罕爲達賴喇嘛。往藏起程日期太遲恐遇大雪，已咨行駐紮雲南之都統烏格，駐紮打箭爐之都統法喇，告知本處軍隊於四月十五日由西寧起程，大抵七月月終可以到藏，計算爾由巴爾喀木起程進兵，亦應於七月月終到藏，爾兵何日起程，幾時可到，計算明確速來稟報，俟知曉爾前進路程及所到之日，兩路之兵約期相互援應，使消息靈通，易於行走，一俟烏格、法喇等來報之時，酌量兩路之兵行走日期，令必一齊到藏。大軍在口外若一路行走，惟恐水草不足，應調駐紮穆魯烏蘇之臣子，帶兵於四月十三日由後站起程，將新呼畢勒罕帶我隊內照看行走，使駐我營較近。平逆將軍延信所帶入藏之兵著於四月十六日由前路起程，本處大臣等曾各叩求効力隨軍入藏，入藏之軍因帶隊大臣甚少，派副都統伊里布、烏里布帶兵入藏，兩路之軍俟前到索羅木會於一處，以俟呼呼諾爾之軍，大軍既已起程，亦催令呼呼諾爾之軍早爲起程，我軍及呼呼諾爾之軍皆至索羅木，即依原議，令其分三路假道穆魯烏蘇，再於土扈勒托羅海地方會合。其未至之時臣親將新呼畢勒罕帶往穆魯烏蘇去住，以養馬匹牲口，酌留延信之軍，並留索羅木等候呼呼諾爾之軍，由穆魯烏蘇起程前進之時再將新呼畢勒罕交將軍延信。大軍起程之後將訥欽王訥爾蘇、都統楚宗留於西寧，俟京城兵到，將派鳥槍護軍五百，莫勒托什〔註804〕綠旗兵五百，令訥欽王訥爾蘇帶往棍邊駐紮，妥養馬匹，巡撫之綠旗兵五百，遣赴柴達木駐紮，所餘三百七十一名鳥槍護軍，每佐領各護軍一名駐紮西寧，著西安將軍總扎布〔註805〕、都統穆森會同管理，其每佐領之砲甲各一名，毋庸前來西寧，即駐莊浪牧養馬匹，西寧距柴達木地方稍遠，此次所派遣之五百兵，其馬匹之內，如有疲瘦不能遠行者，著留在西寧之軍馬內撥給，是項軍隊即令副將陳棟及都統阿爾納帶領前往，駐紮棍邊之五百滿洲兵，著副都統薩爾

〔註802〕《欽定八旗通志》卷三百二十四作蒙古鑲黃旗都統穆森。《平定準噶爾方略》卷九頁二十一作都統睦森。

〔註803〕《欽定八旗通志》卷三百二十一作滿洲鑲黃旗都統阿勒納。《平定準噶爾方略》卷五頁二十作都統阿爾納。

〔註804〕即北京市密雲區古北口。

〔註805〕《欽定八旗通志》卷三百二十四作蒙古鑲黃旗副都統宗查布。《平定準噶爾方略》卷五頁二十一作副都統宗扎卜，後陞任西安將軍。

察〔註806〕帶領前往，留駐莊浪之砲甲，著副都統莊圖〔註807〕管理。至前次會議咨稱，大軍起程之先本處應派使臣、並呼呼諾爾使臣、四十九扎薩克等使臣、喀爾喀諾彥等使臣、哲布尊丹巴呼圖克圖使臣，並著帶領第巴達克冊之商人繃蘇克達爾扎等九人，一同赴藏，著大將軍王辦給文書，咨行班禪額爾德尼及第巴達克冊、並各寺廟喇嘛等，再辦給咨文交車凌端多布等語。此次赴藏使臣仍著主事瑚里圖率領，至都統胡什圖，侍郎色爾圖，筆帖式岱屯雯，著令候諭旨預備派差。現在烏珠穆沁之頭等台吉塔旺扎木蘇〔註808〕，已將伊旗旗主達賚帶到，喀爾喀哲布尊丹巴呼圖克圖使臣現尚未到，俟是項使臣齊至西寧時再著一同起程。再詢問行走人等，由西寧至喀拉烏蘇一路均為熟習，由喀喇烏蘇至藏之路知者甚不明白，是以派新滿洲前鋒蘇珠克圖，護軍雙福赴藏驗看路程，妥為記載，亦令其與使臣瑚里圖等一同前往，相應將給與班禪及第巴達克冊並各寺廟喇嘛等咨文及咨交車凌端多布文稿，一併謹呈御覽，謹奏。

[156] 咨行班禪令將車凌端多布意向咨報文〔註809〕 [2]-《卷六》

撫遠大將軍王咨行班禪額爾德尼。

策旺阿喇布坦無故發遣車凌端多布一支兵丁暗赴藏地，毀壞佛教，眾人聞聽意皆不服，夫黃教者皆蒙古、圖伯特、阿木道之教，蓋大皇帝係萬國欽遵共仰的曼珠什哩聖主，策旺阿喇布坦者係準噶爾地方一台吉，與拉藏汗不合，戕殺拉藏汗，廢弛寺廟喇嘛經訓熬茶誦經，敗壞教本，擾亂圖伯特，因是我皇父不忍坐視，又呼呼諾爾、哲布尊丹巴呼圖克圖、內扎薩克、七旗喀爾喀總佈施之主，意見相符，一同懇祈具奏，將呼畢勒罕頒給金冊印信，封為達賴喇嘛，送往西藏坐牀，爾班禪年齡既高，輩份亦長，讓班禪坐以高牀，待以師禮，學習經典，推廣黃教，以安生命之鉅案等因，咨交前來。本大將軍暨大臣等當會同呼呼諾爾、哲布尊丹巴呼圖克圖、內扎薩克、七旗喀爾喀

〔註806〕《欽定八旗通志》卷三百二十一作滿洲正紅旗副都統薩勒禪。《平定準噶爾方略》卷十頁二十一作副都統薩爾禪。

〔註807〕《欽定八旗通志》卷三百二十四作蒙古正白旗副都統莊圖。《平定準噶爾方略》卷九頁二十作副都統莊圖。

〔註808〕屬內扎薩克蒙古烏朱穆沁部，《蒙古世系》表十六作塔旺札木素，車臣親王素達尼之子。

〔註809〕以下四文檔無日期，《撫遠大將軍允禵奏稿》非置於此，據上一文檔內容，將此四咨文置於此奏摺後。

總佈施之主喇嘛等，將達賴喇嘛送藏坐牀，爲推廣黃教，以安衆生，前差使者與車凌端多布會議，曾以教道安生事大，軍戎事小，我並無戰鬥征伐之意，車凌端多布誠如爲教駐藏，本大臣喇嘛等，等候共以和議推廣黃教，妥善結束，車凌端多布或欲開釁反抗及其意向如何，即行咨報，贈爾貢物金黃蟒袍二疋緞四疋，一併發交給使臣，爲此特咨。

[157] 咨第巴達克冊令將車凌端多布意向咨報文 [2]-《卷六》

撫遠大將軍王爲咨行唐古忒台吉第巴達克冊。

策旺阿喇布坦無故發遣車凌端多布率軍暗赴藏地，毀壞佛教，衆人聞聽意均憤恨，夫黃教者皆蒙古、土伯特、阿木道之教，蓋大皇帝係萬國欽遵共仰的曼珠什哩聖主，策旺阿喇布坦係準噶爾地方一台吉，與拉藏汗不合，戕殺拉藏汗，廢弛寺廟喇嘛經訓熬茶誦經，敗壞教本，擾亂土伯特，因是我皇父不忍坐視，又呼呼諾爾、哲布尊丹巴呼圖克圖、內扎薩克、七旗喀爾喀總佈施之主，意見相符，一同懇祈具奏，將是呼畢勒罕頒給金冊印信，封爲達賴喇嘛，送藏坐牀，班禪年齡既高，輩份亦長，讓班禪坐以高牀，待以師禮，習學經訓，推廣黃教，以安生命等因，咨交前來。本大將軍暨大臣等當會同呼呼諾爾、哲布尊丹巴呼圖克圖、內扎薩克、七旗喀爾喀總佈施之主喇嘛等，將是達賴喇嘛送藏坐牀，爲推廣黃教，以安衆生，前差使者與車凌端多布會議，曾以教務安生事大，軍戎事小，我並無戰鬥征伐之意，車凌端多布誠如爲教駐藏，本大臣喇嘛等，等候共以和議推廣黃教，妥善結束，車凌端多布抑或欲開釁反抗及其意向如何，即行咨報，至爾咨商繃蘇克達爾扎等八人，賚給貢物緞子四疋，一併交給使臣，爲此特咨。

[158] 咨三大寺令將車凌端多布意向咨報文 [2]-《卷六》

撫遠大將軍王爲咨行噶勒丹、錫哷，布賴蚌〔註810〕等各寺廟總喇嘛等。

策旺阿喇布坦無故發遣車凌端多布率軍暗赴藏地，毀壞佛教，衆人聞聽意皆不服，夫黃教者皆蒙古、土伯特、阿木道之教，蓋大皇帝係萬國欽遵共仰的曼珠什哩聖主，策旺阿喇布坦者係準噶爾地方一台吉，與拉藏汗不合，戕害拉藏汗，廢弛寺廟喇嘛經訓熬茶誦經，敗壞教本，擾亂土伯特，因是我皇父不忍坐視，又呼呼諾爾、哲布尊丹巴呼圖克圖、內扎薩克、七旗喀爾喀

〔註810〕指格魯派甘丹寺、色拉寺、哲蚌寺三大寺，《大清一統志》（嘉慶）卷五百四十七頁二十八載三寺名分別爲噶爾丹廟、色喇廟、布雷峰廟。

總佈施之主，意見相符，一同懇祈具奏，將呼畢勒罕頒給金冊印信，封爲達賴喇嘛，送藏坐牀，班禪年齡既高，輩份亦長，讓班禪坐以高牀，待以師禮，習學經典，推廣黃教，以安生命等因，咨交前來。本大將軍暨大臣等當會同呼呼諾爾、哲布尊丹巴呼圖克圖、內扎薩克、七旗喀爾喀總佈施之主喇嘛等，將是達賴喇嘛送藏坐牀，爲推廣黃教，以安衆生，前差使者與車凌端多布會議，曾以教道安生事大，軍戎事小，我並無戰鬥征伐之意，車凌端多布誠如爲教駐藏，本大臣喇嘛等，等候共以和議推廣黃教，妥善結束，車凌端多布抑或設欲開釁反抗，及其意向如何，即行咨報，爲此特咨。

[159] 咨車凌端多布令將意向如何或和或戰從速咨覆文 [2]-《卷六》

撫遠大將軍王爲咨行準噶爾台吉車凌端多布。

竊自去年親統大軍到西寧時，聞爾將汝之達賴喇嘛〔註811〕監禁西藏，現在棍布木廟有新呼畢勒罕，或將爲呼畢勒罕命爲達賴喇嘛，推廣黃教事務，至教道所關，地方事大，教道地方議案既甚重要，可在爾車凌端多布適中之地，或約期何地，仰爾自來會盟，商議教務，或余前去，須將會盟地方，妥速議定，爾何不速定一地方，乃復推諉，延誤教約大事等情，前經具文蓋章，差護衛瑚里圖〔註812〕交爾，爾咨報文稱，達賴喇嘛之呼畢勒罕是耶非耶，我不能識，大皇帝與我們桓台吉、諾爾台吉〔註813〕等，若商議妥協，則推廣黃教，妥安生命，今佈施之主若不商議，致使發生廢棄教務之事，實與安生無益。我桓台吉無故不能擅專教務之鉅案，盡人皆知，此等情形，大將軍王懇祈於大皇帝前妥爲具奏等語。又口稱我何等人，豈可指派達賴喇嘛之呼畢勒罕，蓋我們厄魯特人之傳言，定地方會議者，似有戰鬥征伐之意，故我斷不能同大皇帝以軍戎相見，亦不能與大將軍等定地方會議等語。夫黃教者皆蒙古、土伯特、阿木道之教，蓋大皇帝係萬國欽遵共仰的曼珠什哩聖主，爾策旺阿喇布坦者準噶爾地方一台吉，與拉藏汗不合，戕殺拉藏汗，廢弛寺廟喇嘛經訓熬茶誦經，敗壞教本，擾亂土伯特國，是以我皇父不忍坐視，又呼呼諾爾、哲布尊丹巴呼圖克、內扎薩克、七旗喀爾喀總佈施之主，皆意見相符，一同懇祈具奏，將是呼畢勒罕頒給金冊印信，封爲達賴喇嘛，送藏坐牀，班禪年齡既高，輩份亦長，讓班禪坐以高牀，待以師禮，學習經典，推廣黃教，

〔註811〕指爲拉藏汗所立且爲清廷冊封之六世達賴喇嘛阿旺伊西佳木磋。
〔註812〕《平定準噶爾方略》卷六頁二十七作瑚必圖。
〔註813〕諾爾台吉指庫庫諾爾台吉，即青海衆台吉。

以安生命等因，咨文前來。本大將軍暨大臣等當會同呼呼諾爾、哲布尊丹巴呼圖克圖、內扎薩克、七旗喀爾喀總佈施之主喇嘛等，將達賴喇嘛送藏坐牀，爲推廣黃教，以安眾生，前差使者與爾會議，曾以教道安生事大，軍戎事小，我並無戰鬥征伐之意。車凌端多布誠如爲教駐藏，本大臣喇嘛等等候共以和議推廣黃教，妥善結束，爾抑欲開釁反抗，如何之處，爾務妥速具文咨覆，特咨。

[160] 親王羅布藏丹津稟告藏情據以奏聞摺（康熙五十九年三月二十八日）[2]-《卷六》

奏爲據稟奏聞事。

康熙五十九年三月二十七日據呼呼諾爾親王羅布藏丹津差額爾奇木哈錫哈齋桑來稟稱，我們所屬駐箚索羅木地方之訥克依諾彥，差所屬嘩巴部落曾在唐古忒當差之人，於三月初一日來稟稱，我在嘩巴部落赴唐古忒地方之時，由察木多地方前往藏地爲商，至喀喇烏蘇、額伯勒、錫呼固勒等處，彼處唐古忒等聲稱，新近喀齊、阿里二部落人等帶兵征伐準噶爾人，將喀喇烏蘇、達木地方皆已佔取，軍已入藏，將車凌端多布監禁於布達拉，想今已取勝。喀齊、阿里部落之人云，自古以來爾準噶爾人等來至藏地，不能專擅黃紅各教，爾豈能任意來藏，爲毀壞人家之家產歟，況是藏地者，原係固什汗所剏設，世代固什汗之子孫助興教道，與準噶爾何干，然準噶爾人等行無禮背逆之事，佔據藏地，東來大國之人，將北邊土爾扈特所行道路及呼呼諾爾台吉各商人等所行道路皆已截斷，巴爾喀木地方人等所行道路亦已截斷，爾速回去，斷不可逗留此處，準噶爾人等因未允准，始開釁作戰，聞此消息，並無回藏之地。又有嘩巴部落一女人，母住於喀喇烏蘇、額伯勒、錫呼固勒之地，此女聞其母告稱，我聞喀齊、阿里二處所來戰征之兵丁人等，所騎之馬尾皆染紅綠色，人之鼻身皆鉅，眼眶臉盤皆生頭髮等情，其察木多地方所去商賈唐古忒人等亦以此語相告等語。臣竊核思此消息係親王羅布藏丹津差人來稟，訥克依諾彥所屬嘩巴部落之人確非要人，喀齊、阿哩二部落人等於何月何日征伐準噶爾人，並未聲明，臣竊遵旨先將小呼畢勒罕一隊人，各寺廟之囊蘇等一隊人，貝勒拉察布一隊人，土司楊如松等一隊人，共爲四隊，曾給辦馬匹口糧，限以期限赴距藏不遠之崇布色爾扎地方，不久即可回來，俟到之時將所獲一切消息詳察詢明，另行具奏外，現將親王羅布藏丹津稟來消息謹繕摺奏聞。

[161] 撫遠大將軍胤禎奏謝賞藥摺（康熙五十九年四月二十二日）

[1]-3505

臣胤禎謹奏，為謝恩事。

臣之太監四月十四日乘驛前來，皇父仁愛，備賞我軍妙藥十二斤八兩，神符一萬張，尋生救苦丹一千丸，保心石二萬一千五百小丸，及裝匣之六丸藥、藥方、藥引子，臣均已恭收謝恩。皇父聖意，似臣等親在軍營般仁愛兵眾，所聞治病良方，聖躬不憚辛勞，均親督辦發送，實不敢當。以此官兵感激皇父殊恩，何以圖報，即我等為子之人亦何能報之。妙藥抵達之際，隨臣之一小太監眼病未愈，對伊試用，即刻痊癒。又一人身患浮腫亦未愈，其服保心石三次，今甚覺好轉。此皆皇父殊仁憐愛所致，臣交付將聖藥均分裝藥管內，散給各營，將保心石亦賜延信、額駙阿保備用等因。再高堂草、陳醋臣均尋得，其他符文，藥一併攜之，抵至木魯烏蘇後，密交延信，若逢此間有用之處，亦按單子核對用之。此前厄魯特侍衛齊奇爾暗告臣，我等厄魯特、西地人眾內有做法術起雲霧，盜人之牧群，侵擾營房者，今此週圍僧俗札達齊等內，若尋獲能消除此等雲霧之人帶來，則於軍營有利等語。臣已密交理藩院眾人，總兵官王義前等尋找。蘇爾贊〔註814〕所屬之二名喇嘛，貝子丹鍾所屬之札達齊札布一人為妥等情稟告，今已帶來，分派臣隊、延信隊候用。今皇父至意，專為此諭，臣實不勝雀躍，謹此奏聞。

硃批，知道了。

[162] 撫遠大將軍胤禎奏進經書摺（康熙五十九年四月二十二日）

[1]-3506

臣胤禎謹奏。

臣照依往年萬歲誕辰至四月初八吉日，繕寫藥石經一套，隨奏報恭進，伏祈皇父笑納，為此謹奏。

硃批，寫得好。

[163] 撫遠大將軍胤禎等請安摺（康熙五十九年四月二十二日）[1]-3507

臣胤禎等謹請皇父萬安。

四月十四日臣之太監歸來，獲悉皇父聖躬萬安，聖顏甚好。又奉硃諭，朕體較往年迥異，氣色飲食行走爾太監親見，朕勿庸多寫，不令遠方爾心寬

〔註814〕《平定準噶爾方略》卷三頁五作台吉蘇爾扎，拉藏汗次子。

〔註815〕，見此旨，欣悅不止，由衷叩謝佛天外，亦無言以奏。今已立夏，皇父必至熱河涼爽適宜之地避暑，安養聖躬。伏思聖顏較先漸佳，亦加光澤，臣等惟盼陸續增聞喜訊，爲此繕摺謹奏。

臣胤禎、弘曙、弘智、弘曦。

硃批，朕體安，四月十二日去避暑，抵至熱河。今年麥子甚好，產糧之事並無庸議。

[164] 已派學士長壽調節察罕丹津拉察布互搶牲畜令其和好摺（康熙五十九年四月二十二日）[2]-《卷七》

奏爲派員調解察罕丹津、拉察布不和事。

本年二月二十六日據青海貝子拉察布差嘎普楚堅參車磊呈稱，郡王察罕丹津自二三年以來，依仗賊勢，奪取我屬之馬二千餘匹牛六百六十七頭羊五千六百隻，赴盟之後奪我等所屬人等之牲畜並我群之馬八十匹，什戶人之牲畜貨財等物，衝散三人，被殺三人，人被殺，牲畜被奪，祈將此案鑒核等語。二月三十日郡王察罕丹津差卓特巴亦呈稱，前赴我盟之後，貝子拉察布由我所屬四戶人搶去馬二百匹牛千頭羊三百隻，受傷一人，我回來時伊又率領加嘎都呼勒、哈什哈、桑階都哩圖巴爾百餘人，在附近作戰，搶奪我布哩業奇齋桑之馬牛四十隻羊一千四百隻，並金銀等物，緞布二百疋，復將始祖固始汗所遺海螺三個損壞，前奪去之物雖多，我尚隱忍，蒙大將軍王盟務處訓誨，既被奪取，亦屬無法等語。

臣到西寧遵奉皇父訓諭，將彼等齊集一處，諭以爾兄弟之間向不和睦，此次行軍，若一心一意，於事方可有濟，設仍如前不睦，定行治罪，嚴行訓飭，王察罕丹津與貝子拉察布又相霸佔人口，搶奪馬匹牲畜等事，尤屬不合，今值進兵之際，若僅行文，於事無濟，深恐與皇父前頒訓諭不符，於二月三十日特派侍讀學士長壽調解察罕丹津、拉察布等，曉以大理，平息事端，令其迅定起軍日期，整理器械。遇察罕丹津時明白宣告，我王謂爾青海兄弟宜一心一意，妥爲修睦，斷不可失和，聖主迭次降旨，嚴行訓飭，近於會盟處我亦面諭，今聖主推廣黃教，爲安衆生，故遣大軍進征，此乃大事，爾以下不肖人等互相奪取馬匹牲畜，因細微之故致使反目，多屬不合，爾若以誠意和好，於進兵大事共謀奮勉，始合聖旨，倘復依前互相規避不睦，凡事藉勢

〔註815〕似乎應爲以令遠方爾心寬。

妄爲，在我之處，斷不得令彼等失和，前貝子拉察布與達忠〔註816〕盟，是其和而未取信之故，今由此輩補取信文。再將達忠所屬行竊之人查照送來，已由部早經交到，至今並無消息，此去順便著赴達忠前告知，爾等受恩甚重，凡被軍事動搖，宜加倍力行，爾屬下不肖人等竊我馬匹，被獲之時卓哩克圖齋桑等復將盜賊搶回，此等不肖之人，以至日久不送前來，妄徇情面，亦多未合，須將是賊務獲，交差究辦。

　　四月初七日據長壽覆稱，竊長壽於三月初五日到貝子拉察布彊界恰〔註817〕克圖地方，察伊二家所屬之蒙古等，各自收管牲畜牽回一處，如防敵人，於髙山處各自放哨，相應差領催齊倫到察罕丹津、拉察布前傳說，爾叔侄二個，因爲失和，各自差人賫〔註818〕文分辯等情，大將軍王特差我與爾講和，凡事應以和好完結，爾速撤駐哨人等，迅即起程，在爾兩家之間那木楚哈地方齊集，將大將軍王所交之言告爾，所差之人，兩邊營哨皆宜撤去，衆蒙古人等移回原遊牧地方居住。十三日王察罕丹津、貝子拉察布、台吉端多布旺扎勒等各帶齋桑護衛人等來到我處，向聖主前請安，察罕丹津等依照大將軍王之飭告，察罕丹津、拉察布共同商議具稱，聖主將我們呼呼諾爾台吉等俱照固始汗之子孫，倍加體恤，皆各賞給名號，又蒙髙厚恩施，使我兄弟一心一意之和好，自大將軍王以來，以體面待，我兄弟之間，亦盡訓以和好之行爲，因我庸懦無能，故不克管理下人，始互相盜奪馬匹，以致傷人，茲因事結無期，始各具情繕文稟請王示下，我何敢因此細微事故，延誤聖主推廣黃教，以安衆生大事，借名推諉，今大將軍王恤我講和，凡事應以和好完結，特差人爲我二人和解，著行一體一意，我們派年長齋桑等，以公審問殺人搶奪馬畜等事，以公平議結，將盜賊行爲嚴加懲罰。侍讀欲其發誓，察罕丹津即禱祝班禪額爾德尼名雅蔓達噶者請來活佛〔註819〕，察罕丹津、拉察布跪而發誓曰，我皆謹照大將軍王交到聖主訓諭，互相和好，爲黃教不惜身命，盡力而行，孰若〔註820〕違此發誓而行惡，致被雅蔓達噶佛看見，以殺其身女子，及家內牲畜被殺絕盡，叩誓，伊二人已互相攜手講和。又稟稱呼呼諾爾全軍起

〔註816〕《蒙古世系》表三十九作丹忠，顧實汗圖魯拜琥第五子伊勒都齊曾孫，父根特爾，祖博碩克圖濟農。
〔註817〕原文作恪，今改爲恰。
〔註818〕原文作賷，今改爲賫。
〔註819〕此句之意爲察罕丹津即於自班禪額爾德尼處請來之雅蔓達噶佛像前發誓。
〔註820〕原文作熟若，今改爲孰若。

程之日我們竟難定奪〔註821〕，呈請指示，至帶軍約期何處，不惜身命奮勉而行，竊拉察布於本年二月間因病未獲赴盟，復皆爲我們兄弟融合，未能呈報，今各兵俑，據情繕文補呈叩文前來。

又長壽於三月二十二日往見貝子達忠，宣告大將軍王交到訓諭後，達忠甚爲畏懼，跪稱前聞由部令急行拏獲行搶之盜賊庫奔、吹木伯勒、索諾木、博特巴卓哩克圖齋桑、瑪穆特車臣等，差護衛持來咨文，我派下人嚴查，吹木伯勒、索諾木二人竟未來到，庫奔、博特巴係人家之微末惡奴，聞查拏在逃，並無法久延，我係呼呼諾爾一小台吉，五歲父母皆亡，無人照管，蒙聖主體念爲固始汗後裔，封我公爵，養育成人，近自西地出兵，糧給稍足用，略盡綿力〔註822〕，晉封貝子，此如天大恩，我雖捨身命効力尚不惜，屬下不肖人等，則謂徇情不舉，焉有隱匿之理，此盜賊等或因大雪凍斃，或逃往唐古忒地方，亦未可料，車臣護衛交商賈發往巴爾喀木地方爲商，將此四盜務差拏審訊，仍未回來，近庫奔、博特巴回來，現在拏獲，現有卓哩克圖齋桑，瑪穆特車臣護衛，皆我舊奴德楞額之子，非作惡逃人，我可作保，我派齋桑格隆達彥齋桑將行竊之賊庫奔、博特巴拏獲，將卓哩克圖齋桑一併解送，車臣護衛來到之時，再行解送。設我負聖主之恩，將此作惡盜賊，車臣護衛、吹木伯勒、索諾木等若有徇情隱匿不舉，我禱祝聖主得見，我佛得見，著將我首毀掉，向佛禱誓。又稱是年二月間我因病未克赴盟，因我兄弟融合，文書未得呈報，今補行呈報，至兵俑亦予印文呈報前來，相應將現獲之盜庫奔、博特巴，行搶之卓哩克圖齋桑瑪、穆特等拏來，因將貝子拉察布、達忠通和補報文書繙閱，則與盟長各報文書一致。

將兵俑據情呈報文書繙閱，則察罕丹津所具文稱，自我起首，連齋桑等員共七百五十一俑兵，呼呼諾爾全軍何時起程即起程，每人曾預備馬四匹，每人多帶一年乾糧，器械物件一半，鳥槍一半，皆配有撒袋槍刀，官員則放給三百聲藥彈子，三十原繩，平常人放給二百聲藥彈子，二十原繩等因前來。

拉察布所具文稱，我在游牧，除留台吉齋桑四人外，連其他台吉齋桑共六百，俑兵與呼呼諾爾全軍一同起程，每人曾預備馬四匹乾茶二塊油肚二個炒麵一皮袋牛一頭羊四隻，生活之人，自願多帶，器械物件一半，鳥槍一半，每人予以撒袋槍刀，官員則放給二百聲藥彈子，二十原繩，兵丁放給百聲藥

〔註821〕原文作僅難定奪，今改爲竟難定奪。
〔註822〕原文作棉力，今改爲綿力。

彈子，十原繩預備等語。達忠所具文稱，自我起首連齋桑等員俫兵共五百七十三員名，與呼呼諾爾全軍同時起程，每人曾預備馬四匹，一年乾糧，鳥槍一斗，撒袋一斗，每人俱配以槍刀，放給三百聲鳥槍藥彈子，三十原繩，竊思我自小至大，惟感蔓珠什哩聖主慈愛重厚之恩，惟有勉勵派滿千名兵數，惟與我方近部落之人歸併，殊感不便，懇請併入內大軍，與蔓珠什哩聖君之大兵合力進行等語。

長壽又稱，竊僅來閱看所經過沿途地方，駐紮蒙古人等，各將馬匹蓋以火印，整以軍械，食以茶麵，問所備〔註823〕物品數目，據稱皆照察罕丹津等所呈數目等情，除王察罕丹津、貝子拉察布向佛前發誓，互相通和，皆立即欽遵備兵毋庸置議外，貝子達忠勉力出兵一千名，請同內大軍合併進行，入藏之軍經過穆魯烏蘇時，酌將達忠之軍同內大軍合併進行，現所帶盜賊庫奔等，俟將其訊明，另行結案，謹此繕摺奏聞。

[165] 遵旨起程進藏摺（康熙五十九年四月二十二日）[2]-《卷七》

奏為起程進藏事。

竊臣前帶兵駐紮穆魯烏蘇，於四月十三日起程，將呼畢勒罕帶我隊內，照料行走，著距我營較近箚營。掃逆將軍延信〔註824〕帶兵入藏，於四月十六日起程等因具奏。各處軍兵曾均經行西寧，因未發給呼畢勒罕冊印，故於十三日未能起程，酌將二百名前鋒駐箚涼州，每佐領護軍各一名，西寧出綠旗兵一千名，其餘軍兵皆先起程出口，餵養馬匹，並遵照具奏，著每隊分兵緩行，由十三日至十六日全行起程，執事員覺羅長泰〔註825〕賷冊印於四月十七日來到，稟稱與我同來之土觀呼圖克圖，因不克速行落後，我賷冊印先至，入陝西省時，因站馬甚瘦人窮，故不能緊急行走等語。四月二十日因係吉日，臣欽遵聖旨，帶領珠色王〔註826〕宗室等於二十日恭送冊印前往棍布木廟，恭讀冊文，封小呼畢勒罕為達賴喇嘛，交與冊印，是日預備筵宴，齊集各喇嘛唪經熬茶，散給佈施，眾喇嘛因候土觀呼圖克圖到來日久，臣於二十二日吉日自西寧同達賴喇嘛具奏，進貢皇上物品之文書，除交執事員長泰具奏外，謹此繕摺奏聞。

〔註823〕此處補備字。

〔註824〕《平定準噶爾方略》卷七頁十八作平逆將軍延信。

〔註825〕《平定準噶爾方略》卷一頁七作輕車都尉覺羅長泰，疑即此人。

〔註826〕待考。

[166] 續探準噶爾在藏情況摺（康熙五十九年四月二十二日）[2]-《卷七》

　　奏爲續探藏情事。

　　四月十七日差護衛扎什，由棍布木廟波羅依宗等處，攜來探取消息呼畢勒罕之蘭占巴里克沙特，班第阿旺羅瑞等。爾何日至波羅依宗，由波羅依宗那邊又至何處，後來差爾同蘭占巴等三人何日赴藏，幾時至彼處，爾將所獲一切消息，盡行明白稟報。據稟稱我們七人欽遵大將軍王箚諭，於二月初二日自西寧起程，三月十二日由藏六日程途至波羅依宗城，與波羅依宗之第巴扎什白啦、第巴桑達爾晶等會見。我云現差我們七人特於爾處探聽一切消息，準噶爾之車凌端多布等現在何處，伊兵尚有多少，皆駐一處抑散駐各地，伊情形如何，準噶爾人等復有來此否，車木伯勒〔註827〕、托普奇在於何處，今聖上曼珠什哩大君主調來軍兵三四十萬，給予新呼畢勒罕冊印，封爲達賴喇嘛，呼呼諾爾衆台吉等亦出有許多萬兵，將達賴喇嘛護送藏地坐牀。我來之時，一切地方皆妥善整理就緒，今量已由西寧地方起程，至由雲南四川打箭鑪各路將軍大臣等，亦領兵起程，是項大軍由大將軍王親來總理督戰。爾意車凌端多布等聽此消息時，尙在藏地盤據，抑或不待而走，將往何路去，衆唐古忒土伯特人等皆有何議論。據伊二人稟稱車凌端多布親自領兵在藏甚少，車木伯勒、托普奇補放被殺杜噶爾之缺，洛普藏那木扎勒〔註828〕等帶領餘軍駐紥哈喇烏蘇、達木地方，現在應領口糧之軍共六千四百餘人，實數尙不及三千，應領口糧皆僅領金銀，衆唐古忒土伯特人等均欲與準噶爾征殺，因心意不能融洽，惟有盼待曼珠什哩大君主派去大軍到時，皆議起義之事。準噶爾人等前曾按月支領軍糧，計自去年六個月支領二次，每人預備馬匹牲畜各五六隻不等，並束理行裝，他們以下軍兵人等飲酒致醉，相謂我們準噶爾人等應不慮後事，其宜首創之事，亦任意而爲，以致破壞藏地，今向聖君作戰，而呼呼諾爾亦向其作戰，此處唐古忒等心意不服，已露叛反形跡，雖謂小車凌端多布帶有兵至，然至今未到，此時一使臣亦無來到，看此消息，畢竟無有，想我們遊牧所必須有此一事，我們父母子女至今爲何不知，此時何能捨去，皆極怨憤，飲酒逾量，以致悲泣等語。至洛普藏所屬巴圖爾諾彥連及女子共五百名口，送往策旺阿喇布坦處，其車凌端多布準噶爾之人六十五名，率領唐古忒之第巴鄂特藏巴、昌邁巴、第巴阿碩特巴等，唐古忒派出

〔註827〕《平定準噶爾方略》卷六頁二十一作左哨頭目春丕勒。

〔註828〕待考。

足五十人送往，至阿哩噶爾都克地方之時，彼處第巴康濟鼐，阿里部落等，會見第巴鄂特藏巴等，入城，計鄂特藏巴共十人被殺，準噶爾人向康濟鼐等云〔註829〕，此輩原係我們奇蒙額人，可越我界乎，是以殺之，與爾何干，爾若缺欠何物，我宜付給，飾詞籠絡，遂引入城內備宴，皆至飲醉拏獲，共殺六十二人，另外三人逃出，稟報車凌端多布，車凌端多布並不作聲，即前往扎什倫布與班禪叩頭，嗣托普奇聞此消息，伊親隨一人追趕車凌端多布當差時，車凌端多布已到後藏，準噶爾人混合唐古忒人等，始足百人，遣派阿哩、喀齊邊地放哨，阿哩、喀齊等亦來放哨。至小車凌端多布雖領兵來換，伊準噶爾人云，並無到來，我們去偵探消息之蘭占巴洛普藏車木伯勒、里克沙特、阿旺羅瑞、拉扎普塔爾等七人內，我等四人於三月十五日自波羅依宗起程來到，蘭占巴阿旺洛普藏、噶普楚雲端諾爾布、散嚕布〔註830〕此三人於本月十五日自波羅依宗起程赴藏，此輩若於途中無延誤，想二十日內可到。

　　再波羅依宗之第巴扎什白啦等呈報唐古忒文一件，當即譯閱，文開，將準噶爾帶往西藏，前經行之地，爾何以知曉，酉年〔註831〕十一月間，車凌端多布差其洛匝瓦策旺扎勒等為使，曾往策旺阿喇布坦處，策旺阿喇布坦將洛匝瓦策旺扎勒痛責之。前年四月間車凌端多布復差巴圖蒙額第巴、台吉堅參二人往策旺阿喇布坦處，除由扎什倫布、噶勒丹、沙拉、布賴蚌此四廟之外，將西地人等有馬匹牲畜者，收取二次，牛收取三次，聖主哨兵來到，正向車凌端多布戰爭之時機，策旺阿喇布坦處差使臣烏巴什等十人來到，述策旺阿喇布坦云，格隆布崇、噶隆伯津、噶隆外什奈等十人拏獲，將一切物件皆已擄去，革退原職，伊之出缺，將第巴台吉之人，或唐古忒人等，合並補放。又準噶爾一般人，由唐古忒人名倉里者率領，曾差往策旺阿喇布坦處，至克里耶回城，倉里復留唐古忒，十五日策旺阿喇布坦差人將準噶爾之人召來，唐古忒倉里等咨回，倉里等至藏，將是情由稟告於車凌端多布，車凌端多布云，爾僅可至我們桓台吉之前，桓台吉之體態比眾皆康善，眾皆頌仰，由半途回來，凡人勿告。去年二月間駐布賴蚌之果莽喇嘛，色喇、布賴蚌、噶勒丹此廟之德楞額喇嘛等、班禪額爾德尼之使臣、第巴台吉之使臣等均經過那

〔註829〕此句應為康濟鼐向準噶爾人云。
〔註830〕第四十七號文檔此二人分別作噶布楚云端諾爾布、桑魯布。第七十三號文檔分別作噶布楚雲敦諾爾布、桑魯布。第一四三號文檔分別作嘎普楚雲端諾爾布、平民桑嚕布。
〔註831〕似為康熙五十六年歲次丁酉。

克倉〔註832〕地方，前往準噶爾，在路遇喀齊之兵，喀齊人云，聞爾準噶爾來與我國戰爭，我們紮營並無礙爾之處，分為三隊，陸續經過。又車凌端多布唐古忒之第巴洛巴、鄂特倉巴、帕凌曼巴、來頌巴等，又準噶爾六十人，拉藏汗所屬巴圖爾諾彥之黨夥五百人，曾送往策旺阿喇布坦之前，洛巴、鄂特倉巴等於沿途妄行騷擾，準噶爾之人將巴圖爾諾彥送至阿里噶爾圖克〔註833〕地方，阿里噶爾圖克部落之為首者第巴康濟鼐將洛巴、鄂特倉巴等十人妄行迫害，迨後籠絡準噶爾人等六十餘人，假欲和好，備宴飲酒皆醉，相約拉藏所屬噶爾圖克地方台吉以下人等及巴圖爾諾彥、康濟鼐阿里區之人，將準噶爾六十二人斬首，另外三人得命逃出。令將噶爾圖克康濟鼐，阿里區之康克伊匝凌布楞達拉噶博圖克等城，皆已佔據，盤繞於崗底斯山，皆已安營，將扎巴、那克倉二部落人等，從車凌端多布皆行擄掠，現在準噶爾人等已有防備。車凌端多布之軍，又率領唐古忒二人混合唐古忒之軍，將阿里駐營防守。又車凌端多布由唐古忒人等內，竟勻取馬牛羊隻，擾害至極。早經傳揚小車凌端多布領兵六千，係車凌端多布增來兵力，然迄今未到，皆係誤會。本年策旺阿喇布坦處未到使臣，而唐古忒人等誑妄聲揚使臣已到西處，唐古忒大小之人，皆盼望新呼畢勒罕何時始到，曾說車凌端多布又由哈喇烏蘇之名呼城地方增駐唐古忒之軍，因唐古忒人等未曾依從，車凌端多布將唐古忒人等反多疑惑，惟唐古忒之眾暨新呼畢勒罕、呼呼諾爾台吉等，皆情向聖上曼珠什哩大君，並無異意，棍布〔註834〕部落人等，有願由車凌端多布起義者，有名杜噶爾之人，使之探取軍戎，其缺以洛普藏那木扎勒補放等語。

　　臣竊將探取消息已到之蘭占巴羅普藏車木伯勒〔註835〕、蘭占巴里克沙特等每人發給大緞各二疋，隨去之阿旺羅瑞、拉扎普塔爾等，每人大緞一疋，相應將伊攜來唐古忒文書一件一併進呈，謹此奏聞。

〔註832〕《欽定理藩院則例》（道光）卷六十二作納倉，清時期達賴喇嘛所屬十大宗之一，今西藏申扎縣。
〔註833〕本文檔前文作噶爾都克。
〔註834〕今常作工布，《大清一統志》（嘉慶）卷五百四十七載，恭布部落，番夷三千餘戶，每歲進馬二匹於達賴喇嘛。入清後後此地區已設宗，非部落狀態，位於尼洋曲流域，為西藏氣候溫和、物產豐饒、人口繁庶之區。
〔註835〕原文作蘭占巴羅普藏臣伯勒，今改為蘭占巴羅普藏車木伯勒。

[167] 遵旨為新到各軍更換馬匹摺（康熙五十九年四月二十二日）
[2]-《卷七》

奏爲新軍更換馬匹事。

前准兵部咨文內開，據議政大臣議奏，咨送呼畢勒罕駐守巴里坤之厄魯特貝勒額駙阿保，將厄魯特兵五百名，察哈爾兵四百名，令副都統長齡〔註836〕帶領，與貝勒阿保之兵緩行，在口外選擇水草豐厚，道路平坦地方去往青海地方，阿保等兵由遠處去，不可不換給馬匹，由甘肅等處備用軍馬內，大將軍王酌量調取，額駙阿保、副都統長齡他們所換馬匹，到西寧領取等因，咨行前來。臣即由固原寧夏西安拴養馬內調取四千二百匹，在蘭州莊浪等處暫行備養，四月十一日副都統長齡稟，察哈爾八旗官兵共四百名，仰聖主鴻福，安至博羅崇沙克〔註837〕地方，輕身先至，其原來官兵均一律每人各領馬四匹，今馬匹皆瘦，每人四匹馬全行換給。四月十五日額駙阿保稟，四十八員侍衛，五百名兵丁仰聖主鴻福，亦均至博羅崇沙克地方，輕身先至，驗看馬匹臕壯不換外，其不堪者，官兵皆一律每人各換給二匹，臣親自起身至蒙古兵丁換馬之處，交西安將軍宗札布、巡撫噶什圖，遵照所稟，額駙阿保之官兵每人各換給二匹，由副都統長齡領換，察哈爾官兵每人各換給四匹，此項所換馬匹，均交送博羅崇沙克地方核給。再所換額駙阿保馬瘦口老，不能咨行別處，均交巡撫噶什圖著原解馬官並並巡撫以下辦事官員等，在口外博羅崇沙克水草豐厚處牧放看守，應餵養時進口再行動用錢糧餵養，兵丁後至者有用則用，交額駙阿保等辦理。仍餘馬一千五百匹，駐驛與漢之兵八百名，今奏明每人各加餘馬一匹，今與漢兵來至西寧，驗看馬匹內均有臕瘦殘疾，驛政緊要，所辦餘馬一千五百四匹內臕瘦殘疾牧養外，可用之馬均交額駙阿保等兵丁驛站補用，亦交將軍宗札布、巡撫噶什圖，並額駙阿保之兵察哈爾之兵，均駐守巴里坤多年，今由遠方來，臣體皇父憐恤兵丁之至意，將賞銀買辦布茶，賞給每人布各二疋，二人合分茶葉一包，交額駙阿保、副都統長齡，爲此恭摺謹具奏聞。

〔註836〕《欽定八旗通志》卷三百二十四作蒙古鑲藍旗副都統常齡。《平定準噶爾方略》卷七頁五作副都統常齡。

〔註837〕同名河流名，《清史稿》卷五二二頁一四四三作博囉充克克河，即湟水，作地名應在青海省海晏縣城一帶地區。

[168] 恭將冊寶送交呼畢勒罕並代謝恩摺（康熙五十九年四月二十二日）[2]-《卷七》

奏爲恭齎〔註838〕冊寶送致呼畢勒罕事。

本年四月十七日正卿覺羅常泰〔註839〕送到冊寶，於二十日吉日與王公宗室等帶領大臣官員等，謹將冊寶安放彩亭內，作樂恭送，呼畢勒罕之父索諾木達爾扎十里處〔註840〕跪迎，親王羅布藏丹津等五里處〔註841〕跪迎，庫木布木廟喇嘛等均出作樂，排班來迎，冊寶金轎至杜剛廟〔註842〕，新呼畢勒罕在大門跪迎，讀敕封達賴喇嘛冊文，新呼畢勒罕右向站立，青海王台吉等、索諾木達爾扎並大喇嘛向上跪聽聖旨，宣讀畢，齎冊寶大臣親自恭舉，呼畢勒罕接受，呼畢勒罕跪領，授所賞茶壺等物，將綱子親視賞交。達賴喇嘛稟稱，聖主滿洲大皇帝推廣黃教，以安眾生，小人來至庫木布木廟住學，我以下小喇嘛等，感受養育厚恩，小人不分晝夜惟祈瞻仰聖主滿洲大皇帝天顏，因我年幼生身，又無才學，未能瞻仰聖顏，實深愧對聖主滿洲大皇帝推廣黃教，以安眾生，先冊封大喇嘛，印頒賜金印，冊封達賴喇嘛，送往西藏，喻以龍獅名號，聖主滿洲大皇帝派遣阿哥王親領大兵送往，此養育天地高厚恩施，小人實不敢當，惟有至吐伯特〔註843〕地方向喇嘛平民傳布聖主滿洲大皇帝仁慈養育之恩，會同大小寺廟喇嘛等，叩祝聖主滿洲大皇帝增壽萬萬，不分晝夜在三寶佛前唪誦永勉經外，何以言報，呈請具奏唐古忒文一件。

達賴喇嘛之父索諾木達爾扎跪稱，聖主滿洲大皇帝推廣黃教，以安眾生，冊封小呼畢勒罕爲達賴喇嘛，不勝感激，又蒙厚恩賞給綢緞，索諾木達爾扎係微末小人，蒙聖主恩施至重，前小人請叩瞻聖主天顏，呼畢勒罕因幼小未能前往，今大皇帝恩施，將達賴喇嘛送往西藏，成其大事，索諾木達爾扎請往京城仰瞻大皇帝天顏，叩謝恩施，小人終身不能報答，惟祝大皇帝萬萬歲，在佛前無晝夜祈禱。

親王羅布藏丹津跪稱，我父王在扎什巴圖爾〔註844〕時，達賴喇嘛呼畢勒

〔註838〕原文作賚，今改正。
〔註839〕《平定準噶爾方略》卷一頁七載一人爲輕車都尉覺羅長泰，疑即此人。
〔註840〕原文作十處，今改爲十里處。
〔註841〕原文作五處，今改爲五里處。
〔註842〕第一四二號文檔作都楞廟。
〔註843〕常作土伯特、圖伯特，蒙古人於西藏之稱謂。
〔註844〕《蒙古世系》表三十七作達什巴圖爾，顧實汗圖魯拜琥幼子，即第十子。

罕〔註845〕奏請大皇帝明鑒，我們同請具奏大皇帝憫恤固什汗子孫，接收愛慕之意，冊封達賴喇嘛，厚恩實不敢當，我們不勝喜樂，此次出兵，惟有不惜身命，奮勉以答天恩，呈請具奏蒙文一件。

吹布桑胡圖克圖恩啟諾們汗跪稱，聖主滿洲大皇帝推廣黃教，以安眾生，冊封新呼畢勒罕為達賴喇嘛，我們黃教人等無不感激歡悅，喇嘛等因聖主仁慈厚恩，誠禱三寶佛前，祝聖主增壽萬萬，晝夜唪經外，未稱答報。

封畢後，臣率眾叩謝達賴喇嘛典禮，中設高牀，令達賴喇嘛升坐，青海王台吉等眾喇嘛居右，大宴。達賴喇嘛繙閱交下文書繕摺，永受上天命運，跪祝滿洲大皇帝進行大禮，向上拋擲蓮花具奏，現彙出於海中，寶如日光，不染灰塵，普天下之眾生安樂，明如日照永久光輝，推己以及眾生，恩施無窮，我仰庇聖主慈蔭，祝禱三寶佛前，大皇帝明鑒，萬世永固，請求福壽，將教徒宗喀巴教義永存意中，大將軍王行至此處以來，仁威並行，教眾同享安康，有如大海，引導滿洲佛，瞻禮五尊，件件靈敏有餘，宮殿寶座如蓮花，代代大皇帝先冊封大喇嘛，眾生普受無涯之福，又大將軍王親蒞，將眾喇嘛等致敬，遍設筵宴之禮，均照前代冊封達賴喇嘛之儀，再欲意請瞻天顏，而我年幼無知，又是生身，未能如願，日後再行仰瞻天顏，在三寶佛前為滿洲大皇帝祝請求福。大皇帝推廣教徒慈愛眾生，奉旨如頭頂寶珠，吐伯特大將軍王率領大兵來至牀前，無窮厚恩，施於彼處，率領眾喇嘛為增大皇帝萬壽，永固一意，肫篤唪經，以仰答大皇帝厚恩，嗣後徒眾尊奉宗喀巴之法，存心天命滿洲大皇帝旨如法傘之庇蔭，使眾生永久平安，請如前仁慈，亦永增明主福壽，不分晝夜勤加禱祝等語。

親王羅布藏丹津等呈請繙閱文字，繕寫文冊，聖主滿洲大皇帝明鑒，青海親王羅布藏丹津具奏，先父王在時聘請達賴喇嘛呼畢勒罕，聖主將我們教如子孫，並聖諭將達賴喇嘛一切事宜，彙總一一具奏聖主，今滿洲聖主因推廣黃教，以安眾生，始應情願之意，冊封達賴喇嘛，派大兵，又共派萬兵，送達賴喇嘛坐牀，天下共荷仁慈，不勝感激，小人何以答報，惟有禱祝滿洲聖主萬萬歲，此次之兵，儘力奮勉，滿洲聖主仁慈無窮，親王〔註846〕待青海以兄禮，深厚無窮，恩實難報，此次行兵之處，仰仗聖主天威，勤勉奮力，為此跪奏等因。

〔註845〕即七世達賴喇嘛羅布藏噶勒藏佳木磋。
〔註846〕翻譯不準確，似指胤禛。

達賴喇嘛呈進皇上手帕一件，西哥木呢禮馬佛一尊，西哥木呢佛練五掛，紅黃香二十一束，珊瑚念珠一掛，琥珀念珠一掛，金十兩，氆氇十八疋，鏨金鞍子鞶頭後鞦馬鐙馬韂全份各一件，謹交正卿常泰，達賴喇嘛奏唐古忒文一件，羅布藏丹津奏蒙文一件，一併敬謹奏聞。

[169] 撫遠大將軍胤禛奏為遵訓諭愛惜馬畜摺（康熙五十九年五月二十一日）[1]-3511

臣胤禛謹奏，為欽遵訓諭事，

臣等五月十九日過托遜池〔註847〕，宿於綽勒德木河〔註848〕，諭旨到，奉旨，爾等隊伍所需牲畜甚多，又何能如此行，務須愛惜性畜，事成將此畜仍送至西寧餵養，利於國需，所關甚要。務應勉之同心効力，不重視牲畜，或謂官給之也，乃胡亂棄殺之，此可謂簡約乎，宜甚勉之，欽此。聖訓甚是，皇父深謀遠慮，臣謹遵之，又嚴飭承事者，臣此前亦為馬畜甚是憂心，將地方眾官員捐納之駝馬騾牛均交付巡撫噶什圖，運米之牲畜若不足，則用此畜，餘者勿胡亂糜費，妥加牧放以備。又恐運米者不能將駝畜調膘，妄肆使用，將鄂爾多斯兵丁皆分至營，妥慎遵行等因交付，再將西安等拴餵之官馬，對額駙阿保、副都統長齡，均以一馬之缺更賜一馬，餘馬雖綠營兵丁備之，而綠營兵之馬，臣在西寧時遣派大臣等查看，皆不堪入目，故此臣嚴加行文，對所缺之馬數，由各該處均補滿等因。伏思，仰蒙皇父之恩，務滿此餵養馬匹之數，臣等倘不甚緊迫，亦豈敢動用此馬，皇父如此訓諭，臣嚴飭屬眾，慎之又慎，勤上加勤，為此繕摺謹奏。

硃批，勉之。

[170] 撫遠大將軍胤禛等請安摺（康熙五十九年五月二十一日）[1]-3512

硃批，朕體安。

臣胤禛等謹請皇父萬安。

臣等請安摺五月十九日到，欣悉聖體萬安，四月十二日前往避暑，抵達熱河，為此繕摺謹奏。

〔註847〕《西藏六十年大事記》所附朱綉《海藏紀行》註釋第十八條曰貝力東措湖蒙語作都勒淖爾、都勒泊、都壘淖爾、得侖淖爾、坅列腦兒，皆一音之轉寫，含有明鏡之意，湖水味鹹，今意譯作苦海。即《軍民兩用分省系列交通地圖冊》（青海省）標註之青海省瑪多縣與興海縣交界處之豆錯。

〔註848〕第四十號文檔作車勒德木河。

大將軍王臣胤禛。

平王臣訥爾蘇。

前鋒統領臣弘曙、臣弘智、臣弘曦。

公臣嫩托和。

公臣奎惠。

平逆將軍臣延信。

喀爾喀土謝圖親王和碩額駙臣敦多布多爾濟〔註849〕。

厄魯特多羅貝勒和碩額駙臣阿保。

公臣策旺諾爾布。

都統臣宗室楚宗、宗室海山、宗室普奇。

都統臣穆森。

都統臣汪古利。

西安將軍臣宗札布。

閒散大臣伯臣欽拜。

閒散大臣臣拉忻。

護軍統領臣五十八。

副都統臣阿林保。

副都統臣宗室赫世亨。

副都統臣覺羅伊里布。

副都統臣薩爾禪〔註850〕。

副都統臣包色。

副都統臣壯圖〔註851〕。

副都統臣烏里布。

副都統臣長齡。

副都統臣徐國貴。

兵部侍郎臣渣克丹。

陝西巡撫臣噶什圖。

〔註849〕《蒙古世系》表二十九作敦多布多爾濟，土謝圖汗察琿多爾濟之孫。

〔註850〕《欽定八旗通志》卷三百二十一作滿洲正紅旗副都統薩勒禪。《平定準噶爾方略》卷十頁二十一作副都統薩爾禪。

〔註851〕《欽定八旗通志》卷三百二十四作蒙古正白旗副都統莊圖。《平定準噶爾方略》卷九頁二十作副都統莊圖。

固原提都馬見伯。

山東總兵官臣李林。

[171] 審訊由藏逃出人員述說藏情摺（康熙五十九年五月二十一日） [2]-《卷七》

奏爲審訊由藏逃出人員事。

臣於本年五月初十日在楚拉德木河〔註852〕紮營時，巡視各營，遣藍翎倭什牛將由藏逃出二喇嘛訊問。你們何處喇嘛，何名，幾時出藏，因何事而來，準噶爾之車凌端多布〔註853〕現居何地，由準噶爾有無增兵消息，令將消息全行告知。一人告稱，我名洛布桑巴木巴爾，一人亦稱我名阿旺諾爾布，皆布賚蚌廟喇嘛，準噶爾等到藏以來，各寺廟喇嘛等憂慮半散，此地不可居住，聽說達賴喇嘛〔註854〕在庫布布木廟〔註855〕居住，專意來請，倚達賴喇嘛過活，我二人於本年正月二十九日由藏逃出，與他們不合，不知他們事，聞聽人言，準噶爾有兵一千一百名，皆住楊八井〔註856〕，並無增派兵丁，此外別無所知。此皆來尋達賴喇嘛之人，臣交達賴喇嘛之父索諾木達爾扎，照例妥爲照料，派人看管，不致脫逃。

至本月十一日平逆將軍延信稟報，本年五月初六日撒在棍邊地方巡視前邊水草護軍參領阿拉那〔註857〕將由藏出來之喇嘛一，僕人一名訊問。僕人告稱我係西安廂紅旗業成額佐領下委護軍校西蘭泰之包衣人，我名于二，前在班長色楞隊裏當兵拾糞〔註858〕，走時被準噶爾名達爾扎者拏獲，用鐵索拴住，遣使爲奴，後我聞差往準噶爾地方，我脫落鐵索，上年正月十六日由藏逃出，向前走了二日至談家廟，向首領噶隆談甲固吉告知情由，我穿了唐古特衣服，留髮牧放牛隻，準噶爾賊陸續來了，將噶隆談甲固吉之牛衣服銀兩奪去，談甲固吉不能生活，請聖主將準噶爾治罪，並嚮往新達賴喇嘛纔能生活，上年

〔註852〕第四十號文檔作車勒德木河，第一六九號文檔作緯勒德木河。

〔註853〕《平定準噶爾方略》卷四頁十八作策零敦多卜。《蒙古世系》表四十三作策凌端多布，其父布木。此人爲大策凌端多布，以區別於小策凌端多布。

〔註854〕即七世達賴喇嘛羅布藏噶勒藏佳木磋。

〔註855〕即塔爾寺，位於青海省湟中縣魯沙爾鎮。

〔註856〕《欽定理藩院則例》（道光）卷六十二作羊八井，清時期達賴喇嘛所轄中等宗之一，今西藏當雄縣羊八井鎮。

〔註857〕此人後陞任蒙古正紅旗副都統，即《欽定八旗通志》卷三百二十四蒙古正紅旗副都統阿拉納。

〔註858〕原文作當兵抬糞，今改爲當兵拾糞。

十一月十三日他的徒弟格楚爾綽卓巴領我由達爾宗〔註859〕、碩板多、類烏齊〔註860〕、察木多路來，因牽牛八隻乏倦，將綽卓巴留在老烏宮地方，後來我們二人一馬一騾馱物而來。又訊于二人在西藏多久，準噶爾賊車凌端多布現住何處，兵數多少，何處放哨，小車凌端多布領兵來藏實否，你在路上是否得知將新呼畢勒罕封爲達賴喇嘛，大將軍王親領大兵並青海台吉等親領兵送藏地，眾唐古忒等、準噶爾賊對此有何議論，準噶爾賊如何動作，務將聞知全行稟告，勿許隱瞞。據稟稱準噶爾賊他們由原處來有六千，道上迫於饑餓疾死，足彀千數，與我們兵戰時殺死千餘，又領食拉藏汗倉麨，毒死足彀千名，今其餘共有三千兵，我來時車凌端多布、托布齊二人領千餘兵在藏居住，拉木扎木巴車木伯爾〔註861〕領二千餘兵在達木地方居住。喀拉烏蘇、達爾宗此二處，皆各十五人放哨，上年七月間妄稱準噶爾賊令小車凌端多布領三千兵來藏，至今未來，皆屬虛報，我來時由此得信，未見差人。聞呼畢勒罕在察木多地方牽騾，遣使達爾罕倭木布等八人住達爾宗地方，往第巴阿爾布巴送信，聞第巴阿爾布巴將一切信告知，他留住養，我見西安不知名一佐領下奴僕巴蘭泰，他穿三件毾𣭺衣服，騎一好棗騮馬，給乾糧盤費，遣達爾罕倭木布處。準噶爾賊進藏以來，毀壞寺廟，殺逐喇嘛，搶掠唐古忒人等財物騾馬，苦累婦女妻子，勒派苛虐，唐古忒等憂恨已極，皆向我怨訴，似此生不如死，聞聖主之子大將軍王領四五十萬兵來至西寧，青海王台吉等親調數萬兵，將新達賴喇嘛護送進藏，若照此大兵臨近，我們唐古忒人等必各往叩迎，情願出力，在藏之唐古忒必將準噶爾賊殺盡報讐，如此我們唐古忒人等蒙聖主恩施，稟告達賴喇嘛，復見太平安生之歲月。上年六月間準噶爾之三吉領百兵將所得倭拉吉男女幼孩錢財等物送交策旺阿拉布坦，往阿里〔註862〕路去後，聞三吉並百兵皆被阿利愛曼人等所殺，他們所送倭拉吉錢財等物皆被搶去。九月間車凌端多布領老病殘兵住守西藏，其餘齋桑派兵與阿利人等交戰，十月間就回來，戰否勝否並未告人，暗暗回來。聞說唐古忒人等擾害，失心生變，又聞得內地大兵青海各兵共力將達賴喇嘛送往西藏，他們內多畏而勉

〔註859〕《欽定理藩院則例》（道光）卷六十二作達爾宗，清時期達賴喇嘛所轄中等宗之一，今西藏邊壩縣邊壩鎮普玉村。

〔註860〕清時期此地爲類烏齊呼圖克圖管轄，統屬於達賴喇嘛與駐藏大臣，此廟即西藏類烏齊縣類烏齊鎮類烏齊寺。

〔註861〕《平定準噶爾方略》卷六頁二十一作左哨頭目春丕勒。

〔註862〕原文作阿利，今改爲阿里。

強，並無驕傲，現在加緊將馬騾湊齊，將每月兵餉銀兩預領數月，所敗情形，此外再未得知信息。又向于二並所來噶隆談甲固吉詢問，據稟稱，我住談家廟，倡首噶隆將伯特巴之骨，準噶爾賊來了，我的徒弟等散爲平人，我的產業牲畜物件均被搶去，我不能生活，我一徒弟將于二領了，請聖主著依達賴喇嘛生活，于二告稱，與我久處，所聞信息盡同，已將僕人于二、噶隆談甲固吉等書寫訊詞，將這些人一併解送等語。

臣訊問僕人于二、唐古忒之噶隆談甲固吉，你們雖早已由藏逃出之人，皆久居近藏之人，詳知一切地方，唐古忒倡首之第巴達克冊人等如何向車凌端多布等，再車凌端多布、托布齊、拉木扎木巴車木伯爾等與他們見否，他們以下人等守法否，你來時班禪額爾德尼居住何處，住扎克布哩之達賴喇嘛現在何處，由策旺阿拉布坦地方是否差遣使者，你們聞知，將一切信息全行告知。據稱車凌端多布尊重第巴達克冊，放第巴時，現第巴達克冊等聞得與車凌端多布等好，車凌端多布與托布齊、拉木扎木巴車木伯爾等皆不和，背地彼此怨恨，準噶爾兵等皆有怨言，捨命來藏，將一切物件得足，今聖主之子大將軍王令無數大兵來征，今不能回去，皆各思家，不遵車凌端多布之傳言，終日飲醉，在街搶奪，惟欲回去，班禪額爾德尼住扎什倫布，準噶爾兵到以來，班禪額爾德尼因多憂慮，身體甚瘦，達賴喇嘛住扎克布哩廟不出，再聞策旺阿拉布坦地方，竟無來使，此外再無所聞。別處所稟，皆照將軍延信所稟，噶隆談甲固吉未被準噶爾賊所困，依達賴喇嘛爲活尋來人，臣著達賴喇嘛之父索諾木達爾扎，此噶隆談甲固吉將達賴喇嘛尋來，照例妥爲養贍，派人看管，不致脫逃，再僕人于二馳驛咨送西寧將軍宗扎布〔註863〕、巡撫噶什圖辦給衣服口糧，到西安交原主人，除咨行外，爲此恭摺謹奏。

[172] 探聞藏情摺（康熙五十九年五月二十一日）[2]-《卷七》

奏爲探聞藏情事。

臣前奉上諭申鍾囊蘇〔註864〕、眾囊蘇等喇嘛令拉木扎木巴根敦扎克巴爲正，班迪倭咱爾藏布，拉木扎木巴扎克巴扎木蘇、格楚爾阿旺丹怎格楚爾，吹布臧扎木蘇爲副，本年二月十六日在巴爾喀木地方差遣探信，具奏等因。

〔註863〕《欽定八旗通志》卷三百二十四作蒙古鑲黃旗副都統宗查布。《平定準噶爾方
　　　略》卷五頁二十一作副都統宗扎卜，後陞任西安將軍。此句意爲馳送駐紮於
　　　西寧之將軍宗扎卜。
〔註864〕申鍾即今青海省湟源縣申中鄉一帶地區。

五月十五日撤回托哩布拉克〔註865〕地方之日，平逆將軍延信等稟報，在巴爾喀木地方探信差遣拉木扎木巴扎木巴扎克蘇，班迪倭咱爾藏布、格楚爾阿旺丹怎，吹布臧扎木蘇等四人，至五月十三日拉木扎木巴扎木巴扎克蘇等同稟稱，本年二月間申鍾囊蘇拉木扎木巴根敦扎克巴爲正，班迪倭咱爾臧布，多巴囊蘇拉木扎木巴扎克巴扎木蘇，格楚爾阿旺丹怎，朱那克囊蘇格楚爾吹布臧扎木蘇派我們五人於二月十六日由西寧起身往巴爾喀木探信，至二月內起身，二月二十六日至阿敦齊勞〔註866〕地方後，拉木扎巴根敦扎克巴因病重，不能行走，遣送回家。三月十八日會同住木魯烏蘇之查罕蘇巴拉罕多關地方之唐古忒拉普喇嘛，將準噶爾信息訊問稟稱，適纔聞得由藏來唐古忒之林臣車凌告說，準噶爾之車凌端多布、拉木扎木巴車木伯爾二人在藏居住，托布齊住達木地方，他們兵共有五千，看著不過二三千，上年三吉領百餘兵搶掠倭拉吉婦女幼孩錢財等物，他們送回原處時被阿里盟人等截戰，三吉百餘兵皆被殺，婦女幼孩錢財等物被搶，惟二人逃回來藏。再衆唐古忒等告稱，聞得大將軍王親領大兵青海各台吉等兵，將達賴喇嘛送往等語，果眞如此我衆唐古忒等皆各往木魯烏蘇地方迎接，叩謝出力，如是復見天日，得以安生，向上敬叩大禮。準噶爾賊聞大將軍王領內地大兵青海台吉等兵送達賴喇嘛，各人有膘壯馬二三匹，口糧帳房等物皆妥爲預備，往何處去，不告人知，看其情形，似有潛逃之意，於是他四人到巴拉喀木〔註867〕地方，處處探信，未有由藏來之人，未得準噶爾確信。我們由四川路進兵到巴城，又聞得大將軍王親領內地大兵青海台吉兵送達賴喇嘛，土伯特等衆各歡悅，由四川路進之兵幫給口糧。商議在木魯烏蘇地方，將大將軍王、達賴喇嘛叩迎，四月十五日到索拉門城，糧盡馬困乏，不能前行，所限日近，順伯禹舒盟〔註868〕回來。

〔註865〕《欽定西域同文志》卷十六頁二十六載，托里布拉克，蒙古語托里鏡也，布拉克泉也，水平如鏡，故名。

〔註866〕阿敦齊老《欽定西域同文志》卷十四頁十載，阿道齊老圖，蒙古語阿道馬群也，齊老圖有石之謂，其地多石聚如群馬，故名。

〔註867〕即巴爾喀木，常寫作喀木，清時期西藏分衛、藏、喀木、阿里四部，喀木亦名巴爾喀木，《大清一統志》（嘉慶）卷五百四十七載，喀木，在衛東南八百三十二里，近雲南麗江府之北，東自鴉龍江西岸，西至努卜公拉嶺衛界，一千四百里，南自噶克拉岡里山，北至木魯烏蘇南岸，一千七百里，東南自雲南塔城關，西北至索克宗城西海部落界，一千八百五十里，東北自西海部落界阿克多穆拉山，西南至塞勒麻岡里山，一千五百里。

〔註868〕禹舒今作玉樹，但非今青海省玉樹縣地區，清代玉樹部落位於青海省治多縣地區，當入藏大道。

又問拉木扎木巴扎克巴扎木蘇，你們先行起身往藏探信，與拉木扎木巴羅布桑莫洛布等四人見否，幾時到藏，再問準噶爾之哨探現在何處，聽說小車凌端多布領兵來藏確否，此外若有消息，皆令告知。據稱在藏探信差遣之拉木扎木巴羅布桑莫洛木等四人，我先起身，木魯烏蘇之查罕蘇巴拉罕，在多闊地方候冰，暫住二日，追及一併同走十三天，四月初三日散開，順格爾怎盟向藏走去，路上並未耽延，六月初可至木魯烏蘇地方，沿路至巴爾喀木之蘇拉門城〔註869〕後直行，至木魯烏蘇，並未見準噶爾哨探。拉普喇嘛告稱，準噶爾等聲言，令小車凌端多布領兵來至，今並未來，此外並無消息。又訊據拉木扎木布扎克巴扎木蘇等言，將拉木扎木巴扎克巴扎木蘇等四人一併解送等語。臣與拉木扎木布扎木蘇等四人稟告將軍延信等外，又查問有無信息，他們稟稱，至巴爾喀木蘇拉門城，處處探問消息前行，無有行人，並未得有消息，惟去時至木魯烏蘇會同拉普喇嘛由藏來之林臣車凌，將所告之消息記下，稟告將軍延信等，此外再無消息等語。是以拉木扎木巴扎克巴扎木蘇等四人均賞綢遣回外，恭摺謹奏。

[173] 由藏出來兵士報告藏情摺（康熙五十九年五月二十一日）
[2]-《卷七》

奏為探訪藏情事。

於四月二十五日撤回霍爾河地方之日，住阿什罕驛筆帖式長明稟稱，領來由藏出來之旗人一名、青海喇嘛一名。我騎查罕托洛海驛馬往巡路遇此二人，訊問他們，告稱係由藏出來之人，往西寧去，我帶來訊問。由藏出來之旗人你名什麼，何旗，如何留流在藏，如何出來。據稱我係西安正紅旗蒙古哈爾叩佐領下砲甲，名陳喜，在班長隊裏當兵，總督額楞特〔註870〕、班長等領兵由喀拉烏蘇出來，陸續渡喀拉烏苏河，準噶爾賊來，我們纔六七百人，將我們皆拏至達木地方，將我們分給準噶爾拜斯人，住達木地方。十二月初十日我隨拜斯往藏地取炒麵，到藏後，過年正月初三日夜我逃往色拉廟〔註871〕，由楊土司〔註872〕所屬呢堪噶布楚喇嘛取炒麵一袋，藏在色拉廟北大山內，餓

〔註869〕本文檔前文作索拉門城。
〔註870〕原文作宗都額楞特，今改正為總督額倫特，因額倫特為湖廣總督署理西安將軍。
〔註871〕今名色拉寺，《大清一統志》（嘉慶）卷五百四十七作色喇廟，在喇薩北八里，亦宗喀巴弟子所建，有喇嘛三千餘。
〔註872〕即《平定準噶爾方略》卷四頁四十六載之楊如松。

食炒麵，渴飲己尿，住七日後出來，在藏週圍行討。以前在多巴作買賣，遇一會說漢話之阿布囊蘇唐古忒，將我的情由全行告知，我與他畫則處處乞討，夜則留住他處。阿布囊蘇言傳，知聖主滿洲大皇帝之人，使你處處乞討，上天亦要殺我們，你即留我處〔註873〕，我將你養活好，得順便將你送回。將我留一月後，準噶爾之車凌端多布，眾唐古忒人等，有內地人皆求送出，阿布囊蘇向我說，你今仍在此處，車凌端多布聞知，我閣家不得性命，我意你不必回去，若仍穿這衣服去，必被拏獲，我給你唐古忒帽衣靴，你留髮打扮如唐古忒人，向前尋去，路上若遇準噶爾人等，你就裝作啞叭，斷然別說話，若遇我們唐古忒人等，惟告說是大皇帝之人，合眾皆感聖主滿洲大皇帝之恩，必酌給你喫穿物件，如此你得出走，給我喫穿物件。我留髮，本年正月初八日由藏起身，走一月至拉呢爾巴地方，遇向青海來之杜拉爾倭木布等，知我情由，他們將我帶著，一併由巴爾喀木路來青海，達賴呼圖克圖之弟子車臣倭木布給我一馬及口糧，交杜拉爾倭木布，稱說大將軍王遣送。

　　訊問喇嘛杜拉爾倭木布，你係誰屬下人，何事進藏，與這內地人何處相遇，據稟我係青海額爾德尼台吉藏巴扎布〔註874〕祠達賴呼圖克圖下喇嘛，我們達賴呼圖克圖之弟子拉木扎木巴洛布藏達爾濟、噶布楚阿旺達爾濟學習經卷去藏，九年未得回歸，我們呼圖克圖派我四人將這些遣去，上年八月間由家起身，由喀木路去，十月到藏。車凌端多布向我們詢問，你們誰的人，因何事來等語。又稱住巴爾喀木之喀木拉克呢雅地方唐古忒人歷年來叩達賴喇嘛、班禪額爾德尼，專爲來叩，再我們並無所求，我們求同拉木扎木巴洛布藏達爾濟、噶布楚阿旺達爾濟由藏起身，來至拉呢爾巴地方，遇見陳喜，他稱係聖主之軍人，將陳喜拏獲。喇嘛杜拉爾倭木布他自倚在藏會遇車凌端多布，拉木扎木巴洛布藏達爾濟、噶布楚阿旺達爾濟皆在藏久住之喇嘛，一併隨來，又訊藏之一切確信，你必皆知，現車凌端多布等住何處，他兵共有多少，情形如何，各寺廟喇嘛等唐古忒吐伯特人等意向如何，其間車凌端多布等內出有別事否，本年內地大兵會合青海兵，將達賴喇嘛送去，彼處人等均聞知否，再策旺阿拉布坦曾差使者否，兵丁增添否，皆據實告知。據稱我來時車凌端多布領百餘兵住藏，托布齊、車木伯爾領三千兵住喀喇烏蘇，上年

〔註873〕此處補處字。
〔註874〕顧始汗第六子多爾濟之孫，其父畢嚕咱納，《蒙古世系》表三十七失載，《如意寶樹史》頁七九○後表五作額爾德尼台吉策旺札布，其父畢塔咱那。

十二月間車凌端多布令達爾扎布為首，六十人為副往阿里〔註875〕地方，唐古特之首康濟鼐勒派金銀馬牲畜，康濟鼐令他們暫在此居住，我勒派得了分給你們，哄住三日，夜派人將他們殺盡，達爾扎布並三人各騎馬夜繞山路暗出，將餘人全行殺害。此事車凌端多布聞知，暗自完結，先拉藏汗以下特固斯齋桑之子杜拉爾台吉拏獲，準噶爾賊解送策旺阿拉布坦，令路上動手，陸續散去，杜拉爾台吉將康濟鼐找來，今杜拉爾台吉與康濟鼐會見，遇截住準噶爾兵走路。再看視準噶爾兵之情形，皆不欲在藏，心意愁怨，無故將藏地毀壞，聖主必然征伐，明年大將軍王會同青海台吉領幾百萬官兵，定將達賴喇嘛送來，聖主之子大將軍王威力，他們如何能當，要回去，現康濟鼐與杜拉爾會合截住走路，我們不適地土，病怨屢死，歎稱怎麼可好，準噶爾佔藏以來，一味重徵，又聚斂草料，吐伯特之男女闔家皆有怨言，似此受罪，幾時是完，惟求性命安全，只有求聖主滿洲大皇帝明鑒，遣派天兵拯救外。準噶爾等與唐古忒人等說，大將軍王領無數大軍向西寧來，聽說與青海台吉等會盟，由青海亦派兵，本年將達賴喇嘛送來，聖主之子大將軍王親自又到，準噶爾甚為恐懼，而吐伯特人等不勝歡忭，惟禱祈速來，我們來時，大將軍王親領兵尚未開出來，現為首車凌端多布等惟勒派馬牛，年前去看呼嚕蘇台路差人，仍尚未到。小車凌端多布領兵來，準噶爾聲言，未來，今唐古忒人等將此言恨說，由策旺阿拉布坦地方久未來使。

陳喜你被虜旗人〔註876〕，在藏一年，凡藏中之事，一切信息皆知，準噶爾之車凌端多布、車木伯爾、托布齊等住何處，他們形像何如，現有多少兵，由策旺阿拉布坦來之小車凌端多布確否，你聞知一切信息，凡事一一告知。告稱陳喜我係西安小卒，世代蒙聖主恩施，給食餉米養活婦女子嗣，西安兵等奮勉而來，因無故被準噶爾裁撤，我聞知此事，豈有隱瞞之理，車凌端多布親領百人住藏，車木伯爾、托布齊領三千兵住喀喇烏蘇、達木等處，共兵不足三千，聲言小車凌端多布來，竟未來，唐古忒等言先準噶爾等每月支領口糧，由上年夏季六月分領口糧，業已支領，領過二次，將馬騾牛得以酌領，因此不及，吐伯特人等惟禱祝天兵何日來救，言天兵若來，亦無寂默。再上年秋住色拉廟楊土司〔註877〕由所屬呢堪噶布楚喇嘛訊問信息，伊言適纔準噶

〔註875〕原文作住阿里，今改為往阿里。
〔註876〕原文作被裁旗人，今改為被虜旗人。
〔註877〕《平定準噶爾方略》卷四頁四十六作楊如松。

爾一軍人，在唐古忒之丹津家飲醉直哭，丹津向他問，你所哭想家否，那軍人說我心內憂慮，你怎得知，今阿里地方之康濟鼐、杜拉爾台吉領喀齊、阿里二盟三千兵將我們後路圍住，因不得後路，又聞得阿木呼郎大皇帝之子大將軍王領數十萬兵，又青海兵將達賴喇嘛送來坐牀，如此威力，我兵如何敢當，我們車凌端多布言說，若過呼蘆蘇泰嶺〔註878〕，行走甚難，派百人去查看，到三月尚未回來。又聞得我們將給努克特地方侵犯，哈薩克、布魯特不知怎樣，哭泣向我述說，餘皆照杜拉爾倭木布一樣告知。又陳喜跪告，總督額倫特〔註879〕、班長色楞領我們由喀喇烏蘇走行出戰，並未藏匿兵械，口糧完盡，困窮至極，被準噶爾賊所截，流落在藏，今大將軍王領人兵去征準噶爾賊，必將逆賊殺盡，奴才得同大兵復入藏報讐，陳喜世代感受聖主鴻恩，誠意為兵，臣賞給陳喜衣帽軍械等物當兵外，將陳喜送來之喇嘛杜拉爾倭木布給綢銀遣回，為此恭摺謹具奏聞。

[174] 據將軍延信稟報準噶爾情況轉奏摺（康熙五十九年五月二十一日）[2]-《卷七》

奏為據情轉奏事。

臣於本年五月十九日撤回楚爾德瑪口地方，平逆將軍延信等稟報，五月十六日撤回德拉布爾時，前鋒營前鋒參領希棱圖〔註880〕差前鋒索爾霍拉濟等咨，達賴喇嘛在巴爾喀木地方勒派騾子，將喇嘛達爾罕溫布遣送前來，因加詢問。你由何處至此，勒派多少騾子，由四川所進之兵已到何處，你住碩般多地方與第巴阿爾布巴遇見否，準噶爾賊車凌端多布等現在何處，兵數共有多少，由何處放哨，再聖主將呼畢拉罕封達賴喇嘛，大將軍王親領大兵，青海台吉等領兵將達賴喇嘛送往西藏坐牀，閣唐古忒等皆聞知否，他們怎說，準噶爾賊聞知如何動作，小車凌端多布領兵來藏確否，此外你將所聞儘量告知，再聞在第巴阿爾布巴之滿洲奴僕巴蘭泰派送於你，你差遣否。據稱上年四月間達賴喇嘛令我倡首，十三人副之，在巴爾喀木地方勒派騾子，四月十

〔註878〕本文檔前文作呼嚕蘇台。
〔註879〕原文作宗杜額倫特，今改正為總督額倫特，因額倫特為湖廣總督署理西安將軍。
〔註880〕《欽定八旗通志》卷三百二十一有滿洲鑲紅旗副都統西倫圖，康熙六十年十一月任，康熙六十一年十二月名西倫圖者任漢軍正紅旗都統，於雍正二年正月解任。又《皇朝文獻通考》載清太祖努爾哈赤次子代善曾孫有都統奉恩將軍席倫圖者，即此人。

五日由宗噶巴廟〔註881〕起身，六月十五日到裏塘，七月二十三日到巴塘，由那至察木多、類烏齊，十一月我自己到崇保色爾扎〔註882〕地方，住在那裏。頗雷宗、碩般多、達爾宗、吉業東等城之首領等各差人告稱，聖主將呼畢勒罕封達賴喇嘛，大將軍王親領內地大兵、青海台吉等兵送往西藏坐牀，故尋找騾子，唐古忒人等聞知，皆行叩頭大禮，不勝喜悅，今日復見天日，各量力共幫給百餘騾子。我上年十二月初三日往碩般多、雅木雅城，會見第巴阿爾布巴，告知我去之故，問準噶爾賊之信息。據稱三濟往原處去，車凌端多布往叩班禪，拉木扎木巴車木伯爾住藏，托布齊住達木，在喀拉烏蘇、沙克河〔註883〕地方駐哨，現準噶爾兵每月所食之物，仍冒稱照六千餘派取，總共兵數不過四五千，小車凌端多布領兵來不確，車凌端多布派六十〔註884〕餘準噶爾兵，得倭拉濟〔註885〕婦孺錢財等物，他們解送原處，住那克產地方，達賴喇嘛所屬第巴康濟鼐領伊之下人派解，康濟鼐詭稱，我先去派人預備牲口，用兵埋伏，將準噶爾厄魯特等筵宴皆醉，埋伏兵出將六十餘人全行殺害，惟五人潛逃，康濟鼐現伊下人解送準噶爾拉藏汗之人，在那克產地方，領拉藏汗之人，遇見阿里盟兵在阿里那克產交界地方，共萬餘兵，固立營壘。康濟鼐言，如果明年將呼畢勒罕封達賴喇嘛，來內地大兵青海兵，方合我們渴望已久之意，惟當奮勉輔佐，並無別情等語。於是我回來住崇布色爾扎，本年正月十三日在第巴阿爾布巴伊所留養之奴僕〔註886〕巴蘭泰遣送於我，令至大兵營，我帶領第巴阿爾布巴所告之信，將寄信之言，向巴蘭泰問否，本年二月二十三日我由崇布色爾扎起身，各處所幫百餘騾子牽來，我來時聞由四川路出內地大兵來至里塘、巴塘，由察木多、扎雅克〔註887〕入藏，前路由扎爾固來，查木濤〔註888〕、扎雅克地方人等，將戶口寫入檔內，給銜名，由此二處各預備牛千隻，以馱口糧，交去以輔助大兵，我們唐古忒人等聞得聖主封

〔註881〕即塔爾寺，位於青海省湟中縣魯沙爾鎮。
〔註882〕青海省玉樹縣仲達鄉拉娘寺一帶地區。
〔註883〕沙克河即今西藏下秋曲，怒江上游支流之一。
〔註884〕原文作六千，今改爲六十。
〔註885〕第一七一號文檔作倭拉吉。
〔註886〕原文作留養了奴僕，今改正爲留養之奴僕。
〔註887〕常作乍丫，清時期此地屬乍丫呼圖克圖所轄，統屬於達賴喇嘛與駐藏大臣，今西藏察雅縣香堆鎮。
〔註888〕即察木多，清時期此地屬察木多帕克巴拉呼圖克圖所轄，統屬於達賴喇嘛與駐藏大臣，今西藏昌都縣。

呼畢勒罕，大將軍王親領內地大兵，青海台吉等親領兵送往西藏坐牀，皆不勝喜悅，叩謝聖主恩施，察木多、類烏齊處之喇嘛等唐古忒等皆來木魯烏蘇地方迎接，言叩謝大將軍王、達賴喇嘛，此外再無所聞知。

奴僕巴蘭泰你何旗，何人之奴僕，如何來此，你久在藏，準噶爾兵有多少，何處放哨，情形如何，第巴阿爾布巴向你怎說，若有聞知，詳告勿諱，照向達爾罕溫布問。據稱我係西安廂藍旗佐領兼營長黃顧家人，隨黃顧在班長色楞隊里當兵，在喀拉烏蘇地方打仗時，我主人黃顧中槍身故，我正領屍時，準噶爾賊將我拏獲，看守七日，我逃出遇一不知名之唐古忒人，將我送至住碩般多地方之第巴阿爾布巴，第巴阿爾布巴向我問明情由並憐恤我，後我粗學唐古忒言語，第巴阿爾布巴向我言稱，我管理唐古忒兵大官，呼畢勒罕之父為弟，背準噶爾，賊來使我們唐古忒人等憂愁至極，現我們無有霸佔手段，無法相隨，將你憐恤，日後我令你作證，乘機將你送回，以達我意等語。第巴阿爾布巴將我如伊子弟憐恤，聞得上年冬時，聖主將呼畢勒罕封達賴喇嘛，大將軍王親領三四十萬內地大兵，青海台吉等親領兵將達賴喇嘛送藏，達賴喇嘛又令達爾罕溫布等派送騾子，我向第巴阿爾布巴告知回去，送給我衣服盤費馬匹，我來時第巴阿爾布巴告稱，你去向大將軍王通曉我言意，現準噶爾等冒稱每月按六千餘兵領取食物，有正兵不足五千，先我差人去告我所聞信息，今準噶爾等聽聞大將軍王親領內地大兵青海兵將送達賴喇嘛來，知不能抵擋，甚懼，預備口糧馬匹，有潛逃情形，雖未潛逃，一力將大兵抵擋，我由內領唐古忒兵攻伐，大兵由外攻伐，將準噶爾賊亦可殲殺，若本年不進兵，我們唐古忒人等被準噶爾時常擾亂，並無餘剩，若被發覺，我身命未必能保等語。巴蘭泰來時，路上聞說由藏來之唐古忒人等告稱，準噶爾賊言，大將軍王領內地大兵青海兵向藏而進，斷不能抵擋，往原來路去，阿里攔阻，惟趁空潛逃外，並無別法，此外再無聞知，別處皆照達爾罕溫布所告，如此將所問達爾罕溫布、奴僕巴蘭泰之話繕寫，一併咨送等語。臣除告知喇嘛達爾罕、奴僕巴蘭泰，將軍延信等外，將藏之信息，再行究問。據告稱聞得車凌端多布、拉木扎木巴車木伯爾、托布齊等彼此不睦，他們兵皆有意回去，因不能回去飲酒醉鬧，不遵法令，上年由策旺阿拉布坦處來使，聞班禪額爾德尼丹書克被拏獲〔註889〕，再未遣使，準噶爾等待班禪額爾德尼甚是尊敬，班禪額爾德尼甚悶，氣色不佳，現仍駐扎什倫布，達賴喇嘛仍駐

〔註889〕原文作被丹書克拏獲，今改為丹書克被拏獲。

扎克布哩不出，聞車凌端多布等將第巴達克冊放第巴時，現他們內甚和好，其餘皆照將軍延信等所告等因，是以臣將達爾罕溫布咨遣達賴喇嘛，將奴僕巴蘭泰由驛咨送駐西寧將軍宗扎布、巡撫噶什圖辦給衣服口糧，到西安交原主外，為此恭摺謹具奏聞。

[175] 撫遠大將軍胤禎奏謝賞藥摺（康熙五十九年六月初二日）[1]-3513

臣胤禎謹奏，為謝恩事。

五月二十一日宿於布勒哈齊，皇父所賞三箱藥到來後，臣親率衆大臣官員滿洲兵綠營兵扎薩克蒙古兵，望闕謝恩。臣通知官兵，前在西寧時皇父所賞各種藥到，我即率爾等衆兵士謝恩。倘愚昧者稱邊外因有瘴氣而賞藥，恐胡亂宣揚，故未牽連爾等，僅率大臣官員等謝恩。我當即仰荷皇父仁愛官兵之至意，按官兵數額，分賜於衆，又不論官兵跟役，凡有病之人，即告於我，我遣大夫診視，賜以皇父所賞醫治萬病之藥等因。今皇父為使官兵免遭邊外瘴氣，特賞送各種妙藥，寄送此藥之際，均皇父躬親逐項查看裝箱發送之，即與慈父仁愛赤子之心無異，我等為兒臣之人，如何能仰酬皇父此仁慈之至意等情宣告時，衆官兵齊跪叩稟稱，奴才等世代蒙聖主之恩慕重，並未報効，此次出兵後，奴才等均高興有効力之機，聖主仁愛，馬畜糧餉皆充足供給，尚未進發，又恐奴才等染患疾病，於西寧即賞各類藥品，大將軍王即仰副皇上之仁意，將此藥均賜於官兵。以此藥治過病人，病馬畜者，不盡其數，今出邊尚未効微力，聖主又為使奴才等免遭邊外瘴氣，將治萬病妙藥，聖躬親自監視裝箱賞送，雖慈父仁養兒子，亦不過此，奴才等雖愚昧，豈能不曉聖主如此關懷之至意，聖主之鴻恩，天高地厚，奴才等何能報答於萬一，今既來軍營，惟在所屬之地，盡力効勞，早日剿滅逆賊，以圖聖心愉快外，再無言以奏，伏祈為奴才我等代轉奏聞等語，謹此奏聞。

[176] 撫遠大將軍胤禎奏觀漁獵情形摺（康熙五十九年六月初二日）

[1]-3514

臣胤禎謹奏，為奏聞事。

臣於五月二十一日自楚勒德木河〔註890〕啓程，駐布勒哈齊之日除將所見所聞奏聞皇父外，二十六日抵南索洛木池。此數日路程水草暢茂，並未落雪，

〔註890〕第四十號文檔作車勒德木河，第一六九號文檔作綽勒德木河，第一七一號文檔作楚拉德木河。

照常下雨，聞彼方水草益加暢茂。仰賴皇父之恩，臣由西寧造皮筏，攔網攜來，為候青海王台吉等宿住三日，觀之捕魚，甚是豐足，共捕三萬尾有餘，均分與達賴喇嘛營、我等營兵丁，作為廩餼。親王羅卜藏丹津趕來後，臣率伊乘一筏，觀看捕魚，伊甚歡忭。言之，我自幼聞之此池魚豐，我親身至此，亦方纔得見者等語。是日我等南路軍亦趕至，羅卜藏丹津見兵眾力強，益加讚歎，伊數請隨臣同往木魯烏蘇等因。青海人眾原庸弱，皇父稔知，鼓勵伊等，不候伊兵，不尋伊友，欲往前効力之語，由此觀之，準噶爾賊聞此軍威，必心驚膽戰。伏思此次賴皇父之神威，事既平定，敵人何必等候。臣惟賴皇父之恩，將未見之地方情形，未見之漁獵情由奏聞外，並無効力使皇父愉快之事，故此駐索洛木池北端鄂博圖〔註891〕之日乘奏事之便，謹繕摺奏聞皇父。

　　硃批，好事。

[177] 將策旺阿拉布坦使人哈什哈留住西寧俟事定後再行遣回摺（康熙五十九年六月初二日）[2]-《卷八》

　　奏為處理哈什哈事。

　　據理藩院咨稱，議政大臣議奏，策旺阿拉布坦遣來之使人哈什哈並非重要之人，似是專藉遣使窺視我兵情形，不可不防，若將此使人當即遣回，彼必知覺我們進兵消息，此時應派章京一員，前赴巴里坤，將策旺阿拉布坦使人哈什哈絆住，令其緩赴西寧，俟大將軍王奏明行知令其前往之時，再行遣送，未經行知之前，仍令淹留彼處，我們三路進兵事定，回來時，如何遣回之處，應俟奏聞奉旨後，編寫文書給與策旺阿拉布坦，再將哈什哈遣回等因具奏，奉旨依議，欽此欽遵在案。伏思臣進兵以前，車凌端多布所差使人及策旺阿拉布坦使人哈什哈等，現在均無應行咨覆事件，自應俟我們三路所進之兵回來時，如何遣回之處，再行擬定奏聞，是以遵旨令策旺阿拉布坦使人哈什哈等到西寧後，撥給住房口糧，派兵看守，事定後，應將哈什哈遣回之處，再行奏聞，除行文駐西寧都統穆森、將軍宗扎布、巡撫噶什圖等外，為此恭摺奏聞。

[178] 已由索洛木領兵前赴木魯烏蘇並催各處兵馬按期到達摺（康熙五十九年六月初二日）[2]-《卷八》

　　奏為催調各處兵馬前進事。

〔註891〕《欽定西域同文志》卷十五有察罕鄂博圖鄂拉，蒙古語鄂博圖有壘石處。

臣領兵於四月二十二日由西寧起行，由木魯巴拉輝後路行走，仰託皇父鴻福，官兵於五月二十四日皆至三音索洛木。將軍延信領進藏之兵，由登努特拉特嶺〔註892〕前路行走，二十七日亦至三音索洛木，臣將官兵編列隊伍，等候青海王台吉等兵，至是月二十九日議政大臣咨稱，奉旨看本年稍旱，今四路行兵，大臣等速即行文軍營，年旱，馬匹牲口尚未至死，或應進之路極旱無水草者，行兵大臣已定期進兵，他們焉敢因旱將兵私行阻止前進，軍事所關甚大，朕先屢告議政大臣行兵大臣等，軍事變化不定，不可預定，須乘機辦理，是以朕思降旨，若無旨，則行兵大臣難以行事，若至極旱，行至所指之處，而所指之處亦旱無草，馬匹牲口若死，兵何能回，明年兵何能進，若行兵地方雨水應時草厚，行無耽延，即可進兵，天旱馬瘦，雨水不調草不好，不可進兵，行兵大臣議定具奏，斷不可固執定見，本年不進兵，明年再進，亦無不可，著即咨行，令其回奏，路遠咨文不能早到，不可耽延，每一隊接連再咨一次，巴里坤、阿爾太〔註893〕二路，有一處不可行，則其一處，西路雲南四川兵各隊亦然，欽此欽遵，咨行在案。臣恭維皇父為兵深謀，諭示周詳，然本年西藏口外，並未成旱，仰託皇父鴻福，斷然無妨，惟西藏素稱寒冷，西寧出口地方，水草不斷，至索羅木看視草還好，訊問噶扎爾濟等，由索羅木至木魯烏蘇其間水草皆好，木魯烏蘇尤好，且地方亦暖，現看情形，託皇父洪福，想索羅木至藏可以毫無耽延。

再是月二十五日親王羅布藏丹津差人稟稱，本王羅布藏丹津於本月十三日由家起行，二十八日追及等語。貝子丹鍾差人稟稱，本貝子丹鍾於十四日由家起行，二十九日追及等語。郡王察罕丹津差人稟稱，本王察罕丹津急速於本月十三日由家起行，因路遠馬瘦雪大，馬匹在途中餵養，六月十三四日可到等語。臣閱看青海人等無信，一味遲延，是以臣因王察罕丹津等領兵行走遲緩，派員外郎蘇金泰前往迎接王察罕丹津等，出諭蘇金泰你見王察罕丹津等告稱，先令爾等於五月初十日來至索羅木，屢次傳行，王羅布藏丹津係青海尊長人，為眾模範，你自己不到在他人之前，遇有指導之處，何顏與大眾說話，現我至索羅木等候，王等急速來此，你親賫咨文令其速來。二十八

〔註892〕《欽定大清會典事例》（嘉慶）卷五百六十所載之得弩爾特，為青海入藏大道之一站，《清代唐代青海拉薩間的道程》解為《欽定西域同文志》之登努勒臺達巴，登努勒濱河土阜之帶草者，溫泉北邊即為此山，《中國分省系列地圖集青海省》標註為海拔五三○五米之雖根爾崗，作為道路之地點在山下。

〔註893〕今常寫作阿勒泰。

日青海青海親王羅布藏丹津來稟稱，我由家於本月十三日起行，我所屬之兵
著於本月二十三日起行，再令左翼各王台吉等均於五月十三日起行，向索羅
木來，一概皆已傳行，於六月初十日共進，惟王察罕丹津能到，其餘貝勒台
吉等須過初十日到。臣告王羅布藏丹津說，皇父言你青海各台吉等皆固什汗
之子孫，屢施高厚之恩，比眾尤為愛護，你等皆受皇父重恩之人，今叛逆策
旺阿拉布坦，無故毀爾等祖父固什汗所立道教，將爾等骨肉拉藏汗殺死，累
及婦孺，全行搶掠，皇父不忍看視，特令我為大將軍，交付大兵與你等會同
前往，扶持固什汗所立道教，原為你青海台吉等之事，你係青海之長，率領
眾兄弟理當盡力奮勉，再領兵各台吉等即應親身前來，王你既親來，你各兄
弟之未至者，速咨文差人迎接他們，親自領兵於六月初十日至索羅木，若照
此不能領兵來至，差人交明傳行各貝勒貝子公台吉等，親自急速於初十日必
來至索羅木，若有違令，必治以軍法，斷不寬恕。親王羅布藏丹津又稟稱，
大將軍王親向敵區深入，我自己亦與大將軍王同行，我所屬之兵，計可追來，
先已令我弟兄勉強差人傳催，今又令他勉強按路急速差人，現我並無事，我
必須隨大將軍王去，將我正兵人等照數派妥留在此處，交與將軍延信等領去
等語。臣向王羅布藏丹津說，王你感戴皇父養育之恩，先跟隨我先去奮勉亦
是，然你係青海之長，掌印親王，言說在索羅木地方你等會盟，事亦至要，
辦結此事，你親與將軍延信在後來追我。二十九日貝子丹鍾勉力來傳言，我
等正兵皆於是月二十三日起行，下月十五日來至索羅木等語。臣親領住木魯
烏蘇之兵，留與將軍延信、王羅布藏丹津等，在索羅木等候青海各王台吉等
兵，六月初十日全行來至，你親領緩餵馬匹，令起身向木魯烏蘇，來人若全
未來到，王台吉等親身急速不過十五日，先行起身前來，將各兵交妥實人餵
養馬匹，再令追來，臣領進藏之兵並達賴喇嘛於六月初一日緩餵馬匹向木魯
烏蘇起行，至木魯烏蘇後，另行具奏外，為此恭摺奏聞。

[179] 分兵駐守各要地摺（康熙五十九年六月初二日）[2]-《卷八》

奏為分兵駐守事。

臣前具奏大兵起行後，令訥欽王訥爾蘇、都統楚宗留在西寧，俟京城兵
來到後，鳥槍護軍五百名，合莫拉托什 [註894] 綠旗兵五百名，令訥欽王訥爾
蘇帶領，緩餵養馬匹往棍邊地方住紮，令宣府五百綠旗兵往柴達木住紮等因，

〔註894〕第一五五號文檔作莫勒托什，即北京市密雲區古北口。

具奏在案。臣伏思今我兵進至木魯烏蘇，佔守住紮，由雲南四川路進征之兵，又添大批軍隊，阿哩、喀齊等盟人皆與準噶爾不睦，康濟鼐等已斷賊之退路，車凌端多布被逼由噶斯路竄出〔註895〕逃走，或由策旺阿拉布坦處出少數兵由喀拉沙爾〔註896〕在青海邊界等處滋擾，皆難預料，噶斯口地方至要，若在德布特爾〔註897〕地方住兵，與藏相通之要路口住哨，可以守噶斯口，而青海之努克特亦可保守，並可通伊孫查罕齊老圖〔註898〕。德布特爾地方離柴達木有四百里，德布特爾住兵，則柴達木地方無事，柴達木地方餘兵二百名，合副將陳棟所帶五百兵，移在德布特爾地方住防。臣出口來時察看棍邊及木魯烏蘇，離德布特爾皆遠，棍邊無事，令訥欽王納爾蘇所領住棍邊一千兵，亦住德布特爾地方，惟止住滿洲綠旗兵，不知地方要路口，在德布特爾週圍住之貝勒旺楚克拉布坦〔註899〕、台吉索諾木達什〔註900〕應派六百餘兵，止令赴藏，令派滿一千之數，與我兵同住，護軍參領申保〔註901〕與台吉索諾木達什甚睦，留申保管理蒙古兵丁，訥欽王納爾蘇、都統楚宗等亦同行管理。現德布特爾地方所住之兵，與由藏相通之查罕托輝〔註902〕地方住一哨，噶克查郭必邊界倭爾通地方住一哨，每哨滿洲綠旗蒙古兵參合住紮，此二哨住兵，離德布特爾地方皆足三百里，急速有事來告，相距太遠，此二哨之間，訥欽王等酌量接哨住守，再由伊孫查罕齊圖通來之路，訥欽王等與青海人等皆說係要緊形勢地方，亦酌量住哨，每哨令新滿洲等各派一人為長，行文知照，移住德布特爾地方，所住之兵，伊孫查罕齊圖令侍衛倭和等住守，訥欽王納爾蘇、都統楚宗、阿爾思〔註903〕、護軍參領申保等皆著行文，令柴達木地方之

〔註895〕原文作攛出，今改為竄出。

〔註896〕今新疆焉耆縣。

〔註897〕《欽定西域同文志》卷十四頁二十五載，得布特爾，蒙古語謂水草肥美之地，今青海省格爾木市烏圖美仁鄉一帶。

〔註898〕《欽定西域同文志》卷十四頁二十二載，伊遜察罕齊老圖，蒙古語伊遜九數也，察罕白色也，齊老圖有白石處，地有白石凡九，故名。

〔註899〕《蒙古世系》表三十七作旺舒克喇布坦，顧實汗圖魯拜琥第六子多爾濟曾孫，父貝勒達顏。

〔註900〕《蒙古世系》表三十七作索諾木達什，顧實汗圖魯拜琥第九子桑噶爾札之孫，其父塔薩博羅特，其兄為公端多布達什。

〔註901〕《平定準噶爾方略》卷五頁二十一作護軍參領神保。

〔註902〕《欽定西域同文志》卷十四頁二十五載，察罕托輝，蒙古語猶云白山灣也，地處山灣，故名。

〔註903〕《欽定八旗通志》卷三百二十一作滿洲鑲黃旗都統阿勒納。《平定準噶爾方略》卷五頁二十作都統阿爾納。

兵移住德布特爾，令原由西寧至柴達木所住之驛皆撤回，令改住德布特爾至通木魯烏蘇之路，辦理驛站等事，亦著行文知照，為此恭摺奏聞。

[180] 撫遠大將軍胤禵奏報唐古特人來投摺（康熙五十九年六月初七日）

[1]-3515

臣胤禵謹奏，為奏聞事。

臣於六月初二日自前索洛木池之北岸鄂博圖處啓程，宿於巴罕布拉克，繳旨具摺奏聞。本月初六日總管唐古特兵之戴琫達賴喇嘛之父索諾木達爾札之甥第巴阿爾布巴來投，將唐古特衆傾心歸服及賊情問明後，另摺具奏外。第巴阿爾布巴又告稱，伊山後聞得車凌敦多布疑唐古特衆，將駐招地大軍，均率移至招地與布雷琫〔註904〕之間尼噶森林處，支帳以駐。由此看來，二賊前來諾莫渾烏巴錫〔註905〕，有迎我軍舉動之言，或伊勉強安撫唐古特之人心，故作誇張之言，蓋有敗逃之狀，伊誠欲來迎我軍，伊又豈能洩露實情呼，嗣後仰賴皇父威福，唐古特人必漸有來投者，再一有消息，即刻具奏皇父外，現所聞喜訊，於本月初七日駐鄂敦他拉〔註906〕之日謹具摺奏聞皇父。

硃批，聞此佳音甚悅，未詢問阿里、噶齊等處衆人事之真偽，此一微小欠缺。

[181] 撫遠大將軍胤禵等請安摺（康熙五十九年六月初七日）[1]-3516

臣胤禵等謹請皇父萬安，為此具摺謹奏。

臣胤禵、弘曙、弘智、弘曦。

硃批，朕體安，氣色甚好。熱河地方六月初八日戌時發生小地震，京城地方稍強，往查各地震情，保安、沙城地方震動較大，震中尚未得知，小報亂載謊稱者甚多，恐爾等自遠方聽聞訛傳憂慮，故繕明寄信，倘有亂言者，稱皇父已將此等情由寫明，寄信前來，並著閱之，今田禾暢茂。

[182] 第巴阿爾布巴由藏投誠詳情摺（康熙五十九年六月初七日）

[2]-《卷八》

奏為恭布盟長代琫阿爾布巴獨身由藏來投，恭摺奏聞事。

〔註904〕今名哲蚌寺，《大清一統志》（嘉慶）卷五百四十七載，布雷峰廟，在喇薩西北十六里，相傳宗喀巴弟子所建，有喇嘛五千餘。

〔註905〕即諾莫渾烏巴什山，今名唐古拉山，藏名當拉嶺。

〔註906〕《欽定西域同文志》卷十四頁十四鄂敦塔拉，蒙古語鄂敦謂星也，當黃河初發源處，有平甸，週二百里許，泉眼衆多，燦如星聚，即星宿海也。

　　本年二月間令達賴喇嘛〔註907〕派遣阿旺羅布藏藍占巴爲首，噶布楚原端諾爾布，阿旺三魯布爲副前往藏地探信，令於六月十五日回至西寧等因，曾經具奏在案。臣領兵於六月初四日行至二索洛木之間霍爾河地方，適阿旺羅布藏藍占巴等來至，稟稱在離藏四日程之張里塘地方，會遇達賴喇嘛之父索諾木達爾扎之親戚代琫第巴阿爾布巴，告知我等赴藏之故。第巴阿爾布巴言，看你等此來情形，是大將軍王親身來送達賴喇嘛是實，現準噶爾人等甚倚重我，他們一切事情，我皆知其詳細，亦有時向我商量，現在大將軍王已與達賴喇嘛親來，我豈可仍在此地，現車凌端多布令我率唐古忒兵三百，又派準噶爾厄魯特托克托齋桑領六十厄魯特，皆交我令往迎截四川兵，應攻則攻，不可攻則探信陸續呈報，我與準噶爾人等有何誠意，惟有假託自盡，速離此地爲是，因令伊屬下人齊出稱說他自盡，他的馬匹衣服等物皆拏去送交喇嘛等，於夜間第巴阿爾布巴領一人同出，路上隨行之喇嘛平民，皆陸續來投，共領三十人同來，至離營百里地方，第巴阿爾布巴說，我係初次見大將軍王及達賴喇嘛，須選看吉日，擬於初六上吉日來見等語，稟報前來。是以臣當日派侍衛章京前往迎接問好，即照所告日期，令其來見，初六日行至倭端塔拉〔註908〕，又派大臣及侍衛等拏茶往迎，營盤紮齊，兵列隊畢，將第巴阿爾布巴引進，伊跪執哈達請皇父安，繼問臣好，遞臣哈達。臣向第巴阿爾布巴恭布盟長代琫執手問好，令伊坐西邊飲茶，臣向伊說，上年我知你與索諾木達爾扎是親戚，交索諾木達爾扎轉給你信，你答信內有領得奴僕巴蘭泰善爲收養之言，我聞知甚樂，你今嚮慕滿洲聖主仁化，來請恩施，甚是可嘉，你如何出藏，你係在藏辦事爲首之人，爲車凌端多布等信用，車凌端多布等聞天兵前進之信，如何相商，情形如何，一切事件，你須明切稟告。據稟稱，本年三月二十日車凌端多布聞由四川路來兵，因派三百唐古忒兵，並令厄魯特托克托齋桑領六十厄魯特爲副，皆交我率領，從西路由我家前去迎截，在喀喇烏蘇地方托克托齋桑領他們夥內六十人，由別路赴察木多地方，我領唐古特兵至張里塘地方，遇達賴喇嘛所遣之阿旺羅布藏藍占巴等三喇嘛，向我告知情由，我原見滿洲佛聖主天兵來，曾與唐古忒倡首人等在佛前發誓，俟大將軍王親自領兵前進之時，乘機効力，今大將軍王與青海台吉等領大兵來

〔註907〕即七世達賴喇嘛羅布藏噶勒藏佳木磋。

〔註908〕《欽定西域同文志》卷十四頁十四鄂敦塔拉，蒙古語鄂敦謂星也，當黃河初發源處，有平甸，週二百里許，泉眼衆多，燦如星聚，即星宿海也。

送達賴喇嘛是實，我靜靜思想，如不能來在大將軍王前實心奮勉効力，便與我們發誓本意不合，是以令我心腹之人聲稱我已死，我唐古忒例，人亡後一切好物，皆令各處喇嘛拏去，我於夜間領一僕人與阿旺羅布藏藍占巴等出走，斯時第五世達賴喇嘛之師弟之子羅卜藏丹津，聞大將軍王送達賴喇嘛來，亦同來叩迎，五喇嘛二十平民皆來隨我，我們共來二十七人，行至碩板多城，向碩板多城首領色木布柰並章覺特巴告知來由。他們言大將軍王領大兵送來達賴喇嘛是實，願各派一使者，一同隨去在大將軍王前暨達賴喇嘛前請安，如果眞來，則我們二人中章覺特巴親自守城，色木柰帶五十餘兵往木魯烏蘇去叩見大將軍王並達賴喇嘛，即在大將軍王前効力奮勉。羅卜藏丹津胞弟策旺達克巴爲洛隆宗城長官，知伊兄與我同來，他亦派一使者，給大將軍王暨達賴喇嘛請安，洛隆宗城長官薩木達爾柰亦遣一使者，他言如果大將軍王達賴喇嘛實來，則我先遣人親往木魯烏蘇叩迎，在大將軍王前効力，我帶來四人，皆應遣回，或不必遣回之處，隨大將軍王指示遵行。再準噶爾車凌端多布領兵來殺拉藏汗，佔西藏，毀三百餘寺廟，殺赤帽多爾濟拉克〔註909〕、明都凌〔註910〕等四十餘大喇嘛，三千喇嘛皆令還俗，再班禪額爾德尼索克班齊木布，原與策旺阿拉布坦互相通信送物，因有別意，班禪額爾德尼弟之子多爾津咱巴及其弟弟沙布隆布魯拉固，被車凌端多布拏獲殺害。車凌端多布因與格勒克鍾柰好，將伊送往策旺阿拉布坦處，準噶爾人等以禮敬重班禪額爾德尼，班禪額爾德尼因伊殺害二姪，心甚憂愁，氣色頗瘦。再第巴達克冊台吉，雖是首先辦事，然已七十餘歲，本爲庸人，一切事宜，他不擔承，皆噶隆拉什咱克巴〔註911〕、噶倫隆布柰〔註912〕與我三人辦理，準噶爾軍來，軍事錢糧，我三人同辦。車凌端多布內寵拉什咱克巴，甚爲信任，商辦一切事宜，他亦告以實意，然我與拉什咱克巴、隆布柰三人，凡所言彼此不諱，聞上年聖主滿洲大皇帝之子大將軍王來，親領大兵，甚敬重達賴喇嘛，推廣黃教，以安衆生，我三人同商，聖主滿洲大皇帝兵來，我們盡力發出誠意，在普陀

Footnotes.

〔註909〕第九十一號、第一〇五號文檔作多爾濟喇克，此喇嘛爲多傑扎寺之喇嘛，多傑扎寺位於西藏貢嘎縣昌果鄉多吉扎村，《西藏佛教寺廟》頁二十一載此喇嘛名仁增欽摩白瑪逞勒。
〔註910〕即敏珠林寺，在今西藏扎囊縣門主鄉敏珠林村。
〔註911〕本書第七十三號文檔作第巴札西匝巴，第九十四號文檔作扎什則巴，第一〇五號文檔作噶隆扎什澤巴。
〔註912〕即隆布鼐。

送達賴喇嘛是實，我靜靜思想，如不能來在大將軍王前實心奮勉効力，便與我們發誓本意不合，是以令我心腹之人聲稱我已死，我唐古忒例，人亡後一切好物，皆令各處喇嘛拏去，我於夜間領一僕人與阿旺羅布藏藍占巴等出走，斯時第五世達賴喇嘛之師弟之子羅卜藏丹津，聞大將軍王送達賴喇嘛來，亦同來叩迎，五喇嘛二十平民皆來隨我，我們共來二十七人，行至碩板多城，向碩板多城首領色木布柰並章覺特巴告知來由。他們言大將軍王領大兵送來達賴喇嘛是實，願各派一使者，一同隨去在大將軍王前暨達賴喇嘛前請安，如果眞來，則我們二人中章覺特巴親自守城，色木柰帶五十餘兵往木魯烏蘇去叩見大將軍王並達賴喇嘛，即在大將軍王前効力奮勉。羅卜藏丹津胞弟策旺達克巴爲洛隆宗城長官，知伊兄與我同來，他亦派一使者，給大將軍王暨達賴喇嘛請安，洛隆宗城長官薩木達爾柰亦遣一使者，他言如果大將軍王達賴喇嘛實來，則我先遣人親往木魯烏蘇叩迎，在大將軍王前効力，我帶來四人，皆應遣回，或不必遣回之處，隨大將軍王指示遵行。再準噶爾車凌端多布領兵來殺拉藏汗，佔西藏，毀三百餘寺廟，殺赤帽多爾濟拉克〔註909〕、明都凌〔註910〕等四十餘大喇嘛，三千喇嘛皆令還俗，再班禪額爾德尼索克班齊木布，原與策旺阿拉布坦互相通信送物，因有別意，班禪額爾德尼弟之子多爾津咱巴及其弟弟沙布隆布魯拉固，被車凌端多布拏獲殺害。車凌端多布因與格勒克鍾柰好，將伊送往策旺阿拉布坦處，準噶爾人等以禮敬重班禪額爾德尼，班禪額爾德尼因伊殺害二姪，心甚憂愁，氣色頗瘦。再第巴達克冊台吉，雖是首先辦事，然已七十餘歲，本爲庸人，一切事宜，他不擔承，皆噶隆拉什咱克巴〔註911〕、噶倫隆布柰〔註912〕與我三人辦理，準噶爾軍來，軍事錢糧，我三人同辦。車凌端多布內寵拉什咱克巴，甚爲信任，商辦一切事宜，他亦告以實意，然我與拉什咱克巴、隆布柰三人，凡所言彼此不諱，聞上年聖主滿洲大皇帝之子大將軍王來，親領大兵，甚敬重達賴喇嘛，推廣黃教，以安衆生，我三人同商，聖主滿洲大皇帝兵來，我們盡力發出誠意，在普陀

〔註909〕第九十一號、第一〇五號文檔作多爾濟喇克，此喇嘛爲多傑扎寺之喇嘛，多傑扎寺位於西藏貢嘎縣昌果鄉多吉扎村，《西藏佛教寺廟》頁二十一載此喇嘛名仁增欽摩白瑪逞勒。

〔註910〕即敏珠林寺，在今西藏扎囊縣門主鄉敏珠林村。

〔註911〕本書第七十三號文檔作第巴札西匝巴，第九十四號文檔作扎什則巴，第一〇五號文檔作噶隆扎什澤巴。

〔註912〕即隆布鼐。

金塔前商量三四次，發誓後，無來兵消息，靜靜忍耐，本年三月二十日車凌端多布忽喚我們訊問，聞得大將軍王自率五萬兵，青海台吉等一萬兵，共領六萬兵，合力送達賴喇嘛來等語，爾等聞知否。答稱並無所聞，出來後我與隆布柰二人向拉什咱克巴訊問，車凌端多布一切事宜，向你商議，實心不諱，此言他由何人所聞，如何商議之處，令你探信。後拉什咱克巴告知我們，此言在巴爾喀木地方去徵正賦，聞青海使者等向唐古忒人等說，車凌端多布等所商，由內地來何項大兵，即有迴避之例否，他們來困倦，我們受安逸，亦不過二諾莫歡烏巴什〔註913〕，遣人拏獲取信探子，思他們亦遣人拏獲我們探子，我們拏獲探子取實信，照台吉教令，在二諾莫歡烏巴什之間迎接再計，若不能，則其時我們趕緊避去，斷不追我們等語。再我意準噶爾人等，在二諾莫歡烏巴什來迎，一人騎二三匹馬，餘馬馱行李口糧，皆放在達木、騰格里淖爾〔註914〕、濟爾噶朗土他拉三處，渡過庫庫顋〔註915〕、章噶爾烏蘇渡口，擊玉舒〔註916〕盟，濟魯肯他拉〔註917〕，由齊達木仁恭以下至藏一路，大兵青海兵攙派五千，由此路征進取藏，留一千兵據守，餘兵赴此三處，搶得他們馬匹牲畜口糧之類，尾後追擊他們，由兩邊夾攻，可以殲滅，他們雖敗，亦斷不能逃出，令我們如何行走之處，請大將軍王指示，我等捨身奮勉効力。臣告第巴阿爾布巴，我皇父如天日之明，如佛之仁慈，你唐古忒人等行兵不熟，被準噶爾逼迫，確知無法逃脫，你今聞來兵，發出誠意，懇切奮勉，你們先前被迫所行之事，皇父必然寬宥，你今已聲稱身故，你自己暫不能回去，先遣妥當人到那邊，將我此等言語，全行告知你的朋友們，令其各皆奮勉行事，俟成功後，你們出力之處，我斷不隱諱，必奏聞皇父等語。臣查由木魯烏蘇進藏之路甚多，或分路進兵斷伊後路，或遣四川兵斷其後尾之處，俟臣

〔註913〕即諾莫渾烏巴什山，今名唐古拉山，藏名當拉嶺。

〔註914〕《大清一統志》（嘉慶）卷五百四十七載名騰格里池，蒙古語騰格里諾爾，騰格里蒙語天之意，水色如天青也，諾爾即湖之意，今西藏納木錯。

〔註915〕《大清一統志》（嘉慶）卷五百四十七作巴漢苦苦賽爾渡，即小苦苦賽爾渡。

〔註916〕玉舒今作玉樹，但為玉樹部落，非今青海省玉樹縣所在地結古鎮，清代玉樹部落位於金沙江之上源，當青海入藏大道渡口，今青海省治多縣一帶地區。

〔註917〕他拉常作塔拉，蒙古語平甸也。《欽定西域同文志》卷十四頁十三，蒙古語濟魯肯謂心也，四山環繞，中有平甸之意。此為青海入藏要道。《衛藏通志》卷三頁二載，瀾滄江有二源，一源於喀木之格爾機雜噶爾山，名雜楮河。一源於喀木之濟魯肯他拉，名敖木楮河，二水會於察木多廟之南，名拉克楮河，流入雲南境為瀾滄江，南流至車里宣撫司為九龍江，流入緬國。

領兵至木魯烏蘇時另行奏聞外，臣又告知定藏將軍噶爾弼〔註918〕云，車凌端多布派兵迎截你們，遣第巴阿爾布巴爲首，今第巴阿爾布巴仰慕皇父之仁化，親自來投，彼或又遣別人迎截，不可預定，你領兵由察木多行時，營盤令好自固守，哨探令遠遠望看，小心防備，西路兵必須一齊前進，與事有益等語，業已行文告知。第巴阿爾布巴因仰慕皇父之仁化，由遠方誠意來投，臣舉酒令飲，另支帳房，令大臣等與之酹酢，宰殺牛羊，備辦飯食點心果子桌筵宴，直至下人亦給與食訖，又賞給蟒袍珠子涼帽狐狸帽帶子靴襪撒袋各一件，備鞍馬一匹，綢四疋，銀三百兩。同伊來之第五世達賴喇嘛師弟之子羅布藏丹津，係體面人，賞給綢二疋，銀四十量，五喇嘛每人綢各一疋，銀各十五兩，二十四平民每人綢一疋，銀各十兩。第巴阿爾布巴進臣贄見之禮哈達一件金三兩菩提獸皮一件氆氌三疋香五束，領取哈達獸皮，餘物退回，第五世達賴喇嘛之師弟之子羅卜藏丹津進臣哈達一件，氆氌二疋，領取哈達，氆氌退回，第巴阿爾布巴既係達賴喇嘛之父索諾木達爾扎親戚，令在達賴喇嘛營附近一同行走，爲此恭摺奏聞。

[183] 第巴阿爾布巴呈遞碩般多等處首領來稟譯出奏聞摺（康熙五十九年六月初九日）[2]-《卷八》

奏爲譯出第巴阿爾布巴等稟文事。

六月初九日第巴阿爾布巴稟稱，我來時碩板多城首領官色木布奈、章覺特巴，洛隆宗城首領官策旺達克巴、薩木達爾奈各差一使者執持稟文問大將軍王好，我前日見大將軍王時，因我一時疏忽，忘未稟告等語，隨即呈附鈐印唐古特文四件。

經繙譯閱文內稱，天下一統滿洲佛君主之子阿哥王明鑒，碩板多地方居住之首領小人色木布奈誠意跪稟，聞因達賴喇嘛坐牀，阿哥王憐我們唐古特生命，親領大兵來臨，衆皆合掌祝禱，小人捨身在阿哥王前出力，阿哥王明鑒，伯稜哈達克、淨白氆氌吉日呈進等語。

又一文內稱，天下一統滿洲佛君主之子阿哥王明鑒，碩板多地方居住之首領小人章覺特巴誠意跪稟，聞因達賴喇嘛坐牀，阿哥王憐我們唐古忒生命，親領大兵來臨，衆皆合掌祝禱，小人捨身在阿哥王前出力，阿哥王明鑒，伯稜哈達克、淨白氆氌吉日呈進等語。

〔註918〕《平定準噶爾方略》卷七頁十八作定西將軍噶爾弼。

又一文內稱，天下生命之主滿洲君王之子阿哥王腳踏蓮花之下，洛隆宗城居住之首領小人策旺達克巴跪稟，阿哥王思憐我們唐古忒人等，因達賴喇嘛坐普陀牀，領大兵來臨，小人暨大眾人等聞之不勝歡樂，自此以後，不惜身命，在阿哥王前効力，阿哥王明鑒，伯稜哈達克、淨白氆氌吉日呈進等語。

又一文內稱，天下生命之主滿洲君王之子阿哥王腳踏蓮花之下，洛隆宗城居住之首領小人薩木達爾柰跪稟，阿哥王思憐我們唐古忒人等，因達賴喇嘛坐普陀牀，領大兵來臨，小人暨大眾人等皆不勝歡樂，自此以後，不惜身命，在阿哥王前効力，阿哥王明鑒，伯稜哈達克、淨白氆氌吉日呈進等語。

是以臣將碩板多城首領官色木布柰等所送之伯稜哈達暨四疋氆氌領受，並向他們所差四使者告稱，你們回去告知你們首領，稟文伯稜皆已接到，你們此次誠意奮發，我必奏聞皇父，你們皆有知識之人，應率領眾唐古忒人等奮勉効力，有圖謀準噶爾機會，則酌量而行，機會斷然不可失掉，你們自己來木魯烏蘇見我，並叩謁達賴喇嘛甚好，咱們不久即可相見，因送給四首領官粧緞各一疋，綢各一疋，爲此恭摺奏聞。

[184] 蘭占巴洛布藏等由藏探來信息摺（康熙五十九年六月初十日）　[2]-《卷八》

奏爲探得藏內信息事。

本年六月初七日達賴喇嘛之父索諾木達爾扎之親戚第巴阿爾布巴獨身來投，就其稟報各項信息，臣於是月初八日行至噶達孫齊老圖〔註919〕地方時，曾經具摺奏聞在案，今因差遣往藏探信之西恩囊蘇屬下藍占巴羅布藏莫洛木、西拉布班珠爾，魯木布木囊蘇屬下班第阿旺索諾木、達什多爾濟等，由藏回來稟稱，我們由巴爾噶木〔註920〕路赴藏，於四月十六日到藏，到我們進素識之唐古忒阿拉松楚家，探問一切信息。他告稱車凌端多布領三百人現住西藏，托布齊領一隊兵住喀拉烏蘇，四月初間移住達木之額伯勒肯野舒木撓

〔註919〕《欽定西域同文志》卷十五頁二十八載，哈達遜齊老，蒙古語哈達遜謂釘也，齊老謂石也，山峰尖削如釘，故名。

〔註920〕清時期西藏分衛、藏、喀木、阿里四部，喀木亦名巴爾喀木，《大清一統志》（嘉慶）卷五百四十七載，喀木，在衛東南八百三十二里，近雲南麗江府之北，東自鴉龍江西岸，西至努卜公拉嶺衛界，一千四百里，南自噶克拉岡里山，北至木魯烏蘇南岸，一千七百里，東南自雲南塔城關，西北至索克宗城西海部落界，一千八百五十里，東北自西海部落界阿克多穆拉山，西南至塞勒麻岡里山，一千五百里。

爾地方，藍占巴車木伯爾領一隊兵住騰格哩諾爾〔註921〕地方。準噶爾人等號稱有五千餘兵，眞正祇有三千餘，五月初三日車凌端多布往達木去，托布齊、藍占巴車木伯爾亦於是日到達木，傳說有商辦之事，不知所商何事，我們合唐古忒人等此數年中被準噶爾困害的受不得，适纔聞得由巴爾喀木路所來之兵傳說，大將軍王親與青海台吉等領大兵送來達賴喇嘛，唐古忒男女老幼皆各歡樂，齊說可到見天日之日，合掌禱告盼望，此處準噶爾人等亦皆聞知，未聞所商如何，惟由三月十六日起湊馬牛口糧，皆送往騰格哩諾爾，想他們必然逃去。二諾莫歡烏巴什、哈拉詹胡查此三處派有唐古忒人等住哨。再車凌端多布於上年十一月間聞得阿里巴邊地方有兵，打聽確實，派二十人前往，惟二人回來，十八人被阿里巴人等所殺抑或被拏獲，確實之處，我們不知，現阿里喀齊皆有戰事，互相住哨。又問藍占巴羅布藏莫洛木等，你們遇見素識之唐古忒阿拉松楚，向之探信，準噶爾一切消息，必皆聞知，小車凌端多布領兵來確否，由策旺阿拉布坦處來使否，我們四川兵到何處，聞說準噶爾人等遣兵往截四川路兵，此言確實否，遣誰爲首，你們聞知，全行告知。據稱小車凌端多布領兵來藏，由上年常說，並未來兵，此言是虛，由策旺阿拉布坦處未來使者久矣，我們在藏隱藏，居住三日，是月十九日即尋路回來，四川兵至何處，準噶爾兵是否迎截，遣誰爲首之處，並未聞知。我們由庫庫顠以下至玉舒柱渡口地方，聞玉舒盟人等告稱，五月二十五日來準噶爾十五人，搶奪住庫庫顠查拉貝勒達彥〔註922〕屬下唐古忒伯爾峽台吉二十餘馬，伯爾峽台吉領眾人追去，殺三人，拏獲三人，問得準噶爾探人共來三十人，我們十五人要來搶馬，那十五人在河邊等語，此外並無所聞。臣查貝勒達彥屬下伯爾峽台吉拏獲準噶爾三人之處，俟至木魯烏蘇訊明另行具奏外，因賞給奉差之首領藍占巴洛布藏莫洛木綢二疋，隨去之西拉布班珠爾、班第阿旺索諾木、達什達爾濟綢各一疋，並給與飯食，爲此恭摺奏聞。

[185] 撫遠大將軍胤禎等請安摺（康熙五十九年六月二十二日）[1]-3517

　　臣胤禎等謹請皇父萬安，爲此具摺謹奏。

　　臣胤禎、弘曙、弘智、弘曦。

〔註921〕《大清一統志》（嘉慶）卷五百四十七載名騰格里池，蒙古語騰格里諾爾，騰格里蒙語天之意，水色如天青也，諾爾即湖之意，今西藏納木錯。

〔註922〕《蒙古世系》表三十七作達顏，顧實汗圖魯拜琥第六子多爾濟之孫，父薩楚墨爾根台吉。

硃批，朕體安，氣色甚好。今備至白露，照常於木蘭圍場啓程，行走並不需人攙扶，莊稼長勢似有十成，惟收後方知矣。爾隊之大臣章京兵士馬畜平安，朕常盼聞之，仍與朕寄信，亦書寫地方之水土江湖道路等情景，此詢衆之旨，務必宣諭，及至綠營兵以聞。

[186] 撫遠大將軍胤禛奏謝賞馬摺（康熙五十九年六月二十二日）

[1]-3518

臣胤禛謹奏，爲謝恩事。

據三等侍衛達鼎、山津等咨稱，康熙五十九年三月初六日乾清門頭等侍衛喇錫、御前二等侍衛佛倫奉旨，朕差出御馬二十二匹，今青草生長之時，將御馬肥壯者一百匹，駕馬一百匹，爾等親選，差派賢能蒙古侍衛、索倫侍衛經張家口驅趕，馬爾賽〔註923〕遣彼處妥員一名，解送大將軍王，欽此欽遵。我等親趕牧群，於三月二十一日自京城出發，五月初九日抵至寧夏，六月二十九日抵至西寧，將二百二十二匹馬，依侍衛喇錫等議奏，交付大將軍王留駐西寧之侍衛等語。兒臣聞皇父仁賞之馬均妥善抵至西寧，即刻望闕謝恩外，謹思臣賴皇父之恩，騎乘駄載之馬畜甚足，且皇父念我於遠處行走，皇父親揀選上等乘馬，優良御馬，差人趕送數千里，實乃聖明之心無微不至者，以此兒臣欣悅，亦無言以奏，臣親率兵於六月二十日抵至木魯烏蘇，仰皇父之福，兒臣騎乘駄載之馬畜均好，將此賞賜之馬匹即於西寧牧放等情交付。仰皇父神威，靖除賊匪，速定藏地，返歸之時，再用此馬，爲此具摺恭謹奏聞。

硃批，知道了。

[187] 撫遠大將軍胤禛奏報修路通車摺（康熙五十九年六月二十二日）

[1]-3519

臣胤禛謹奏，爲奏聞事。

此前奉皇父旨，爾此次務多倚土司回子之力，欽此。臣思自西寧至木魯烏蘇運米，均租自土司、回子等牛騾運之，甚是辛勞，倘有可行車之道路，則利於運米等因存心訪查。據回子達爾漢伯克博洛特告稱，自西寧往木魯烏蘇之登努勒泰嶺〔註924〕北，經木魯巴爾虎嶺有一路，將此整修，則車可行。

〔註923〕《欽定八旗通志》卷三百十八載領侍衛內大臣公馬爾賽，疑即此人。

〔註924〕《欽定大清會典事例》（嘉慶）卷五百六十所載之得努爾特，爲青海入藏大道之一站，《清代唐代青海拉薩間的道程》解爲《欽定西域同文志》之登努勒臺達巴，登努勒濱河土阜之帶草者，溫泉北邊即爲此山，《中國分省系列地圖集青海省》標註爲海拔五三〇五米之雖根爾崗，作爲道路之地點在山下。

我乃居邊界之一小回子，荷蒙聖主之恩，世代安生，並無効力之處，既然我曉此路，雇用壯丁，我親指修，以報效聖主養育之恩。臣即遣喇嘛丹巴噶隆、員外郎佟智、守備羅英懷、西寧兵丁一百名協助達爾漢伯克博洛特，以皇父賜我之賞銀九千兩，撥作修路。此情由先欲奏聞，因不曉能否修路，故未具奏，此次臣自整修之路行走觀之，自西寧至木魯烏蘇所修之路，車可暢行。正合皇父先見之明，倚土司回子之力，臣實不勝讚歎，故此將路修成之情由，具摺恭謹奏聞。

[188] 大軍已行抵木魯烏蘇摺（康熙五十九年六月二十三日）[2]-《卷八》

奏爲進軍事。

前臣領兵於五月二十四日到索羅木，將軍延信領入藏之兵二十七日亦到索羅木，青海兵仍尚未到，臣親領住木魯烏蘇之兵，留與將軍延信，候青海各王台吉等兵，著令追來，臣領入藏之兵，帶達賴喇嘛，於六月初一日從容餵養馬匹，向木魯烏蘇前進，曾經具摺奏明在案，今仰託皇父威福，於六月二十日已到木魯烏蘇，所有官兵皆好。旋據隨來之第巴阿爾布巴稟告，聞得由四川所進之兵，馬匹無少間斷，又接到領雲南兵之都統烏格等稟稱，我們兵在中甸〔註925〕地方，接得由四川向裏塘前進之都統法拉、總督年羹堯、護軍統領噶爾弼咨稱，雲南兵由中甸出口，自咱瓦、恭布直通西藏之路，在察木多南若必會四川兵，則雲南兵繞道行走，必至勞困，我們四川兵由巴爾喀木察木多、類烏齊、索羅木入取西藏巴爾喀木後路，雲南兵自中甸由咱瓦、恭布入取西藏前路，如此分路齊進，甚爲有益，我們四川雲南兩省大兵，在喀喇烏蘇、拉里渡地方約見等語。因咨文領兵官於四月十八日由中甸起行，自拉普渡江，渡喀喇烏蘇渡口往至拉里路，到拉里後見四川兵，由四川將軍指示遵行，若相離遠不可見，則便宜而行。臣當即備文咨覆云，我們兵乘機而行，惟雲南兵先入，力弱可慮，我親領兵於六月二十日已到木魯烏蘇，雖因將軍噶爾弼約計，我們兵七月底八月初到西藏，現青海兵尚未來至，是以候青海兵一齊征進，你們兵會合噶爾弼兵，與噶爾弼探聽我們兵消息，一齊前進，必須約定日期，等候行走等語，都統烏格、將軍噶爾弼咨文，由內譯行，又咨交第巴阿爾布巴之人，由外小路行，俟將軍延信領青海兵到時，臣選派征進之兵，由何路起行之處，另行具奏，所有臣親領兵至木魯烏蘇之處，恭摺奏聞。

〔註925〕《大清一統志》（嘉慶）卷五百四十七作節達穆城，在巴塘城東南五百八十里，其地舊名中甸。即今雲南省香格里拉縣，入清後屬雲南省。

[189] 拏獲貿易探信之溫布達木巴達爾濟等訊取招供摺（康熙五十九年六月二十二日）[2]-《卷八》

奏爲拏獲探信人訊取招供事。

臣於六月十一日行至巴彥喀拉，遣看水草之藍翎珠瑪山帶領班禪額爾德尼屬下商人溫布達木巴達爾濟、開都布車木畢，厄魯特達爾扎、巴咱爾等前來。據珠瑪山稟稱，在嶺前遇見四十五人率領牛馱子行走，因向之盤詰，據稱是班禪額爾德尼屬下商人，往多巴西寧去。又據達爾扎聲稱，伊有詳細言語相告，是以將首領二人及二厄魯特一併帶來等語。臣前聞第巴阿爾布巴來告，上年車凌端多布與伊相商，欲派一群商人在多巴貿易，遣往西寧地方探信，後並未派遣，今來此商人可疑，當得查訊。隨即訊問溫布達木巴達爾濟等，你們皆何處商人，往何處去貿易，你們帶來何項物件，你們何日出藏，準噶爾車凌端多布等現住何處，他們兵共多少。同答稱我們皆班禪額爾德尼屬下之人，班禪額爾德尼每年遣貿易人往多巴西寧貿易，準噶爾車凌端多布等佔藏以來，並未遣人貿易，本年因牛無瘟疫，告知車凌端多布，令溫布達木巴達爾濟、開都布車木畢二人爲首，四十三人爲副，騎六十馬騾，八百牛馱，帶有氆氌鉛曹草羊皮狐狸皮水獺皮狼皮猞猁皮，銀六百兩，我們因來貿易，由班禪額爾德尼領取印文，車凌端多布給我們路引，本年三月二十七日由拉什魯木布〔註926〕起行，自後路由叢嶺從騰格哩諾爾來，渡喀拉諾爾，上拜都渡口〔註927〕，來到拜都齊欽〔註928〕之日忽來十六厄魯特搶我們牛羊群，後問你們何人，我們說皆班禪額爾德尼屬下之貿易人，令伊等驗看印文，並求還給牲口，他們纔給還牛羊群。並稱準噶爾哨兵共來三百人，庫庫顋、多鑾倭洛木〔註929〕亦有哨兵，少給我們口糧麭茶奶油，並指示渡口而去，此十六人以外，未見別人。我們來時聞得車凌端多布住藏，托布齊、藍占巴車木伯爾皆住達木，他們準噶爾兵五千五百人，聞說四千兵，我們因居住較遠，不知兵之實數。又訊問厄魯特達爾扎、巴咱爾，你們何處厄魯特，因何與唐

〔註926〕即扎什倫布寺，《大清一統志》（嘉慶）卷五百四十七載，札什倫布廟，在日喀則城西二里都布山前，相傳昔宗喀巴大弟子根敦卓巴所建，至今班禪喇嘛居此。

〔註927〕青海入藏途中拜都河之渡口，拜都河即今青海省布曲，爲金沙江上源之一，渡口位置待考。

〔註928〕齊欽爲蒙古語河源之意，拜都齊欽即拜都河河源，拜都河即今青海省布曲，爲金沙江上源之一，亦自青海入藏要道之一。

〔註929〕即七渡口。

古忒人等成群出來，你們果是班禪額爾德尼貿易人，則班禪額爾德尼知我親自領兵在西寧，不問我好，不與我咨文，有是理乎，並且此數年內班禪額爾德尼並未遣人來貿易，今年大兵來進藏，你們即來貿易，你們定非班禪額爾德尼送遣，顯然是準噶爾車凌端多布令你們裝作貿易差遣探信，在此務將實情稟告，稍有隱諱，處以嚴刑，經一一嚇問。巴咱爾答稱，我原是班禪額爾德尼屬下人，我們未來以前，不記日期，車凌端多布到扎什倫布後，我往喇嘛色布特班第家去飲茶居住，伊云車凌端多布告知班禪額爾德尼商卓特巴，教派人去貿易，俟他們到後，探聽內地兵在何處，青海兵與內地兵何處相見，何時進藏，由何處放哨之處，一切信息須詳細探明等語。又達爾扎答稱，我是霍朔特〔註930〕人，我主係扎薩克圖王台吉，因弟喇嘛拉布宗洛布藏鍾柰在班禪額爾德尼處當喇嘛，將我撥給他弟，我今即班禪額爾德尼屬下人，今年二月間準噶爾藍占巴車木伯爾亦到扎什倫布，我們起行以前扎什倫布廟喇嘛西拉托洛海向我告稱，有三月初二或初三日夜間，溫布達木巴達爾濟獨自往藍占巴車木伯爾家去，聞說住一夜，未聞何事，此喇嘛溫布達木巴達爾濟原在準噶爾住過五年，與車凌端多布等最好，我們來時藍占巴車木伯爾在商卓特巴前告溫布達木巴達爾濟，你往多巴西寧去，若探得一切軍信，即令達爾扎即速來告。後我主拉布宗洛布藏鍾柰亦告我說，溫布達木巴達爾濟探得軍信後，向你說明，你先即速來告，後又秘密告我云，你到青海親見親王羅布藏丹津、貝子丹鍾、台吉吹拉克諾木齊、桑布扎布額爾德尼台吉〔註931〕等，黃教是我祖固始汗所立，今異姓之準噶爾人等來佔據，我們何能忍受，看你們阿穆呼朗大皇帝，施洪恩非無福澤之人，你們自己領兵，與聖主大兵來會，殲滅逆賊準噶爾並無難處，不可遲緩，現準噶爾人等皆言，內地兵漢仗甚好，槍箭利害，惟無長槍，再有長槍，則天下無敵，內地兵若與青海兵會和齊來，我們實不能當，甚懼你們三路進兵，由庫庫顙可以少來兵，多巒倭洛木、拜圖〔註932〕此二路須用大隊強壯之兵方好。準噶爾人等行兵，或進或退，前後兩傍皆放哨，你們大兵渡過木魯烏蘇，亦照此放哨，牧群須要看守嚴密，準噶爾人等必侵犯牧群，此等處須向領內地兵大臣等告知。本應書寫文書交你們送去，惟準噶爾人等最奸詐疑惑，諒必搜尋，若令尋獲文書，則我命不保，

〔註930〕常寫作和碩特，衛特拉蒙古四部之一。
〔註931〕顧始汗第六子多爾濟之孫，其父畢嚕咱納，《蒙古世系》表三十七失載，《如意寶樹史》頁七九○後表五作額爾德尼台吉策旺札布，其父畢塔咱那。
〔註932〕即拜都河，今青海省布曲，爲金沙江上源之一，亦自青海入藏要道之一。

是以令你親口告知，並未用文書。溫布達木巴達爾濟探得軍信必先遣你，你必須設法將我此言告知王羅布藏丹津等再來，交派甚詳。再準噶爾曾將拉藏汗屬下人送往伊犁，被阿里地方康濟鼐攔截收去，此內有台吉蘇爾咱屬下人二人，趕回二十一匹馬，領三桿槍、四枝箭、二把腰刀脫逃出來，尋路赴青海，在諾門歡烏巴什〔註933〕那邊與之相遇，欲與班禪額爾德尼貿易人一同行走，溫布達木巴達爾濟不聽，將二人拏住交給在沙克地方住哨換班回去之準噶爾人解交車凌端多布。在藏準噶爾兵三倍內，霍朔特、圖爾固特〔註934〕、霍濟特人二倍餘，互相埋怨，說在準噶爾一日不得安逸，今小車凌端多布又無領兵來換信息，我們家中必然出事，阿穆呼朗皇帝處凡投降人等皆享富貴安生，如皇帝大兵來征，必能見著，俟相見時零星投降，決不能因此治罪，大家都如此說。再我們起程來時車凌端多布由藏地派巴木巴爾等二人送過喀拉烏蘇邊界，在路上向我們相埋怨說，準噶爾到老亦是活受罪，薩木坦人等投歸阿穆呼朗皇帝，皆坐高牀，甚是安生，我等必須向阿穆呼朗皇帝投降，方能享受太平安樂。再闍唐古忒人等言說，俟滿洲聖主天兵來到，大家由內叛亂，以取準噶爾之首，我向帶我來之侍衛說有詳細言語相告，即是此言，此言並未告知溫布達木巴達爾濟。又訊問溫布達木巴達爾濟，班禪額爾德尼感滿洲聖主厚恩，致敬滿洲聖主，全行皆知，今策旺阿拉布坦無故給車凌端多布一支兵，遣往西藏，毀壞寺廟，殺害喇嘛等，致令土伯特人等生命憂慮至極，又殺班禪額爾德尼之弟之子，班禪額爾德尼年老，心中甚是憂悶，聖主不忍坐視，因冊封達賴喇嘛，以廣黃教而安土伯特眾生，遣大兵進藏，安慰班禪額爾德尼之心。又訊現因教道大事我住西寧，班禪額爾德尼既然知道，為何不派人問好，又不給咨文，可見你們並非班禪額爾德尼所遣，顯然是車凌端多布等遣你們裝作貿易探信，並且厄魯特達爾扎、巴咱爾業經供稱，車凌端多布到扎什倫布派令你們探我們大軍信息，你們起行以前藍占巴車木伯爾亦到扎什倫布，你往他住處去一夜，你原在準噶爾住過五年，與車凌端多布甚好，你是車凌端多布、藍占巴車木伯爾親近之人，今你來西寧地方，豈有不教你們探聽大軍信息之理，車凌端多布等教你探何信，你往藍占巴車木伯爾家去一夜，所說何事，凡此等處據實供說，若稍隱諱，定加重刑。據供稱我未來以前三月十三日藍占巴車木伯爾到扎什倫布，欽遵我們到商卓特巴

〔註933〕即諾莫渾烏巴什山，今名唐古拉山，藏名當拉嶺。
〔註934〕常寫作土爾扈特，衛特拉蒙古四部之一。

前，教我們往多巴西寧地方去貿易，聞得滿洲大皇帝之子王領無數大兵來西寧，現在西寧兵共多少，何日領兵來藏，得有進兵實信，即速遣達爾濟告我，想告知他們信息，怕他們亦無法應付，現在車凌端多布與我們商卓特巴及達爾扎之主拉布宗洛布臧鍾柰，此三人一心一意，甚為和睦等語。次日行至巴彥喀拉嶺地方，溫布達木巴達爾濟中氣身亡，查溫布達木巴達爾濟、厄魯特達爾扎等係準噶爾車凌端多布派令探取內地兵入藏信息之人，理當治以重罪，惟係班禪額爾德尼屬下人，執有班禪額爾德尼圖記，車凌端多布因順便教令探信來告，因畏懼無法始行承受，且為首之溫布達木巴達爾濟病故，其餘唐古忒與之無干，厄魯特達爾扎、巴咱爾留在臣處，俟親王羅布藏丹津等到來，問明二人之故，再另行辦理，其餘唐古忒等他們所交行李多捆，酌派綠旗官兵送往多巴地方，到多巴後再行給與，並派官兵看守，令伊等照前妥為貿易，仰託我皇父威福，事成回來，如何遷回之處，再行酌定，其西寧都統穆森，將軍宗扎布，巡撫噶什圖咨文，交地方官等咨行，為此恭摺奏聞。

[190] 訊得敵情具奏摺（康熙五十九年六月二十二日）[2]-《卷八》

奏為訊得敵情事。

臣領兵至木魯烏蘇齊欽圖拉噶圖喀拉烏蘇，於六月二十一日據貝子拉查布差阿旺達什稟稱，我所屬宗綏齋桑前經遣令在崇布色爾扎探信，至本月十七日回來告稱，我到崇布色爾扎探詢信息，因未見有由藏地出來之人，並未得信息，於五月初五日適逢拉藏汗所屬烏巴什車臣齋桑由藏逃來，我將伊帶來，送往大將軍王處等因。因訊問得烏巴什車臣齋桑，你何處人，如何逃出，何日起身，準噶爾車凌端多布等現在何處，兵有多少，小車凌端多布來確否，車凌端多布等屢次攔截我兵，今聞我兵送達賴喇嘛來，他們有何議論，策旺阿拉布坦有信否，曾向藏地遣使否，你將知道一切信息全行告知。據稱，我原係噶拉丹〔註935〕胞叔楚庫你烏巴什〔註936〕之奴僕，噶勒丹拏獲伊叔楚庫你烏巴什，我父領我來投青海達賴汗〔註937〕，三十五年住博羅崇克克〔註938〕

〔註935〕《蒙古世系》表四十三作噶爾丹，《平定準噶爾方略》卷一頁一作噶爾丹，巴圖爾渾台吉之子。

〔註936〕《蒙古世系》表四十二作楚庫爾。

〔註937〕和碩特蒙古統治西藏第三代汗，顧實汗圖魯拜琥之孫，父達延鄂齊爾汗，子拉藏汗。

〔註938〕同名河流名，《清史稿》卷五二二頁一四四三作博囉充克克河，即湟水，作地名應在青海省海晏縣城一帶地區。

地方，現我妻子戶口皆在博羅崇克克，後台吉蘇爾咱由青海往藏去，我隨同去，遇著戰事，準噶爾人等將我拏獲，三濟齋桑並有許多人將我收養，車凌端多布將拉藏汗屬下人等送往策旺阿拉布坦時，三濟等未送我，將我留在西藏，我因看準噶爾所行不能長久，我妻子戶口兄弟皆在青海，因想何必在此，本年四月初五日騎一馬，我兄弟五人帶我至色木布車木布胡圖克圖所住之老廟，告稱今烏巴什車臣齋桑前往青海，準噶爾人等如問我們是否在此處，惟告之已死，你同使者逃去，到青海時告知色木巴車木布胡圖克圖，即請大將軍王及達賴喇嘛安，派伊使者索克賣，再薩哩哩木布車胡圖克圖派伊使者藍占巴一同送我，由巴爾喀木路逃來，五月初五日至崇布色爾扎，遇貝子拉查布宗綏齋桑，給我馬匹口糧送我到此，我來時車凌端多布、藍占巴車木伯爾領三百兵住藏，托布齊去叩班禪額爾德尼，餘兵皆住達木、喀拉烏蘇，現準噶爾兵共有二千八百，二庫庫顒〔註939〕、多巒倭洛木，令守此三口，在諾莫歡烏巴什邊之特門界之博羅托洛海有三十人住哨，令守拜都、噶斯口，哈拉詹胡查山有三十人住哨。聞車凌端多布等進兵，大將軍王親領大兵送達賴喇嘛竟未聞知，聞由巴爾喀木路大兵，他們言說王領大兵來，由巴爾喀木路進兵，我們如何能當，此間我們挪營，好好給我來信，或攻或言和，我們暫在此處，不來信息，則我們亦往二諾莫歡烏巴什之間去，以截前來之兵並牧群一次，擾亂回去，此去時克哩業〔註940〕叛亂，不可順原路去，由哈拉詹胡查路尋噶斯口去，那有兵，商欲取出馬匹口糧，車凌端多布伊屬下之眾與齋桑等怨說，先台吉穆呼哩克、達克巴喇嘛差往青海代清霍少齊〔註941〕扎什哈地方，我們止住兵取藏，佔據土伯特，我在此輔佐，清克圖爾克差報，答此事皆言定，並不遣兵，上年伊以霍齊歡阿爾布坦爲使，差遣時，伊來信佔據你土伯特以守黃教，妄自懈怠別動，無有侵犯之人，今未到他說話時，事起欺我，又可易結麼，亦在三寶佛前起誓，再我子世代爲特固斯送往台吉蘇爾咱，上年八月間來藏，我們族弟烏巴什暗告我們，努克特〔註942〕出事，土爾扈特阿禹齊王〔註943〕之女生洛布臧舒努〔註944〕兄弟三人叛亂，定入土爾扈特，後

〔註939〕即大小庫庫賽二渡口。
〔註940〕《平定準噶爾方略》卷六頁二十一作克勒底雅，因今新疆克里雅河而名。
〔註941〕即郡王戴青和碩齊察罕丹津。
〔註942〕原文作努力特，今改爲努克特。
〔註943〕《平定準噶爾方略》卷二頁三作阿玉奇汗。
〔註944〕《蒙古世系》表四十三作羅卜藏舒努。

策旺阿拉布坦知覺，拏獲洛布臧舒努刑訊，夥伴商議何人，洛布臧舒努供稱，小車凌端多布與我兄弟〔註945〕商叛是實，策旺阿拉布坦差人去拏小車凌端多布，小車凌端多布知事發覺，答我後去，領一千兵向策旺阿拉布坦家去，時策旺阿拉布坦搜爾額爾齊木、哈什哈阿拉拉拜子烏巴什二人看守，策旺阿拉布特領兵迎戰，小車凌端多布敗走，後小車凌端多布復整一層攻戰敗退，仍戰至策旺阿拉布坦家，策旺阿拉布坦自騎馬出戰敗去，此空時小車凌端多布親領洛布藏舒努〔註946〕兄弟三人，帶土爾扈特一萬戶請阿禹齊王，我路上聞得拉藏汗之子噶爾丹丹津，自己亦帶七人，今因克哩業叛亂，我繞道行來，走十五日有餘，三濟、郭忙喇嘛〔註947〕等去時亦繞道走，馬死糧絕，步行饑餓，被追無處存身，困我在克哩業那邊，見查罕烏蘇向我告稱，克哩業回子伯克等，我們來時住克哩業五百兵一齊叛亂，繞道走，馬匹口糧完盡，步行而來等語。特固斯來時，策旺阿拉布坦寄信，責備車凌端多布說，此次你有五大不是，拏獲拉藏汗你殺之，一也，拉藏汗四次劫營，尚未生擒，二也，食達賴所賞之物，三也，擄害青海衆台吉等唐古忒西拉固爾，四也，至探取杜噶爾，五也，你有此五罪，來立五功，車凌端多布聞說，似來使尚不致不來，心怨不已。上年七月間車凌端多布令莫魯瑪齋桑、納斯喀拉巴圖爾、達爾扎三人爲首，六十五人並噶勒丹、沙拉、布賴蚌、扎什倫布等在四廟學經，由準噶爾送來三百喇嘛內品行卑污，退四十喇嘛作平民，共派一百五人，拉藏汗一千三百三十人，咨送策旺阿拉布坦，至阿里邊地方，阿里地方之康濟鼐來迎準噶爾之首領三人，各給衣服一件，備鞍馬一匹，下人等食筵，又送拉藏汗下人等，言你們往台吉去，仍如往拉藏汗去，好好盡力，給他們器械，你唐古忒派穀千兵咨送出邊，半路拉藏汗下人等叛亂，與他咨送兵會戰，準噶爾首領達爾扎那、拉巴洛布藏二人僅止敗去來藏，其餘準噶爾人皆殺害後，

〔註945〕《蒙古世系》表四十三作羅卜藏舒努、舒努達木巴巴朗。
〔註946〕《蒙古世系》表四十三作羅卜藏舒努。
〔註947〕此喇嘛爲哲蚌寺郭莽札倉之堪布喇嘛，非青海廣惠寺之敏珠爾呼圖克圖，亦非察罕丹津所奉祀之郭莽喇嘛甘肅拉卜楞寺第一世嘉木樣活佛阿旺宗哲。《東噶藏學大辭典　歷史人物類》上冊頁七○言此郭莽喇嘛爲巴圖爾洪台吉第七子，然年歲相差太大，應非此人。《如意寶樹史》頁七八五後表一載噶爾丹有一子名郭莽洛卜藏朋素克，然當噶爾丹之敗，噶爾丹之女尚爲清聖祖強索至京，噶爾丹之子似不可存於西藏，《康熙朝滿文硃批奏摺彙編》第三二三九號文檔《理藩院寄密旨與署理將軍事務額倫特之咨文》清聖祖言西地果莽喇嘛乃準噶爾人，爲車凌敦多布兄，當以此說爲確。

康濟鼐、車凌端多布等你們要戰，則我往岡底斯山去等候，不戰則我領兵往達木去戰，咨送使文五六次，車凌端多布等並無差報使者。先藍占巴車木伯爾言，我們康濟鼐不用兵，阿穆呼朗大君主聞，合青海致譏笑一定用兵。後托布齊言，我們去力單則不成，去力強則土伯特必叛，我們得何至於奪藏，言用兵不成則退。我來時準噶爾之霍朔特與土爾扈特一百餘人商定一同逃來，後我言惟有一馬，由外去則難，由巴爾喀木路還得馬匹，其言唐古忒等不可信，由此路去不成，由外去路，你指示我們趁勢尋去，我指告多勒倭洛木〔註948〕，得機會他們必隨來，由崇布色爾扎起行來。五月二十九日拉查布往崇布色爾扎取租居住達爾罕噶布楚車哩克圖溫追及差二人，貝子拉查布咨文內碩板多等城探信差人來稟告，由藏地方車凌端多布差十一人往喀木達他查問，今第巴阿爾布巴已報身死，又聞在逃，身死是實，送給屍身，在逃是實，必查拏解送，碩板多、洛隆宗首領二官言，台吉所交之事，何敢違背，聞說第巴阿爾布巴已死，如何嚴查得他身解，已死是實，答稱已解送屍身，差甚敬重，起行時他們領及百人送出城門，砍殺六人，拏獲五人，解送察木多，稟告領內兵大臣等此信，大將軍王應聞知行文知照，此文給貝子拉查布，他親來時稟知大將軍王所告之處，有言車凌端多布等往尋噶斯口去，臣即寫出此等情由，領兵住守德普特爾〔註949〕訥親王納爾蘇等，你們營哨屏藩堅固要緊形勢之處，遣人遠望，馬群勤防又防，勿稍懈怠，咨文外，賞給烏巴什車臣齋桑綢二疋，烏巴什車臣齋桑帶來宗綏齋桑、貝子拉查布所差阿旺達什綢各一疋，為此恭摺奏聞。

[191] 撫遠大將軍胤禎等請安摺（康熙五十九年六月二十九日）[1]-3520

臣胤禎等謹請皇父萬安。

臣等五月二十一日請安摺於六月二十六日到來。皇父旨，今年朕體甚愈了，先年戒冷食，今照常食之。京城週圍並無事，麥子普遍豐收，田禾長勢暢茂，雨水調順。欣聞此旨，謹思聞皇父保養聖體，甚是康健，今不戒冷食，照常食之。觀之聖體萬安，較前益加健壯，臣等確信之。況仰皇父之福，京城週圍無事，雨水調順，麥子豐收，田禾暢茂，臣等不勝歡忭。嗣後惟期皇父益加放寬聖心，愉快養身，叩祝佛天外，再無多奏言，為此繕摺謹奏。

〔註948〕即七渡口。
〔註949〕《欽定西域同文志》卷十四頁二十五載，得布特爾，蒙古語謂水草肥美之地。今青海省格爾木市烏圖美仁鄉一帶。

臣胤禛、弘曙、弘智、弘曦。

硃批，朕體安，八月初七日寒露，朕照常行之。前降旨既然已送，無庸覆書，惟爾等去處遙遠，朕時刻惦念，放心不下。再應戒應敬等事，爾等乃抵達之人，較在宮言談之人，加倍強也，黽勉。

[192] 分催各路兵馬迅速前進摺（康熙五十九年六月二十九日）
[2]-《卷八》

奏為迅催各路兵馬事。

前經具奏臣親領入藏之兵，帶達賴喇嘛往木魯烏蘇去牧放馬匹，將軍延信留索羅木候青海兵到一同前往等因在案。今據將軍延信稟稱，延信於六月初七日行至索羅木之霍多都地方，青海親王羅布藏丹津、郡王察罕丹津、貝子丹鍾、拉查布、公阿拉布坦扎木蘇〔註950〕、台吉嘎爾丹代青〔註951〕等親身來到，左盟長貝勒額爾德呢額爾克托克托奈，阿拉布坦溫布〔註952〕，貝子巴勒珠爾阿拉布坦，洛布臧達爾扎等貝勒貝子公台吉等兵，仍尚未到，當即行文與額爾德尼額爾克托克托奈等，你們王貝勒貝子台吉等會盟，各鈐印具奏在案，青海總台吉等各領有數兵，於五月十五日各由家起程，六月十五日皆集索羅木會盟，各減派有數兵台吉等，藉端不去，兵以己為軍旅，以牲畜為獸，具奏等因，你我親兵至今未來，大約六月十五日斷不可過，此文到交你，我們兵強馬壯，即速趕來，貝勒貝子公台吉等親領少數人，連夜必赴十五日之約，令日內來到，所關軍機之事要緊，不可耽悞，如悞必告之大將軍王，治以重罪，咨行在案。四月十九日右盟長台吉吹拉克諾木齊、貝勒色布特扎爾〔註953〕來云，兵二三日內全到，即會盟，兵編三路起行，我親領王貝勒貝子公台吉等，即速趕去外，左台吉親兵至今仍尚未到，臣伏思前將軍噶爾弼等我們兵於七月底八月初間大約到藏，現青海兵仍尚未到，候青海兵一齊征進，你們兵探聽我們兵約計齊到候行，行文將軍噶爾弼、都統烏格，今將軍

〔註950〕《蒙古世系》表三十九作阿喇布坦札木素，顧實汗圖魯拜琥第五子伊勒都齊曾孫，父岱青巴圖爾，祖博碩克圖濟農。

〔註951〕《蒙古世系》表三十九作噶爾丹岱青諾爾布，貝勒達顏之弟。

〔註952〕原文作拉布坦溫布，今改為阿拉布坦溫布。顧實汗圖魯拜琥長子達顏鄂齊爾汗孫，《蒙古世系》表三十八失載。《如意寶樹史》頁七九〇後表一載其父羅布藏彭措貝勒，其名博碩特拉布坦旺波。

〔註953〕準噶爾部遊牧於青海者，《蒙古世系》表四十三作色布騰札勒，準噶爾部巴圖爾渾台吉孫，其父卓特巴巴特爾。

延信如候青海兵全到纔來，則進兵之日自誤，仰託皇父威福，必然定藏，惟日久則與四川雲南之兵違約，轉回之兵，又遇寒涼大雪，是以將軍延信、現親王羅布藏丹津、郡王察罕丹津、貝勒色布特扎爾、貝子拉查布、丹鍾、公阿拉布坦扎木蘇、台吉吹拉克諾木齊、嘎爾丹代青等來至索羅木，即速令先來木魯烏蘇，他們正兵各可信，著恃強壯兵力接連趕來，未到人等，咨行速來，令侍讀學士常壽於滿洲兵內酌留等候，俟來到送往木魯烏蘇，盟長要緊，大人全到，常壽即起行來，咨行小台吉等，無庸等候，又領左台吉等行走。員外郎巴爾扎，別路章京領各隊王貝勒貝子公台吉等早到索羅木，你本路貝勒台吉等並不迅速，延遲過期未到，六月初三日纔報由烏蘭木棱起行，糊塗庸劣，甚不得力，此文行到，你路貝勒貝子公台吉等，帶領少數人速行趕來，如又遲久則治你重罪，亦咨行在案。將軍延信、親王羅布藏丹津等來至木魯烏蘇，現青海王貝勒貝子公台吉等領他們兵，同將軍延信咨行入藏，無庸追趕，後到之貝勒貝子公台吉等，或在木魯烏蘇探住，或在德布特爾、拜都地方防住，辦理咨行之處，咨行時另行奏聞，為此恭摺奏聞。

[193] 請將珠馬山等補陞侍衛摺（康熙五十九年六月二十九日）
[2]-《卷八》

奏為請將珠瑪山等補陞侍衛事。

臣出口時蒙皇父體恤，給與侍從侍衛，藍翎珠瑪山與護軍參領阿爾思〔註954〕所編前站，看視水草，頗著勤勞，至巴彥喀拉相近處所拏獲車凌端多布等差探信息之班禪屬下商人溫布洛布臧達爾濟等四人，又前鋒米挑、鳥槍護軍西達色亦著勤勞，上年索羅木等處去追賊時，西達色在八旗之首，奮勇前進，臣聞知在行走時，留心察看，誠然勤勞，米挑於今年出口到那拉薩拉〔註955〕週圍地方，拏獲由柴達木地方逃出三逃人，珠瑪山、西達色、米挑皆立有勞績，臣擬將已故三等侍衛杜爾塔出缺，補放藍翎珠瑪山，藍翎額珠、達拉迪喀出缺，補放護軍西達色、米挑，惟侍衛藍翎皆隨侍皇父之人，臣不敢擅放，為此恭摺謹奏請旨。

〔註954〕此人後陞任蒙古正紅旗副都統，即《欽定八旗通志》卷三百二十四載蒙古正紅旗副都統阿拉納。

〔註955〕即日月山，《西藏志》頁一九九載納拉撒拉圖即日月山。《定藏紀程》（《川藏遊蹤彙編》頁二十一）載日月山，達名那拉薩拉，此一嶺北邊嶺口土黃色，南邊嶺口土紅色，所以名日月山。

[194] 派赴西藏探信喇嘛索諾木丹津等帶回藏信摺（康熙五十九年六月二十九日）[2]-《卷八》

奏爲派出喇嘛帶回藏信事。

臣於本年三月間將土司楊汝松、魯華林〔註956〕屬下派出六人，令喇嘛索諾木丹津、藍占巴丹津扎克巴爲首，差探藏信，曾經具奏在案，六月二十五日平逆將軍延信報稱，六月十九日提督馬俊〔註957〕差伊屬下把總馬華往藏探信，送來土司楊汝松屬下喇嘛索諾木丹津，魯華林屬下喇嘛藍占巴丹津扎克巴等六人。問得索諾木丹津、藍占巴丹津扎克巴等，你們何日至藏，何日起行來，準噶爾賊車凌端多布等現在何處，兵數共多少，由何處放哨，聖主封呼畢勒罕爲達賴喇嘛，大將軍王親領內地大兵並青海台吉等兵送達賴喇嘛往西藏坐牀，唐古忒人等聞知有何話說，準噶爾賊聞知有何動作，小車凌端多布領兵來藏否，阿里、喀齊人等與準噶爾賊相攻，攔截準噶爾逃回道路確否，此外你們聞知所有信息，盡皆告知。據稱大將軍王交派，令於三月初二日由西寧起行，是月二十四日由查罕哈達地方渡木魯烏蘇河，走十日至克哩業地方唐古忒端多布那木扎拉家內，將隨我們去之四喇嘛及馬匹牲畜皆留於彼，我們二人作爲遊行喇嘛入藏，四月二十九日到藏，破爛衣服，遊行喇嘛，凡到之處，皆不放我們入，我們沿路同乞人一樣，探取準噶爾信息，準噶爾賊每月領四千餘兵口糧，車凌端多布惟領三百名住藏，餘兵皆在楊八井、達木、博樂、布哈、忙奈、喀拉烏蘇等處居住，牧放馬匹。車木伯爾、托布齊常往各處去查，又在藏內選派三百兵，說在木魯烏蘇地方住哨。三濟去住原來地方，小車凌端多布領兵來藏不確。再近日藏地來三十餘商人，帶有布拉嘎濟爾皮、狐狸皮，此商人或由策旺阿拉布坦地方來，或由他處來，不知底細。上年秋有準噶爾六十人，將他們擄得的婦孺錢財等物送往他們原處，行至阿里地方，皆被搶，準噶爾人等被殺，惟逃出二人回來，車凌端多布等欲遣兵去報復，後來他們商量說，阿里是我們回去之路，今何必遣兵，我們回去時，搶所住人等以爲口糧，因此未遣兵。此次大將軍王親領內地大兵，青海台吉等親領兵送達賴喇嘛，又由四川雲南各進大兵，聞各唐古忒等互相言說，如果送達賴喇嘛來大兵，我們復得重見日月，感受聖主恩施，本道安生，各合

〔註956〕《平定準噶爾方略》卷五頁二十八作陸華齡，應爲魯華齡，土司衙門在甘肅省永登縣連城鎮。

〔註957〕《平定準噶爾方略》卷七頁十九作提督馬見伯，爲固原提督。

掌叩頭。準噶爾人等他們互相言說，今送達賴喇嘛住西藏坐牀，前來征伐，我們兵少力薄，我們尙可承當，今由多路來大兵，我們如何能當，我們惟搶阿里、喀齊爲口糧，逃回外，無別法，此外再無聞知信息。五月初一日由藏起行，躲避大路，順山路經過碑崩巴罕唐古忒，回至克哩業地方，唐古忒端多布那木扎拉家內，將我們所留之人及牲畜領回，來至玉舒盟唐古忒地方，由杜旺蘇爾渡口赴木魯烏蘇等語。是以將索諾木丹津等口糧羊支茶麪全交把總馬華送去，是月二十八日把總馬華等解送索諾木丹津、藍占巴丹津扎克巴等六人前來，臣問得索諾木丹津、藍占巴丹津扎克巴等，你們親身至藏，想已聞得一切信息，現班禪額爾德尼在何處，車凌端多布等敬重如何，此時由策旺阿拉布坦處來使者否，你們聞知信息，全行告知。又據稱，聞得班禪額爾德尼仍駐扎什倫布，準噶爾人等仍然敬重，由策旺阿拉布坦處久未來使，此外並無所聞。是以臣賞給爲首之索諾木丹津、藍占巴丹津扎克巴綢各二疋，隨去四人每人綢各一疋，送回原處，爲此恭摺奏聞。

[195] 蒙賞茶壺謝恩摺（康熙五十九年七月初四日）[2]-《卷九》

奏爲叩謝天恩事。

六月三十日准理藩院筆帖式僧圖咨送皇父賞給各樣茶壺，望闕叩謝天恩祇領。臣自西來皇父賞給無數食用之物，今臣出口，又賞賜各樣茶壺，再行叩謝天恩。再平逆將軍延信稟稱，送來敕書，內閣中書劉格等蒙聖主賞給各樣茶壺，延信敬謹望闕叩謝天恩祇領，並云水開少放，即得茶味，一點不變，甚靈，因此敬謹存貯，至無茶處與官兵共飲，叩謝天恩之處，請代轉奏等語，爲此恭摺謹奏具聞。

[196] 代達賴喇嘛遵旨派兵輔助摺（康熙五十九年七月初四日）
[2]-《卷九》

奏爲代奏事。

六月三十日土官呼圖克圖〔註958〕、嘎布楚洛布臧祖拉齊木〔註959〕等稟請

〔註958〕指第二世土觀活佛羅桑卻吉嘉措，今青海省互助縣東山鄉人，康熙十三年至康熙五十一年任佑寧寺第二十四任法臺，卸職後被清聖祖召入北京，封爲掌印喇嘛，康熙五十九年奉命護送七世達賴喇嘛入藏坐牀，回北京後被清世宗封爲靜修禪師，成爲清代駐京呼圖克圖。

〔註959〕第一五五號文檔作達喇嘛洛普藏札勒車木噶木楚、洛普藏札勒車木噶普楚。據《安多政教史》頁四十八註釋文載此人藏名全稱爲賽科巴達喇嘛噶居瓦羅桑程勒，賽科巴爲青海廣惠寺僧，達喇嘛爲喇嘛職銜之一，噶居巴係學位名。

轉奏事，我們二人來時奉上諭，你們到達賴喇嘛處，護送大兵甚多，你當輔助，現有衆倭克哩格君主等執有多物，到西藏後，一切物件全行自有，欽此欽遵在案。傳旨後達賴喇嘛跪奏，滿洲大皇帝明鑒，佛徒衆生太平安康，小喇嘛金印冊封，恩施無窮，理宜照聖主降旨爲大兵盡力輔助，惟現青海唐古忒人等仍尚未至，我親蒙聖主鴻恩，恃大兵威力，我到藏後謹遵聖旨，以答聖恩，兵丁等盡力輔佐，請聖主安，恭遞哈達，一併交土官呼圖克圖等送來、筆帖式僧圖，謹具奏聞。

[197] 撫遠大將軍胤禛轉奏總兵官請賞孔雀翎摺（康熙五十九年七月初十日）[1]-3523

臣胤禛謹奏，爲奏聞事。

川北總兵官王雲吉〔註960〕跪稱，卑職原一下等丁，蒙皇帝施恩，舉用至總兵官，正爲不能報答憂愧之際，奉旨令奴才進藏征戰，實符奴才原意，得以効力之路。除奴才所思之外，甚覺榮耀，惟進藏提督、總兵官等均佩帶孔雀翎，奴才雖低下庸弱之人，惟賴聖主之恩，亦在督軍之銜上行走，若賞奴才孔雀翎佩戴，奴才益加榮貴，伏祈代職轉奏等因懇請，爲此謹具奏聞。

硃批，賞孔雀翎。

[198] 與青海王公會談進軍事宜摺（康熙五十九年七月初十日）[2]-《卷九》

奏爲與青海各王公會談進軍事。

臣前入藏之兵日久，因與四川雲南之兵違約，退回之兵遇寒涼大雪，是以將軍延信命親王羅布藏丹津、郡王察罕丹津、貝勒色布特扎爾、貝子拉查布、丹鍾、公阿拉布坦扎木蘇、台吉吹拉克諾木齊等至索羅木，領先來到木魯烏蘇，其他繼續趕來。將軍延信親領親王羅布藏丹津等亦來至木魯烏蘇，現有青海王貝勒貝子公台吉等，或住木魯烏蘇或住防德布特爾、拜都等處，七月初九日將軍延信領青海親王羅布藏丹津、郡王察罕丹津、貝子拉查布、丹鍾、公端多布達什〔註961〕、親王羅布藏丹津之額駙莫爾根諾彥〔註962〕等來至軍營，臣支搭帳房，派侍衛章京等引入，親王羅布藏丹津等彼此遞送哈達

〔註960〕據《清實錄》此人之名爲王允吉。

〔註961〕《蒙古世系》表三十七作惇多布達什，顧實汗圖魯拜琥第九子桑噶爾札之孫，其父塔薩博羅特。

〔註962〕待考。

問好，帳房下右邊鋪設坐褥皆坐，臣向他們詢問，你們兵全到否，羅布藏丹津等稟稱，我們親來至索羅木地方，我們略等候在邊兄弟們，在本月初一日大將軍王文到，我們各酌量領兵，即速同將軍來，其餘兵皆餵養馬匹隨後就到等語。臣又問我們原來至木魯烏蘇由三路去，在土胡爾托洛海地方會進等語，今我親自先來至木魯烏蘇，我們滿洲兵是月十五日全皆渡河完畢，你們兵亦各渡河，當暫在何處，如何放哨，馬匹如何牧放，如何禦賊之處，你們當共同商議後，俟人等皆到，我必令陸續渡河追趕等語。羅布藏丹津等言，先聖主再三降旨，稱黃教係你祖所立之道，你們理宜一心勤奮，今大將軍王又加訓教，感人心肺，自不惜命，勤奮從事，惟我們眾兄弟們來到一同進兵，謹遵大將軍王指示而行。臣又云我們四川兵拏獲準噶爾之托克托等三人，現博爾盟長拏獲準噶爾二人，詢知準噶爾兵僅二千八百等語。你們青海兵現到有六千，我兵、額駙阿保兵、扎薩克兵、察哈爾兵、綠旗兵共同大力進殲賊人，並無難處，惟黃教你們祖所立之道，你們因家事，令你們在前，你們應雪恥為榮，為黃教勤奮，將軍領大兵繼續而行，遇賊如力能殺除，即由爾等進討，若敵力強大，則行稟告，我們即派大兵殲殺，諒公策旺諾爾布，喀拉凱〔註963〕人早已知道，將軍等親同你們一處前進，同心協力，於事有益，你們若有所知，及時告知，行動聽將軍指揮，就如我親加指揮一樣，你們果有勤奮前進之人，必聲明具奏，若有退縮，按你祖所定之法，斷不容情。眾跪稟稱，我們愚意，原想俟兄弟們齊進，更壯聲勢，今大將軍王如此開導，謹遵指示等語。臣又稱，他們分散野地，我先到，你纔到，先渡河，早晚來聚集，你們喫飯後，共商先行十日之辦法，請親王羅布藏丹津等喫飯，我們兵青海兵皆令渡河，俟其起行，再行具奏，為此恭摺謹具奏聞。

[199] 查詢逃出藏員情形摺（康熙五十九年七月初十日）[2]-《卷九》

奏為查詢逃出藏員事。

七月初二日總兵官李林差買禹舒盟牛羊把總梁富隆來稟稱，我由木魯烏蘇渡庫庫頤渡口，至查拉恰，遇見第巴阿爾布巴尋來唐古忒扎什、拉旺、巴特瑪陳勒、丹怎〔註964〕等四人，我問扎什、拉旺、巴特瑪陳勒、丹怎你們何處人，由何處來，往那裏去，來此何故。拉旺告稱我們皆第巴阿爾布巴人，

〔註963〕常寫作喀爾喀，即清時期漠北蒙古四部。
〔註964〕此句話之意為此四人尋找阿爾布巴而來。

第巴阿爾布巴在藏，我隨來藏，車凌端多布交派第巴阿爾布巴說，由四川路來內兵，你領得唐古特兵三百去喀木等處，繼令托克托齋桑領派本厄魯特兵六十，繼續送你們去，可攻則攻，力強不可攻則陸續報我等語。是以第巴阿爾布巴領三百唐古忒兵，三月二十日由藏起行，遇達賴喇嘛唐古忒阿旺洛布臧拉木扎木巴，問其去處，第巴阿爾布巴言，看你們此來木魯烏蘇〔註965〕，大將軍王、達賴喇嘛親來甚確，我在此聲稱已死，隨你們一齊走出，從達賴喇嘛之阿旺洛布臧拉木扎木巴來請大將軍王安〔註966〕，拉旺令準噶爾車凌端多布知其身已死，送我咨文，走三日至藏〔註967〕，拉什則巴〔註968〕陸續往辦事魯木布柰去，給我送來文書，魯木布柰文書令扎什則巴閱看，他們二人帶去車凌端多布閱看，伊言我派親探藏二代琫被兵亂殺害，今第巴阿爾布巴又死，此乃凶兆非吉祥。他們探信在藏住二十餘日，聞眾唐古忒言，大將軍王親與青海台吉等領無數大兵來送達賴喇嘛等語，如此我們藏地眾生，復見青天，準噶爾人等如何能存，歡稱仰託滿洲聖主天威，準噶爾賊必破膽敗去，又聞他們馬騾牛口糧等項，大半皆存放在通額哩諾爾〔註969〕等語。拉什〔註970〕稟稱，車凌端多布差第巴阿爾布巴去迎四川路來內兵馬，我正在藏貿易，拉旺將第巴阿爾布巴身死之處，去告知車凌端多布，我四月二十九日由藏起行，來恭布，魯木布柰告我準噶爾派六十人送拉藏屬六百口往伊犁去，阿里地方康濟鼐領伊屬下殺準噶爾五十八人，僅二人逃出，此告知車凌端多布，車凌端多布即向康濟鼐遣使，你們殺我們五十餘人，此讐我今且不言，我回去時搶你們口糧等語。康濟鼐答言，你所行之事，罪大惡極，滿洲聖主知達賴喇嘛，令你兵預備妥協，你來至此，我領兵請你去，向我告知，看準噶爾以下人等情形，前年不如去年，道路行走，皆有憂色。又聞車凌端多布與拉木扎木巴車木伯爾、托克齊〔註971〕等，我們兵內派三百名，由察木多路

〔註965〕原文作木魯，今改正爲木魯烏蘇。
〔註966〕此處補安字。
〔註967〕此句意爲，爲使策凌敦多布相信阿爾布巴已死，故派扎什、拉旺去送阿爾布巴已死之信於策凌敦多布。
〔註968〕本書第七十三號文檔作第巴札西匜巴，第九十四號文檔作扎什則巴，第一〇五號文檔作噶隆扎什澤巴，第一八二號文檔作噶隆拉什咱克巴。
〔註969〕《大清一統志》（嘉慶）卷五百四十七載名騰格里池，蒙古語騰格里諾爾，騰格里蒙語天之意，水色如天青也，諾爾即湖之意，今西藏納木錯。
〔註970〕本文檔前文作扎什。
〔註971〕《平定準噶爾方略》卷四頁十八作托卜齊。

來迎滿洲兵，其餘同領兵住達木、喀拉烏蘇地方，聞阿穆呼朗王來大兵之信，托布齊之言，聞阿穆呼朗王之子大將軍王領無數大兵來送達賴喇嘛等語，我們兵少，今阿里咨送三百兵，又由察木多路咨送三百兵，其餘兵住喀拉烏蘇等處，力尤單薄，阿里盟咨送之兵，聞唐古忒之言，五月二十九日至洛隆宗城，差薩木達爾柰，在藏遇端多布那木札爾告知我們，車凌端多布親自於五月初九日，托布齊齋桑〔註972〕交令一百兵住藏，老病人一個不留，行李包裹全行收取來達木地方，我們親自在藏，唐古忒等在布賴蚌廟相近殺準噶爾一厄魯特，又在色拉廟相近殺二厄魯特時，查殺他厄魯特人未得，於是車凌端多布等甚疑我們唐古忒，準噶爾人凡所行之處，皆持器械行走，在布達拉城北放牧，準噶爾牧群內一騾一馬無舌，此乃怪事，車凌端多布知道，疑是唐古忒人等割取，唐古忒人等言，我們割則流血，割處顯然可識，以唐古忒之例，此大凶兆。滿洲佛聖主之子將軍王咨遣大兵送達賴喇嘛，必免準噶爾屠殺，歡稱我們眾唐古忒安樂吉兆等語。巴特瑪陳勒、丹怎告稱，我們二人未去藏，由恭布叩謁達賴喇嘛〔註973〕，令扎什等隨來，不知其他信息等語。又問扎什等你們皆久住藏，拉什則巴與魯木布柰極熟識之人，聲稱第巴阿爾布巴他已身死，差拉旺送文與他們，拉什則巴、魯木布柰等告拉旺等報答何言，聞準噶爾小車凌端多布來藏否，你們二人由藏來時，從何路來，經何處走，見準噶爾人否，就你們所知告知。拉旺告稱，魯木布柰告我之言，你來第巴阿爾布巴之故，拉什則巴我們二人皆知道我們意向，第巴阿爾布巴聞大將軍王親送達賴喇嘛來，他即身死，在眾聲明，請大將軍王去甚是，我們眾皆有福，此事所關甚大，共商寄信不成，若洩漏，皆致殺戮，惟事速便好，大將軍王與青海台吉等領無數大兵來送達賴喇嘛，相近告我，亦謀一處。聲言小車凌端多布來，此事竟假。扎什我們二人由藏起行，過固木布巴拉嶺，順扎木達城緊八日，第巴阿爾布巴先遣我在藏聲稱已死，告知車凌端多布，回來時順我家向我妻子別告實情，惟我兄暗告實情，我與扎什一同由藏回來，我兄旺扎告知此情，旺扎言我弟始而有此意，大將軍王去送達賴喇嘛，從此他們便無好事，我甚喜悅，惟速來纔好，你們去告我弟，我不給你們書信，用我紅色氈毽，你給印戳記，我此來非我們本意〔註974〕。告第巴阿爾布巴妻，

〔註972〕原文作托布齊桑，今改正爲托布齊齋桑。
〔註973〕即七世達賴喇嘛羅布藏噶勒藏佳木磋。
〔註974〕此句意爲聽準噶爾之調遣非其本意。

你夫身故，聘請喇嘛念經，買喀木之地，遣我順便尋第巴阿爾布巴來，此事我們恭布城長等皆不知，我由恭布起行，至洛隆宗，聞車凌端多布言，今第巴阿爾布巴已死，此缺不可不放人，放伊子第巴等語。又問扎什等，第巴阿爾布巴已死，恭布城長等衆皆何說，再木魯烏蘇河之禹舒等盟唐古忒，順便聞準噶爾賊在唐古忒地方隱居否。扎什、拉旺等告稱，看車凌端多布情形，疑思第巴阿爾布巴身死之處，由他屬無虛言，我們恭布城長等並衆心，我們主達賴喇嘛故，而第巴阿爾布巴又故，然準噶爾賊向我們無不取之物，似極憂慮，果說大將軍王送達賴喇嘛來，大兵必各出力。五月初九日由恭布起行走，十四日至碩板多，準噶爾領六十人來，托克托齋桑，衆人落後，惟領八人先來，探取洛隆宗城信息，聞碩板多城色木巴柰告知洛隆宗城薩木達爾柰，薩木達爾柰刻即遣人告知住察木多大臣等，咨送三十漢兵，碩板多之色木巴柰、洛隆宗之薩木達爾柰等，親領百餘唐古忒，夜半去索忙地方，至晚準噶爾人等搶劫回營之處，九人內殺六人，托克托親又拏獲二人〔註975〕，已殺人之頭手割下，用馬馱來，我眼見解送住察木多領兵大臣，色木布柰等是夜忽然去劫托克托，並二人身上皆無衣褲逃出，牛胡純在樹林隱藏，搜出拏獲，托克托齋桑身量矮小而瘦，鬚黃，我們去察木多來時途中見托克托人等，他們言托克托等解送察木多彼處大臣，著實賞我們等語。六月二十五日青海貝勒畢賀達彥〔註976〕屬住木魯烏蘇河邊唐古忒長至博爾峽台吉〔註977〕地方安營，貝勒畢賀達彥夫晉等遣取租賦，見車臣拉木扎木巴向我告知，由藏至木魯烏蘇差探信息，準噶爾忽來十一人，不知名姓，取我們馬群，追去殺四人，拏獲二人，五人敗出，拏獲二人現在此處看守，送往你們大將軍王處，解送拏獲二賊，你們告知即至，未見此二賊，七月初八日博爾峽台吉解至拏獲準噶爾二賊，所問之言另摺奏聞外。本月初五日定邊將軍噶爾弼〔註978〕稟稱，洛隆宗地方領取馬匹，遣守要緊橋樑，準噶爾賊，副將耀鍾琪〔註979〕咨送三十餘兵，頭目托克托人，拏獲隨從四人，殺六人等語〔註980〕。前所聞信息皆確，仰託皇父威福，我們所進大兵，車凌端多布等或隨來，或敗走，得此喜信，是以賞給

〔註975〕此句之意爲又親自拏獲托克托之二人。
〔註976〕《蒙古世系》表三十七作達顏，顧實汗圖魯拜琥第六子多爾濟之孫，父薩楚墨爾根台吉。
〔註977〕原文作台濟，今改正爲台吉。
〔註978〕《平定準噶爾方略》卷七頁十八作定西將軍噶爾弼。
〔註979〕《平定準噶爾方略》卷六頁二十二作副將岳鍾琪。
〔註980〕此句之意爲，拏獲托克托及其隨從四人，殺其隨從六人。

拉旺、扎什大綢各一疋，銀各十兩，丹怎、巴特瑪車楞〔註981〕銀各五兩，交隨
來第巴阿爾布巴，再拉旺、扎什取來七封信，洛隆宗城官薩木達爾奈，巴城米
哩喇嘛、哩倭齊喇嘛〔註982〕，西拉郭爾盟南欽信四封，皆第巴阿爾布巴問好書
信〔註983〕，未繙譯，住察木多地方喇嘛阿拉木巴〔註984〕，洛隆宗城官扎什博
魯，碩板多城官章爵特巴等，第巴阿爾布巴繙譯三封信，一併繕摺謹具奏聞。

[200] 碩般多城官寄信第巴阿爾布巴稟告藏情（康熙五十九年七月初十日）[2]-《卷九》

碩板多城官章爵特巴向第巴阿爾布巴問好，聞達賴喇嘛之西藏部下拏獲
準噶爾九人，全行殺害，今與準噶爾甚是反目，準噶爾來大力軍，則不可住
我們城中，必去尋達賴喇嘛等語〔註985〕。

[201] 洛隆宗城官寄信第巴阿爾布巴稟告藏情（康熙五十九年七月初十日）[2]-《卷九》

洛隆宗城官扎什伯魯向第巴阿爾布巴寄信問好，凡詳言皆在你二人〔註986〕，
你為家母慮，你子缺放代捧〔註987〕，咨送喀木，我與準噶爾為惡，準噶爾來
大力軍則去尋達賴喇嘛等語。

[202] 察木多地方官寄信阿爾布巴稟告藏情（康熙五十九年七月初十日）[2]-《卷九》

住察木多地方阿拉木巴寄信問第巴阿爾布巴好，鍾大老爺〔註988〕，準

〔註981〕本文檔前文作巴特瑪陳勒。
〔註982〕《番僧源流考 西藏宗教源流》頁九十一載，白教熱沃仔揚貢寺（即類烏齊寺）帕曲呼畢勒罕第一輩阿旺札巴稱勒，雍正元年支應進藏官兵烏拉出力，賞加諾們罕名號，給予印信敕書及御書匾額，年三十五歲圓寂。即類烏齊寺主喇嘛。其之受封經過見《年羹堯滿漢奏摺譯編》漢譯滿文奏摺第十九、第一〇四號文檔。
〔註983〕此句之意為皆為向阿爾布巴問好書信。
〔註984〕《番僧源流考 西藏宗教源流》頁八十五載，黃教察木多帕克巴拉第六輩濟克美丹貝甲錯，康熙五十八年支應進藏官兵烏拉出力，賞加講衍黃法額爾德尼諾們罕名號，並頒給敕書銅印，年四十一歲圓寂。
〔註985〕此句之意為，準噶爾若大股來，則我們不可住於碩板多城，將去投奔七世達賴喇嘛。
〔註986〕此句之意為凡詳告你之言，皆由你處來之二人詳記。
〔註987〕此句之意為，你聲稱已死，你死後戴捧之缺準噶爾放你子補之。
〔註988〕疑指岳鍾琪。

噶爾之托克托等八人，在蘇爾門地方，由二千兵內選三十人，我嘎扎爾齊拉麼達宗、洛隆宗、碩板多此三城官等各皆一心，五月二十一日天黑時，一併走去，托克托知覺，動手殺六人，拏一活人，托克托逃去。後碩板多、達爾宗城兵追去，又拏獲，以前托克托由拉這廟準噶爾一人，商上〔註989〕之二人遣藏回來，後亦在拉這廟地方拏獲，準噶爾之托克托等三人，商上〔註990〕之二人，並殺害六人，手頭送管兵大臣等，漢兵四千滿洲兵五百皆至察木多，聞章老爺、薩老爺領五百兵駐守三城，早晚亦來，至第巴你妻子家計，我們三人言勤加防守，你別憂心，互言察木多三城人等，令你隱去，如此我設法與〔註991〕你二兄寄信，你家亦寄信，想恭布倡首人等甚和，你家計斷然無妨，西藏一切信息，與你二人〔註992〕所言無異等語。

[203] 拏獲準噶爾賊人詢供情況摺（康熙五十九年七月初十日）
[2]-《卷九》

奏爲拏獲準噶爾人取得供辭事。

前臣貝勒畢賀達彥屬博爾峽台吉拏獲準噶爾三人查訊明白，於七月初八日據博爾峽台吉送到拏獲準噶爾二賊審訊，你們何名，何處人，何月何日出藏，爲何事來，如何被獲，一一供稟。據云我名碑克，土爾扈特人，此人名那木扎爾，土爾博特〔註993〕人，三月二十八日由藏起行，時車凌端多布令〔註994〕額斯特克人爲頭目，三十人爲副，令在諾莫歡烏巴什地方住哨，到諾莫歡烏巴什後派遣十五人往木魯烏蘇、庫庫顋等處，囑有來使來兵，即行速報。至諾莫歡烏巴什，令哈達齊哈什哈爲頭目，我們十五人爲副，五月初七日至庫庫顋色欽〔註995〕之特門胡珠，遇一步行唐古忒人拏獲，訊問，告稱此相近唐古忒等有牧群，登高遠看，有黑色牧群甚多，是以往牧群趕去二十餘馬，不識路，有峰石入幽谷，馬不能走乃步行，忽由後喊欽遵，衆唐古忒等趕來，放槍齊射，拏獲我們三人，聞殺四人，餘皆敗逃，將我們三人捆縛分別看守，由庫庫顋遷移時，準噶爾之西達爾人逃跑。又詢由諾莫歡烏巴什放

〔註989〕原文作商，今改爲商上，商上清代文獻指達賴喇嘛管理庫藏及財政收支之機構，主管曰商卓特巴。
〔註990〕原文作商，今改爲商上。
〔註991〕此處補與字。
〔註992〕此處補人字。
〔註993〕即土爾扈特。
〔註994〕此處補令字。
〔註995〕色欽爲蒙古語河源之意，庫庫顋色欽即庫庫賽河源。

哨外，何處放哨，共多少哨，每哨多少人，共有多少兵，車凌端多布、托布
齊、拉木扎木巴車木伯爾皆在一處抑或分住，你們前來〔註996〕庫庫顙等處咨
送人，有看守否，知道由喀木路進大兵，咨送迎兵否，喀木等處哨否，我們
親領大兵與青海台吉等兵來送達賴喇嘛，咨告你們否，車凌端多布等以下人
等皆有何說，你們皆久住藏之人，第巴達克冊、拉什則巴、魯木布奈各唐古
忒情形如何，聞車凌端多布患病確否，再策旺阿拉布坦差特固斯人責車凌端
多布等所行五不是何故。碑克、那木扎爾同稱，攔阻拜都路之嘎拉圖哈布查
海地方，車凌端多布令三十人住一哨，哈拉詹胡查地方拉木扎木巴車木伯爾
令三十人住一哨，胡廬孫蘇伯地方托布齊令三十人住一哨。我們來時車凌端
多布、托布齊、拉木扎木巴車木伯爾皆在藏，現住喀喇〔註997〕烏蘇兵不過二
千七八百人，時有更換，在藏之兵不知數目。以前庫庫顙地方並未遣人，我
們初次來此被獲，二三日前哈拉詹胡查地方住哨三十人內十人由拜都渡口渡
過，亦遇博爾峽台吉盟人等，彼此互攻，我們準噶爾人受傷，馬皆被搶去，
步行跳過河，始得逃命。再喀木地方口糧被取，仍遣人並未住哨，我們來之
前，擬定十一人附從，聞遣喀木地方，不知是否咨行。大將軍王親同青海王
台吉等共領大兵來送達賴喇嘛，竟未聞知，惟聞順喀木路來大兵，出青草，
由庫庫顙路來使，必咨送來大兵，即是此故，車凌端多布等傳於我們說，你
們各僅住，換小車凌端多布來，我們就回去。又聞仍順原路去，西藏首領人
等唐古忒等何說，並未聞知。我們眾兵皆聞阿穆呼朗王大兵，青海眾台吉等
兵將來，來則我們必敗，敗則我們得回去，在此眷戀什麼，又均說車凌端多
布生氣，得了腫病，在藏由腳面臃腫直至膝，去叩班禪，因地高，週身臉面
皆腫，顏色黑且青，後來因藏地窪，仍照常。再至特固斯，聽說車凌端多布
等你們彼此不和睦，你們行事亦不好，令拉木扎木巴車木伯爾言，托布齊食
藏之一切食物〔註998〕，彼此互告，誰是誰非，並未聞知。隨特固斯來一人飲
醉，大眾訴告我們亂出努克特地方，土爾扈特阿禹齊之女生洛布桑舒諾、舒
達瓦〔註999〕，嘎拉丹車凌〔註1000〕不睦要叛，策旺阿拉布坦聞知，拏獲圈禁，
哈薩克人來，我們一盟之人口皆被搶掠。又聞眾言住達木離藏遠，此外再無

〔註996〕此處補來字。

〔註997〕此處補喀喇二字。

〔註998〕原文作市物，今改為食物。

〔註999〕此女生二子，《蒙古世系》表四十三作羅卜藏舒努、舒努達木巴巴朗。

〔註1000〕策妄阿拉布坦長子，《蒙古世系》表四十三作噶爾丹策凌，繼其父為準噶爾
汗。

別言等語。又訊車凌端多布、托布齊、拉木扎木巴車木伯爾等看班禪如何顏色，聞車凌端多布取藏，拉藏屬戮六百兵，向伊犁解送千餘口，住阿里地方康濟鼐領兵殺準噶爾人，搶奪拉藏屬人確否，你們留克哩業五百兵，彼處回子皆叛確否，小車凌端多布來換你們，問何日起行，何日到，特固斯來，三濟路遇否，你們頭目雖有馬，下人等有馬否，你們回去時，帶幾月口糧，你們兵每月所給糧仍如來時，按時不悮接濟否，遲慢推諉否，你們由藏來木魯烏蘇，沿路雨水草地如何。據供車凌端多布、托克托齊〔註1001〕、拉木扎木巴車木伯爾等仍更換去叩班禪，聽說敬重，不知真假，並未見顏色，先我們台吉在藏學經，咨送三百人為喇嘛，此內四十人毀薩欽為平民。我們準噶爾派六十兵共為百人，拉藏所屬人不知數目，解送伊犁，住阿里地方康濟鼐領兵殺我們準噶爾九十餘人，拉藏人皆搶去，惟頭目去達爾濟人領三奴僕回藏來，車凌端多布極責達爾濟防守不慎，並未咨行出兵，即行完結。我們來時克哩業留四五百兵，我們一齊來藏，兵內多少〔註1002〕人等逃往此處去極多，未聞叛逆，一切事我們皆不敢隱瞞，切實未得所聞。聽說小車凌端多布上年夏起行，來到今年五月將我們換回去，至今竟無確信。特固斯向藏來時，見阿克蘇城三濟說問好，頭目等七八十十五不同，有馬，下人等有一二馬，一牛一馬人極多，惟說回去，口糧並未預備，惟催迫，禁止馬匹，再我們初來時給口糧四月一分，每人八兩銀，一整包一半包茶葉，或時酌給如來時，或時遲慢推諉。由藏以來，至諾莫歡烏巴什水草好，由諾莫歡烏巴什至庫庫顙，其間草一塊一塊生，不如彼處草好。又訊碑克等，以外你們若有所聞，不許隱瞞。皆供稱我們皆小兵，住達木、喀拉烏蘇地方，又在放哨等處換班，本年三月間出藏未久被獲，到此時一切實信，俱未得聞，我們身被擒獲，果有聞知，何敢隱瞞，我們準噶爾人等要來請阿穆呼朗王安〔註1003〕之人極多，惟路遠不知地方，彼此疑惑，不敢相約，大兵相近，想陸續隨來人多，當時問則說不錯，博爾峽台吉不得來，遣伊子喇嘛綽爾濟解準噶爾二賊，賞給博爾峽台吉表揚袍褂一件，銀五十兩，伊子博爾喇嘛綽爾濟綢二疋，銀三十兩咨回外，準噶爾賊碑克、那木扎爾交二等侍衛和達色〔註1004〕，理藩院領催多來於七月初十日起行，押往京城，為此恭摺謹奏聞。

〔註1001〕 《平定準噶爾方略》卷四頁十八作托卜齊。
〔註1002〕 原文作多歹，今改為多少。
〔註1003〕 此處補安字。
〔註1004〕 第九十五號文檔作黑達色。

[204] 撫遠大將軍胤禎等請安摺（康熙五十九年七月初十日）[1]-3524

臣胤禎等謹請皇父萬安。

臣等六月初七日請安摺於七月初九日到。奉諭批，朕體安，氣色甚好等情，獲聞，臣等甚喜悅，為此具摺謹奏。

大將軍王臣胤禎。

平王臣訥爾蘇。

前鋒統領臣弘曙、臣弘智、臣弘曦。

公臣嫩托和。

公臣奎惠。

平逆將軍臣延信。

喀爾喀多羅郡王和碩額駙臣敦多布多爾濟。

厄魯特多羅貝勒和碩額駙臣阿保。

公臣策旺諾爾布。

都統臣宗室楚宗、宗室海山、宗室普奇。

都統臣穆森。

都統臣汪古利。

西安將軍臣宗札布。

閒散大臣伯臣欽拜。

閒散大臣臣拉忻。

護軍統領臣五十八。

副都統臣阿林保。

副都統臣宗室赫世亨。

副都統臣覺羅伊里布。

副都統臣薩爾禪。

副都統臣包色。

副都統臣壯圖。

副都統臣烏里布。

副都統臣長齡。

副都統臣徐國貴。

荊州副都統臣寧古利〔註1005〕。

兵部侍郎臣札克丹。

陝西巡撫臣噶什圖。

固原提督臣馬見伯。

山東總兵官臣李林。

川北總兵官臣王允吉〔註1006〕。

[205] 審訊準噶爾人藏內情況摺（康熙五十九年七月二十二日）
[2]-《卷九》

奏為審訊捕人事。

臣於七月二十日在木魯烏蘇河之庫庫頫渡口〔註1007〕扎筏看兵丁等渡河，先渡河那邊安營，由副都統寧烏哩〔註1008〕營地方，咨送由準噶爾隨來二厄魯特。審訊你們由何處來，何名，何處人，共幾人。據稱我名楚魯木，我們二人皆土爾扈特人，六月初七日車凌端多布令〔註1009〕丹津人為長，共三十人為副，令在二諾莫歡烏巴什之間住哨，八十日咨換，是月初七日為長來丹津，與我們二人，四人為副，令到阿克達木〔註1010〕地方探內兵來訊，前後咨限十三日，我們二日行至阿克達木地方，趕著六月十七日回去時，我們二人商議，我們騎好馬，趁空渡木魯烏蘇河至青海，定必將我們解送大君主前，博啓我與他們言說捕獸，一同騎馬起行，留楚魯木看守窩鋪，我們一齊去，四人過山坡，我即下馬，楚魯木後來六馬，阻擋進大路來，其四人亦未追，我們想在策旺阿拉布坦處竟無安逸之時，整年長在馬上，妻子不得見，規矩法嚴，何日出頭，一日不得安生，聞眾人言說，滿洲大皇帝正滿洲佛，普天下安生，我們此處蒙古等隨去人們皆榮貴，給產業，如養赤子，慈愛安逸，早已願降大皇帝，惟無良法，隱忍至今，現咨送我們放哨，得遂心願，行三夜半到第四日。又訊博啓等，車凌端多布、托布齊、拉木扎木巴車木伯爾等

〔註1005〕《欽定八旗通志》卷三百三十一作荊州副都統寧古禮。《平定準噶爾方略》卷五頁十三作副都統寧古禮。

〔註1006〕據《清實錄》此人之名為王允吉。

〔註1007〕《大清一統志》（嘉慶）卷五百四十七作巴漢苦苦賽爾渡，即小苦苦賽爾渡。

〔註1008〕《欽定八旗通志》卷三百三十一作荊州副都統寧古禮。《平定準噶爾方略》卷五頁十三作副都統寧古禮。

〔註1009〕此處補令字。

〔註1010〕阿克達木河，即今長江三源之一之當曲。

現在何處，準噶爾兵實數多少，兵丁馬如何，每人有多少口糧等物，由何日領取，兵丁穿用如何，在藏眾唐古忒等情形如何，由何處住哨，每哨多少人，聞阿哩地方康濟鼐殺你們準噶爾百人，康濟鼐領伊屬下兵阻擋車凌端多布回去之路，此事確否，再我親領無數大兵青海各台吉等兵送達賴喇嘛來，四川雲南等各處數萬兵，按路由將軍等帶領征入藏地，可知否。據稱我來時車凌端多布、拉木扎木巴車木伯爾領二千八百餘兵住達木地方，托布齊領百餘兵住藏，兵丁等馬匹牲口膘好，亦有膘瘦，頭目皆有十餘匹，兵丁三四匹不等，馬騾牛摻合。三月間每人給七兩銀，二人合三包茶葉，皆由唐古忒領，起初時唐古忒等照發極好，今不如前，兵丁等穿用缺少，靴衣不得，眾人怨說，看唐古忒情形，盼望大皇帝遣兵護送達賴喇嘛，準噶爾兵多不願意留此，如果大皇帝兵青海兵送達賴喇嘛至藏相近，唐古忒必叛，皆會捉拏我們，如此說法之人極多，車凌端多布等雖口說不出，亦有滿洲大皇帝之兵來則各自散去之意。再車凌端多布屬哨住拜都路之嘎拉圖哈布查愛地方，托布齊屬住二諾莫歡之間索克河邊，拉木扎木巴車木伯爾屬哨住哈拉詹胡查地方，想大兵必由此三路來，每哨各駐三十人，此外再無別哨。大將軍王親領大兵來，我下人等未聞，惟車凌端多布等本年五月間重載行李，皆遷移達木，聞大將軍王領大兵來，尚未定期，再聞由四川路來兵，克斯〔註 1011〕人七人迎探，得信速告，我們聞起行二日，咨行以前我們準噶爾托克托哩人〔註 1012〕，唐古忒二代琫隨從同行，由四川路探信，聞一代琫身死，又聞此代琫並未死，反拏獲托克托哩解送內兵，聞伊親隨去，不知真假。再拉藏屬人等戶口，車凌端多布派百人解送台吉〔註 1013〕，至阿哩地方康濟鼐誑與我們準噶爾馬匹口糧等物，忽出伏兵殺準噶爾人，惟頭目逃去，連西勒圖達爾扎人僅祇四人，恰恰敗入西藏，告知車凌端多布後，車凌端多布告第巴達克冊，因何故殺我們人，咨文康濟鼐未得覆文，聞我們準噶爾人等之言，阿哩地方康濟鼐業已反目，殺我們足彀百人，我們回去之路，必派兵攔阻，此路斷不可去，眾說紛紛，我們準噶爾人想，出家三四年，並無名利，何日得回本努克特，眾所指望說，惟大皇帝青海兵速來，則我們得回去等語。又訊博啓等，我們大兵到西藏相近，車凌端多布仍支持否，避去否，支持則何由支持，避去則由何路去，小

〔註 1011〕名克斯者七人。
〔註 1012〕第一八二號、一九八號、一九九號、二〇二號文檔均作托克托。
〔註 1013〕《平定準噶爾方略》卷一頁一作策妄阿喇布坦。

車凌端多布領兵來換確否。據稱我們準噶爾之言，大皇帝兵青海兵一齊來，不能抵擋必敗，雖敗去還，不得告，台吉之言，如果大兵來，則諾莫歡烏巴什週圍博克沙〔註1014〕等處去攔阻，偷竊〔註1015〕兵丁等馬牲口說再回去，此言不是出自車凌端多布、拉木扎木巴車木伯爾、托布齊等口，惟還詢問噶斯路，車凌端多布等敗回去，則不往別路，尋嘎斯路去。由上年冬令小車凌端多布更換，聲言至本年春，直至如今未來，此事虛假，恐由策旺阿拉布坦處忘記，遣派洛布藏以來一年餘，並未遣使等語。厄魯特博啓等告稱，他們回去，阿哩之康濟鼐必截斷去路，車凌端多布詢問嘎斯路，有必由嘎斯回去之言，臣即聲明情由領兵駐防德布特爾訥欽郡王納爾蘇等，你們軍營哨圍堅固要緊形勢之處，遠望馬群，勤守防範，勿少懈怠，咨行外。今正定西藏咨遣大兵，準噶爾哨兵博啓、楚魯木欲皇父仁化，篤且來從，準噶爾賊明知不久必亡，是以臣將隨來準噶爾之博啓、楚魯木賞給衣服，七月二十二日交員外郎通志〔註1016〕解送京城，為此恭摺謹具奏聞。

[206] 遵旨各路進軍事宜摺（康熙五十九年七月二十二日）[2]-《卷九》

奏為遵旨進軍事。

七月十七日議政大臣咨稱，康熙五十九年六月二十一日乾清門頭等侍衛拉什奉上諭，今大將軍王領大兵至倭端他拉〔註1017〕，早晚到木魯烏蘇，我們前差各處使者等將到西藏，準噶爾車凌端多布等見使者等，知我們大兵青海兵雲南四川各路出兵，聞喀木藏衛人等，大將軍王親送達賴喇嘛擴充黃教，第巴阿爾布巴隨來，土伯特人等皆在我們左右，他們均知道準噶爾兵僅二三千，回去之路阿哩、喀齊又被攔阻，車凌端多布等回路則地遠不能，到阿哩、喀齊，亦空被殺，在藏無對敵本事，左右困極，在大皇帝之子大將軍王前請路，不可預定，由嘎斯去，此亦萬難濟事，若事果如是，則恐大將軍王難以阻擋，對於軍事，不可不預防，如果車凌端多布至大將軍王前請路，則大將軍王可允其所請，給與歸路，令他們兵丁過去，告知我們兵不加攻犯，派兵將送你們過喀濟爾、德布特爾、嘎斯，若車凌端多布、車木伯爾、托布齊必

〔註1014〕 即博克河與沙克河，博克河待考，沙克河即今西藏下秋曲，怒江上游支流之一。

〔註1015〕 原文作偷看，今改為偷竊。

〔註1016〕 第一八七號文檔作員外郎佟智。

〔註1017〕 《欽定西域同文志》卷十四頁十四鄂敦塔拉，蒙古語鄂敦謂星也，當黃河初發源處，有平甸，週二百里許，泉眼眾多，燦如星聚，即星宿海也。

說親來見我，車凌端多布、車木伯爾、托布齊等來後，我決不留你一兵，好為咨送，惟你們三人，我不敢私自放行，沿途派兵保護，咨送京城，由皇父定奪，準噶爾兵丁酌給口糧，送過喀濟爾、德布特爾、嘎斯路，我們護送之兵與準噶爾兵應和好相待，彼此相交，欽此欽遵，咨行在案。又咨稱我們所奏大將軍王領兵至木魯烏蘇居住，將軍延信領兵入藏，軍事不可不預謀，由大將軍王處飭咨將軍延信等去，今準噶爾車凌端多布遣派使者等，顯然得知我處情況，亦無法再說假話巧避，或預備遵照策旺阿拉布坦咨送一隊人馬，窺測大兵情形，或由遠處以強力竊馬牲口逃逸，抑他加強駐藏兵力，困擾我兵，或從一處逸去，或往阿哩、喀齊路逃走，自木魯烏蘇、喀拉烏蘇等處皆難預料，凡事須預為防備纔是，再車凌端多布不能當我們兵之威力，我們大兵至喀拉烏蘇地方之前，敗則不言外，若車凌端多布等仍在藏頑抗，則照第巴阿爾布巴所告，由濟魯肯他拉派遣一隊兵進取藏地，車凌端多布等取努克特，或第巴阿爾布巴等人，令喇嘛等即潛由此路，土伯特噶隆代琫扎什則巴、魯木布奈、康濟鼐等將準噶爾敗兵逃在後達木之努克特，回去之路上偷竊馬匹牲口，將他們殺害拏獲，則係大功，詳細稟告，又派遣萬餘兵馬聲言嘎斯西路車凌端多布阻擋，順克哩業入，更屬有益，咨文轉奏，奉旨甚善，欽此欽遵，咨行在案。皇父欽降諭旨，均中機宜，臣謹欽遵辦理，準噶爾賊車凌端多布等不能當我們兵之威力，被逼尋路遣使，則即照聖上好生之德辦理，臣至木魯烏蘇，候喀拉凱〔註1018〕哲布尊丹巴胡圖克圖等來使。親王羅布藏丹津詳細稟稱，蘇爾咱屬烏巴車臣齋桑由藏地來告知，小車凌端多布、洛布藏舒努、嘎拉丹丹津〔註1019〕三人叛逆，往土爾扈特地方而去，車凌端多布等來時，留在克哩業五百人與克哩業合叛等語。我思今遣使軍前他們得信，領班禪敗去，現送達賴喇嘛後，如何推廣教徒之處，滿洲聖主明鑒，達賴喇嘛坐牀之事，自古以來與他們商量無干，既如此止住遣使，軍前內大臣，我們青海兵先到纔好等語。伏思現我們使者等來，至少遲，羅布藏丹津之言，還是我們暫不遣使軍前，二三日前再遣則與事有益，交將軍延信等，七月十七日吉日臣親與將軍延信送達賴喇嘛渡木魯烏蘇河，現青海右翼親王羅布藏丹津等皆到，左翼貝勒額爾德呢額爾克托克托奈、公噶拉丹達什亦到，其餘皆尚

〔註1018〕清代史料多寫作喀爾喀。

〔註1019〕策妄阿拉布坦長子，《蒙古世系》表四十三作噶爾丹策凌，繼其父為準噶爾汗。

未到齊，看視現到兵渡河，兵全渡完起行，另行奏聞。再臣先具奏之處，至木魯烏蘇極力核實兵由何路起行之處，另行奏聞具奏等語，繼而定藏將軍噶爾弼〔註1020〕稟稱，由四川進兵，六月初十日至察木多，由哩烏齊〔註1021〕路進，八月初間可以到藏，至喀拉烏蘇之那楚〔註1022〕，順河之上流，遣人探西寧大兵之信，大將軍王行文平逆將軍延信，至喀拉烏蘇，亦順河探四川兵信，臣與將軍噶爾弼二路之兵馬，彼此聯繫極是，惟僅你兵獨進，則兵力薄弱，可候各路兵馬聯繫齊進，再行軍之道，不可僅由一路，聲稱奪路進軍，再你們行要進之路，則行文與事有益，今由議政處照第巴阿爾布巴所告，由濟魯肯他拉進兵取藏內車凌端多布等努克特甚好，又將軍噶爾弼由濟魯肯他拉進取藏，亦可以取車凌端多布等努克特，若路險行難，則仍照原擬行文喀拉烏蘇，再我們兵仍由諾莫歡烏巴什路進，是以第巴阿爾布巴帶羅布藏丹津等派五人，令推廣黃教，以安眾生，大將軍王親送達賴喇嘛來，達賴喇嘛印文，由巴爾喀木路令送至在藏扎什則巴、魯木布奈等，差探報一切信息，此差人又以口教令你們去見扎什則巴、魯木布奈等，你所識之人，問我們兵，惟大將軍王領邊兵送達賴喇嘛，接連相繼，聲稱由雲南四川來數萬餘兵，順克哩業防堵亦咨萬餘兵防守嘎斯口、木魯烏蘇之源處，給河北〔註1023〕訥親王大臣等住數萬兵，再住阿拉台、巴里坤等處將軍亦領大兵由數路向伊犁征進，凡遇唐古忒土伯特人等，你們無須畏懼，大將軍王飭告推廣黃教，以安眾生，送來達賴喇嘛，並無別故，今由河北地方，此等情形，皆飭令將軍延信咨文，臣照議政大臣之言，將軍延信又飭咨行文，此間又有去之人，亦飭令咨行，爲此恭摺謹具奏聞。

[207] 各處軍用糧餉運齊貝子丹鍾稟稱奮勉出力摺（康熙五十九年七月二十二日）[2]-《卷九》

奏爲調運糧餉事。

六月三十日副都統寧烏哩、總兵官王雲吉等領松潘兵至木魯烏蘇。臣查松潘兵丁等馬牲口口糧等項，馬匹牲口皆好，隨來糧食亦豐厚，運糧同知孫

〔註1020〕《平定準噶爾方略》卷七頁十八作定西將軍噶爾弼。
〔註1021〕清時期此地爲類烏齊呼圖克圖管轄，統屬於達賴喇嘛與駐藏大臣，此廟即西藏類烏齊縣類烏齊鎮類烏齊寺。
〔註1022〕此語爲藏語，即蒙古語喀拉烏蘇，意均爲黑河，藏語今名那曲，即今那曲河，怒江上游之藏名。
〔註1023〕木魯烏蘇河北。

定成稟稱，總督年羹堯咨行亦軍務為重，口糧預備有餘。又藏地遠，青海貝子丹鍾所屬人等雇用牲口，馱載米麵至木魯烏蘇此處，空閑趕拉牲口馱米入。再貝子丹鍾感聖主恩施，特以三齋桑一侍衛為長，三百兵為副，照管運米，跟隨軍營，節節進行，沿路馱米牲口乏倦，則即取他所騎之馬馱米行走，是以沿路運輸，並無耽悞。總督年羹堯以軍務為由，珠蘭地方辦好牲口，糧運無少延誤，遵旨以總督年羹堯辦理軍務熟習通達，賞年羹堯蟒袍一件。七月十一日貝子丹鍾領伊兵至木魯烏蘇，親王羅布藏並各青海台吉等一齊來見，臣於眾前向丹鍾說，你因國事勤奮，隨松潘兵運米出力，所行之處應予讚揚。十九日丹鍾又來稟稱，我乃孤子小人，因伯父子兄弟彼此不睦，聖主以我為固什汗之孫，特沛恩施，養育保護，從優封為貝子，今又推廣我祖父所立黃教之道，遣大將軍王送達賴喇嘛遠來至此，如此高厚之恩，何以稱報，明日渡河隨征進之兵，請大將軍王訓飭，勤奮從事，大將軍王賜見，慈愛備至，今當離別，謹獻大將軍王馬二匹。再朝廷衣服體制，我實極愛，今賞給我成套衣服，給丹鍾盔甲一套，弓箭腰刀各一件，蟒袍一件，肷皮褂皮襖一套，白鼠褂棉袍一套，涼帽暖帽珠各一件，手巾荷包帶子一件，即穿戴進見。臣又諭，皇父以你為固什汗之孫，從優施恩，以你為貝子，今又以你祖父所立黃教，將達賴喇嘛以大力送藏，你理當報答皇恩，更加勤奮，你如更有顯跡，必予奏聞，預備茶果等物，派大臣等筵宴。伏維青海貝子丹鍾等感戴聖化，更荷聖恩，如此勤奮，皆皇父不分內外，覆載養育，臣實欽佩歡忭，為此恭摺謹具奏聞。

[208] 詣達賴喇嘛處送行摺（康熙五十九年七月二十六日）[2]-《卷九》

奏為達賴喇嘛送行事。

七月十七吉日擬送達賴喇嘛過河，十六日備辦送禮飯餑餑桌，領大臣官員等往喇嘛營盤去見，達賴喇嘛由帳房出迎，彼此問好，互遞哈達。臣告知明日十七日吉祥日，令你渡河起行，行禮，再領哈達，進帳內，向達賴喇嘛宣示，皇父推廣黃教，以安眾生，封你為達賴喇嘛，給金冊印，令坐舊牀，送往西藏，你到西藏地方，應遵從聖旨，好自勤勉，我遵聖旨向你行送行之禮。達賴喇嘛云聖主謹遵，我即與滿洲聖主禱祝，承受王所行之禮，自王來臨以來，施恩至重，王行禮如何能受，請罷止。臣言你坐好，皇父有旨，即速行禮，達賴喇嘛合掌領受行禮，於是令達賴喇嘛坐，舉飯餑餑桌，達賴喇嘛先喫。後稟稱，上滿洲佛主慈育小人，如天高厚之恩，我無以為報，滿洲佛主賞給之物極多，小人持往西藏，均施給二藏眾人寺廟喇嘛等土伯特唐古忒人民，一概宣示，滿洲佛主以安西藏全生之至意，無分晝夜在三保佛前祈禱，祝滿洲佛主身體萬萬年康壽，滿洲佛主養育之恩，仰王爺慈恩，小人實不忍離別，言時垂淚。臣加安慰云你感皇父仁慈重恩，與我不忍離別，與我行走數月，我亦戀念，然你惟思皇父慈恩，往西藏去，能安眾生，則即報答皇父之恩。說畢達賴喇嘛送出帳房，臣阻止達賴喇嘛，行離別之禮，呈遞臣哈達一件，宗喀巴佛一尊，沙哩爾五件，額爾德呢哩魯二件，黃紅香十六束，金五十兩，琥珀珠二掛，珊瑚珠二掛，氆氌八疋，蒙古包一架，馬十匹，有牛犢母牛二十五匹，薩爾魯克牛二十五匹，又請賞給兵丁二百匹馬，三百隻牛。達賴喇嘛之父索諾木達爾扎呈遞哈達一件，紅香四束，氆氌六疋，馬匹騾子五匹，海努克牛十隻。達賴喇嘛之母禹木哈達一件，紅香四束，氆氌四疋，馬二匹，騾子五匹。達賴喇嘛之姊嘎拉臧珠拉瑪，達賴喇嘛之妹車凌門，達賴喇嘛之父索諾木達爾扎之妾德德哈達各一件，紅香各四束，氆氌各二疋，馬各一匹。臣言達賴喇嘛今往西藏去，我還要予以幫助，呈進牲口，何可領取，我們兵丁等馬牲口口糧全足，並無用處，你如果須用馬匹牲口時，再可支給，止取佛，沙哩爾額爾德呢哩魯、香氆氌蒙古包，又給達賴喇嘛銀五百兩，蟒袍一件，莊緞一疋，倭緞一疋，大綢一疋，給達賴喇嘛之父索諾木達爾扎蟒袍一件，餘物皆退回，十七日臣親送達賴喇嘛坐船渡河，安營繞回，為此恭摺謹具奏聞。

[209] 檢閱兵丁分別派遣前進摺（康熙五十九年七月二十六日）
[2]-《卷九》

奏為檢閱兵丁派遣前進事。

前臣至木魯烏蘇閱兵起行時再行奏聞，具奏在案，臣至木魯烏蘇閱兵，前鋒護軍每佐領各一名，鳥槍護軍每佐領各一名，鳥槍馬〔註1024〕甲每佐領各一名，蘭州隊鳥槍護軍甲共四百八十七名，喀喇沁、翁牛特、土默特五百兵，額駙阿保五百兵，副都統常齡〔註1025〕領來察哈爾四百兵，再由松潘調來五百滿洲兵，一千五百綠旗兵馬牲口皆好，照原奏皆出渡河，欽造大炮四尊亦遠渡河。再綠旗兵馬牲口，由本處來時臕瘦，沿途尅扣，現到牲口內，

〔註1024〕此處補馬字。
〔註1025〕《欽定八旗通志》卷三百二十四作蒙古鑲藍旗副都統常齡。《平定準噶爾方略》卷七頁五作副都統常齡。

肥的較多，是以臣交總兵官李林酌量漢仗〔註1026〕有馬牲口，由固原一千兵四百炮手，看管驛站一千兵步兵內共擇出一千六百六十名，由督標一千兵內擇出五百名，由涼州一千二百炮手內擇出六百八十名，由甘州一千二百炮手內擇出七百三十名，由寧夏二百炮手內擇出一百八十名，所擇出之兵，並總兵官李林所帶山東一百三十七名兵，各營一百子母炮皆渡河，由木魯烏蘇往那邊住驛之與漢四百四十馬兵，看守驛站一千步兵，由柴達木來一千五百兵，馬牲口尅扣，瘦的極多，臣思陸續隨來人等所告信息皆確，仰託皇父威福，準噶爾賊不敢對敵，尾追一定逃走，即不逃，若來侵犯偷竊我們馬牲口，我們兵亦即足以殲殺，是以駐驛守驛兵丁，柴達木兵丁，皆截留駐驛，四百四十馬，皆備要事騎用，臣所給二百二十馬皆撤回，在河那邊駐驛，每驛各給三十馬，由綠旗兵內酌派漢仗〔註1027〕好住驛，再由青海兵內酌派兵兼住，交將軍延信選派，由柴達木來有牲口官兵，交護軍參領常明、巴雅爾圖暫住守多巒倭洛木、巴爾巴木爾〔註1028〕二渡口，無牲口六百餘官兵，交侍衛阿齊圖帶回西寧，不動正項錢糧，阻止自力馬牲口，復備軍械，我回來時嚴交咨行，能阻止則免罪，不能阻止則治以重罪。再公策旺諾爾布先走一次，知道地方，沿路指驛站居住，領喀拉扎齊引路，隨來問蒙古等情形，凡事極為勤奮。額駙阿保因病到此稍遲，令公策旺諾爾布管理扎薩克兵察哈爾兵阿保兵，交將軍，前青海兵一同瞭望，好自防守，再副都統阿林保原派令進藏，臣因無議政大臣，留下阿林保，遣副都統保色進藏，原奏進藏官兵由木魯烏蘇挽運二月米麵，隨三月米麵，所挽運二月米麵皆放給外，隨三月米到藏後始用，現在駱駝不足，隨二月米糧，備一月米價，到藏後酌買口糧，令給官兵，交按察司永泰。木魯烏蘇河臣親自監視官兵渡運米麵，七月二十四日全行完竣，二十五日征進，將軍令達賴喇嘛由木魯烏蘇起行，再現到青海右翼貝勒額爾德尼額爾克托克托奈、公嘎拉丹達什〔註1029〕等渡後，本月二十五日侍讀學士長壽帶貝勒阿拉布坦溫布、洛布臧查罕、貝子巴拉珠爾阿拉布坦〔註1030〕趕到渡河，惟貝子洛布臧達爾扎尚未到，以後趕來，是以四川路兵

〔註1026〕原文作漢丈，今改爲漢仗。
〔註1027〕原文作漢丈，今改爲漢仗。
〔註1028〕《大清一統志》（嘉慶）卷五百四十七作巴母布勒渡，在多倫鄂羅穆渡東。
〔註1029〕《蒙古世系》表三十八作噶勒丹達什，顧實汗圖魯拜琥長子達顏鄂齊爾汗曾孫，其父垂庫爾，祖多爾濟。
〔註1030〕顧實汗圖魯拜琥第二子鄂木布孫，其父納木扎勒。《蒙古世系》表三十六失載。

我們兵皆起行，約八月二十日頭到達木、喀拉烏蘇，差人來報喜信，仰託皇父威福，進藏之兵，不久成功，得有捷報，陸續奏聞，綠旗兵由本處辦給瘦馬官員，並運米尅扣駝隻官員，等事完竣時，查明皆著其賠償，再行具奏，為此恭摺謹具奏聞。

[210] 據平逆將軍延信調查藏中情形摺（康熙五十九年八月初二日） [2]-《卷十》

奏為調查藏情具奏事。

八月初一日平逆將軍延信稟報稱，七月二十五日來到恭布地方第巴阿爾布巴家人洛布藏〔註1031〕，並貝子拉查布之巴爾喀木差收租〔註1032〕賦達爾罕噶布楚，前鋒侍衛勒色哩等，由放哨處取來，我們探問西藏之信。洛布藏告稱，我上年往西寧探信回到本處，今年六月十九日由家起行，七月十三日貝子拉查布取租賦去，令達爾罕噶布楚等追及，齊來，辦理恭布地方事宜噶扎克巴、倭隆柰、第巴阿爾布巴之兄旺拉克等，令我並蘇木他爾、車凌盆蘇克我們三人來迎大兵，準噶爾賊車凌端多布等領兵現駐喀拉烏蘇地方，咨會我們恭布地方兵幫助，咨文到後，我們首領噶扎克巴等言，聖主大兵並會同青海各兵來送達賴喇嘛，仰託阿穆呼朗君主威福，賊如何派兵抵擋，我們保守地方，候聖主大兵來，竟未給兵，令我們等領兵，大將軍王並領打箭爐兵到來，望從速差遣兵丁，我們來至崇布色爾扎地方，遇見由打箭爐來之兵，聞得將軍親領一隊兵，由濟魯布塘路尋往喀哩〔註1033〕城去，一隊兵由崇布色爾扎亦尋往喀哩城去，是以蘇木他爾、車凌盆蘇克共商議，他們二人由濟魯布塘進，在將軍前稟告情形，我們親聞大將軍王來，我們洛隆宗城長薩木達爾柰等稟大將軍王。據達爾罕噶布楚告稱，本年三月間貝子拉查布差我們往巴爾喀木地方收租，我去收租，在崇布色爾扎地方見將軍，將軍向我告稱，我領兵往喀哩城去征討準噶爾賊，我們兵至喀哩城，候西寧進來大兵一齊前進。又問洛布藏達爾罕噶布楚，又有聞知之處，由打箭爐路來大兵，今至喀哩城，由崇布色爾扎地方有幾日路程，我們進兵將軍能否等候，準噶爾賊兵共有多少，我們由數路進兵，車凌端多布等如何知道呢，由崇布色爾扎往喀哩城去

〔註1031〕此句意為七月二十五日恭布地方第巴阿爾布巴家人洛布藏來至延信軍營。

〔註1032〕原文作交租，今改為收租，本文檔三處皆改。

〔註1033〕《欽定理藩院則例》（道光）卷六十二載名拉里，達賴屬小宗之一，今西藏嘉黎縣嘉黎鎮。

須數日，由喀哩城至藏須數日。二人共同告稱，由崇布色爾扎地方行七八日至喀哩城，約計早已到喀哩城等候，此處兵告說，或候或乘機逃走，均難預知，準噶爾賊兵通共未必有三千，皆如此說，準噶爾賊早已聞聖主派來大兵，下人等甚懼，由喀哩城十日即可至藏，喀哩城地方山險路窄，非可攻之處，準噶爾賊未必來侵，若將軍等用本處兵，則我們兵即去，我們由恭布地方往喀哩城去，五六日即到，是以薩木達爾柰等用唐古忒二文一併稟呈，為此令洛隆宗達爾罕噶布楚交領催博拉布遜咨送等語。臣又詢恭布盟長噶扎克巴等差洛布藏，查車凌端多布、拉木扎木巴車木伯爾等領多少兵，住喀拉烏蘇地方有唐古忒兵否，托布齊齋桑現住何處，你們頭目在恭布地方備有多少兵，皆有何種軍械，我們二路將軍等調遣時，你們由何路進攻，先阿哩地方首領康濟鼐亦與準噶爾賊反目攻伐等語，是否確實。據稱車凌端多布、拉木扎木巴車木伯爾二人，他們領準噶爾三千兵住喀拉烏蘇，無唐古忒兵，後托布齊齋桑親領五十兵亦來喀拉烏蘇，聞康濟鼐兵來那克藏〔註1034〕地方，再我們頭目選恭布盟兵六千，皆鳥槍長槍弓等械，預備妥協，我們兵由恭布地方亦有往藏徵進之路，將軍等會同大兵，亦可進征，二路將軍皆知，惟看指調行動。是以賞給洛布藏綢一疋銀二十兩，達爾罕噶布楚綢一疋，此皆第巴阿爾布巴、貝子拉查布咨送，再將軍延信，洛布藏所告之處，他們頭目備恭布盟兵六千聽將軍調遣行動等語，恭布盟兵應由何路徵進之處，與第巴阿爾布巴商妥定明繕文，令他們頭目咨行文外，為此恭摺，並洛隆宗城長官薩木達爾柰、咱旺達克巴〔註1035〕稟譯唐古忒二文，一併謹具奏聞。

[211] 譯洛隆宗城長官稟文（康熙五十九年八月初二日）[2]-《卷十》

洛隆宗城長官薩木達爾柰，策旺達克巴稟稱，繙譯唐古忒文，送呈天命滿洲大君主王之子大將軍王殿下，肫肫頂上合掌，聽聞今時眾嘎拉巴自古以來，以善成以寶身，如舒穆哩山靈顯仁慈之達賴喇嘛，坐普陀牀，領無數大兵來臨，慈愛小人，我們二人頭頂印文來至如得至極之處，不勝忻悅，小人二人滿洲大君王大將軍王、達賴喇嘛恩施，本身皆好，今特頭頂印文來至，小人薩木達爾柰、策旺達克巴我們二人去叩王，猶如渴人得水，定藏將軍〔註1036〕、

〔註1034〕《欽定理藩院則例》（道光）卷六十二作納倉，清時期達賴喇嘛所屬十大宗之一，今西藏申扎縣。

〔註1035〕本書第一八二號、第一八三號、第二一一號、第二一二號文檔作策旺達克巴。

〔註1036〕《平定準噶爾方略》卷七頁十八作定西將軍噶爾弼。

鍾氏官〔註1037〕二人，薩木達爾柰令我們一齊隨行，然去未成，求從寬明鑒，小人策旺達克巴之身並薩木達爾柰我使者不久去見大將軍王之明，聞衛藏及準噶爾之信，另行繕文，仍照先咨文，請求明鑒，呈遞稟文用鈐印，哈達一件等語。

[212] 譯洛隆宗城長官稟告敵情文（康熙五十九年八月初二日）

[2]-《卷十》

　　洛隆宗城長官薩木達爾柰、策旺達克巴稟稱，繙譯唐古忒文稟告敵情事，準噶爾車凌端多布、車木伯爾齋桑二人，由藏地五月十頭去往達木地方，托布齊齋桑親領五十人住藏，車凌端多布因修補嘎拉丹廟章佳拉倉廟〔註1038〕，令唐古忒等拆恭布地方廟，廟皆拆完，恭布地方唐古忒人等藉口拆廟未送，車凌端多布在巴爾喀木地方勒派馬騾，托克托哩十人來說，恭布兵達賴喇嘛五十蒙古一齊行，那話未從，托克托哩等在，此處大臣等去告〔註1039〕，內兵、碩板多、洛隆宗兵一齊五月二十一日黃昏時，一併在托克托哩安營地方去劫營，殺六人，斷手，將托克托哩等生擒，解送大臣，後由藏地準噶爾一人，又達賴喇嘛商〔註1040〕上之一蒙古為使，由達爾宗地方拏獲解送，又二恭拉嶺之間夾口，達爾宗兵堵住準噶爾三人，達賴喇嘛之五十人由喀哩城避去，大臣得知隨差人，及喀哩城喇嘛隨大臣差人，察木多地方王氏領二官、兵六百兵居住。薩木達爾柰、策旺達克巴我們二人幫助口糧，又鐵氏官亦幫助口糧，恭布地方人由車凌端多布叛起，差人來告，托布齊齋桑六月十三日往達木地方去，去時傳令唐古忒兵，發兵或去不去之處，仍未定，先有信云小車凌端多布領六千兵至今尚未到，大約不實，康濟鼐領兵有來那克倉地方之信，我們二人康濟鼐寄信令照先勤奮從事，準噶爾老病三百人遣回，現有之兵不足二千五百，為此稟呈等語。

[213] 據將軍延信稟告探聽詢藏情摺（康熙五十九年八月初二日）

[2]-《卷十》

　　奏為延信稟報探詢藏情事。

　　八月初一日平逆將軍延信稟報稱，親王羅布藏丹津行隊之員外郎奈曼代

〔註1041〕稟稱，我七月十九日至多孿倭洛木〔註1042〕地方安營，晚間親王羅布藏丹津告稱，伊軍前被趕走之達拉嘎爾等走前稟稱，曾見多孿倭洛木對山有二馬行走之跡，我們隨即近去，至查罕托懷〔註1043〕地方，又見一馬跡，一齊趕上大路，有向西之跡，此必準噶爾賊遠來探查我兵情況派遣之人行走之跡，明日宿在此處，遣兵追趕，賊果來則仰託聖主滿洲天福，大將軍王將軍大威，必被我們拏獲，明日令烏巴什台吉為長，派二百兵渡河，探查趕走之跡，又令多諾諾彥哈什哈為長，派二十兵，令在河北追趕已走之跡。本日晚間烏巴什台吉等回來稟稱，我渡河處處遣人去看，並無行跡，回來。多諾諾彥哈什哈差人陸續來告稱，我們跟隨三馬跡，行至布拉哈克蘇地方，又看二十餘馬跡在一處向西去，我們力單，又咨請增兵，當又令多洛巴人為長，派五十人令即起行，二十二日早多諾諾彥哈什哈等告稱，我們隨跡追走，並無情況，二十四日來至圖棍托洛海，趕跡行走之多呢爾拉木扎木巴來告稱，我過圖棍托洛海行走，額爾德尼吉農〔註1044〕屬西拉棍盟二十五人由藏逃出，蘇爾咱屬德拉格哩人帶來。親王羅布藏丹津會同德拉格哩查問，何月出藏，車凌端多布現在何處，他們何處放哨，我們大兵來征準噶爾，賊聞知否。據稱我本年四月間出藏，路上聞唐古忒人等之言，車凌端多布領三千兵在達木地方築營居住，不知在何處放哨。又令額爾德呢吉農來迎西拉棍盟唐古忒迪克布木等，德拉格哩查問，你們帶來有何準噶爾信息。據稱我們額爾德呢吉農聞大兵來，我們來迎，路遇德拉格哩蘇爾咱屬人等一同帶來，我們聽說車凌端多布住達木地方，本年內大兵會同青海兵來征，準噶爾賊聞知甚為慌懼，憂慮住藏必敗，是以親王羅布藏丹津兵來至圖棍托洛海地方，差人繕寫德拉格哩等詢詞，蘇爾咱人德拉格哩一併咨送前來。延信查問蘇爾咱人德拉格哩並無另有所聞，此人係蘇爾咱屬人，交領催博拉布遜解送。臣又究問德拉格哩，由西藏出來之人，若知準噶爾一切信息，皆須詳稟，不許隱瞞。據稱我四月間出藏，路上聞車凌端多布三千兵住達木地方，未聞何處放哨，此外若有聞知，焉敢隱諱。德拉格哩蘇爾咱屬人，將德拉格哩馳驛著蘇爾咱努克特看守，交侍讀學士華色咨送外，為此恭摺謹具奏聞。

〔註1041〕第六十九號文檔作員外郎奈曼岱。
〔註1042〕即七渡口。
〔註1043〕即察罕托輝，《欽定西域同文志》卷十四頁二十五載，察罕托輝，蒙古語猶云白山灣也，地處山灣，故名。
〔註1044〕屬土爾扈特部遊牧於青海者，《蒙古世系》表四十六作丹忠，號額爾德尼濟農，父拜博。

[214] 調兵運糧進兵摺（康熙五十九年八月十一日）[2]-《卷十》

奏爲進兵事。

前臣親自驗看官兵米糧渡過木魯烏蘇河，七月二十四日皆已完竣，二十五日即行進軍，將軍令達賴喇嘛由木魯烏蘇起行，仰託皇父威福，進藏之兵，不久成功，來報喜信，得信後，陸續具奏在案。臣親領兵在木魯烏蘇河邊築營住至八月初五日，議政大臣咨文，奉旨閱大將軍王奏報，大蓋藏事早晚可定，此間準噶爾車凌端多布等被逼往後路去，或尋木魯烏蘇〔註1045〕之源，來擾嘎斯路，被大兵挐獲，事完，將軍大臣等率領護衛藏兵前進外，餘兵按隊撤回，仍由索羅木路或由濟魯肯野道週圍順王察罕丹津家來至西寧，並進藏大兵之驛，此二路順何路行之處，皆大將軍王擬定，如是兵馬牲口不難供給，而口糧亦可有餘，於事有益，此處甚爲要緊，不可不先預備，議政大臣速即咨行大將軍王，欽此欽遵，咨行等因。臣恭維皇父聖意深遠，洞察軍情，準噶爾車凌端多布等被我們大兵挐獲完事，盡殼護送達賴喇嘛回藏，其餘兵丁，按隊撤回，如是馬牲口不難供應，糧亦有餘，查餘兵久住木魯烏蘇，米糧多費，寒氣所及，馬匹牲口便難調用。今我們大兵推進，賊斷不敢相向，康濟鼐又堵截他們回路，因此賊被逼從〔註1046〕嘎斯口敗去，不可預料，德布特哩〔註1047〕週圍所住青海人等，由內酌裁，咨行德布特哩，令與訥親王納爾蘇居住，交將軍延信，令左翼貝勒貢蘇克旺扎爾〔註1048〕、貝子阿爾布坦〔註1049〕、洛布臧達爾扎〔註1050〕、土爾胡特貝子丹鍾、公丹津等，移防德布特哩地方，又恐力單，多勒倭洛木、巴木巴爾〔註1051〕暫住柴達木地方八百餘滿洲綠旗兵，交護軍參領長明〔註1052〕、巴雅爾圖，亦咨行德布特哩並將軍延信，賊車

〔註1045〕原文作木魯斯，今改正爲木魯烏蘇。
〔註1046〕原文作捴，今改爲從。
〔註1047〕即得布特爾，《欽定西域同文志》卷十四頁二十五載，得布特爾，蒙古語謂水草肥美之地，今青海省格爾木市烏圖美仁鄉一帶。
〔註1048〕《蒙古世系》表三十七作朋素克旺札勒，顧實汗圖魯拜琥第六子多爾濟曾孫，父額爾克巴勒珠爾，祖策旺喇布坦。
〔註1049〕顧實汗圖魯拜琥第二子鄂木布曾孫，父額琳沁達什，祖墨爾根台吉，《蒙古世系》表三十六失載。
〔註1050〕《蒙古世系》表三十六作羅卜藏達爾札，顧實汗圖魯拜琥第二子鄂木布之孫，其父卓哩克圖岱青。
〔註1051〕《欽定西域同文志》卷五百四十七作巴母布勒渡，在多倫鄂羅穆渡東。
〔註1052〕第二〇九號文檔作護軍參領常明。

凌端多布被我們大兵拏獲，事完，令你們領兵進，餘兵編隊，若由濟魯肯週圍順王查罕丹津家調回西寧，你們算計彼處來挽米糧，若仍由索羅木調回，現有木魯烏蘇所存之米，你們調回之兵，由木魯烏蘇接連取米，咨行現木魯烏蘇地方，所有米麵，副將蓋日新〔註1053〕留守，寧夏兵一百名，西寧兵四百名，由將軍延信調回兵來取米麵，此等兵亦一齊撤回。再將軍延信由西寧至藏，原議定藏時，爲馳赴前後藏，爲達賴喇嘛坐牀，此路寒冷，不可度多，現巴爾喀木路住驛勿撤，定藏後二將軍一切奏行事件，皆由彼路馳驛交前總督年羹堯咨行，尚未回答。巴爾喀木路將軍噶爾弼所行，將軍你到藏後，與噶爾弼〔註1054〕相商，由巴爾喀木路可以住驛，即令往彼路住驛，此路住驛不成，還可度多，好訪暖處住驛。再原住木魯烏蘇之兵，住驛之兵，皆給二月半月米麵，二月半月羊價，隨進之兵，不足馱三月米之牲口，裁一半米，再則〔註1055〕留軍米甚多，此處並無賣項，德布特哩咨八百餘兵，給二月米麵，住木魯烏蘇兵給一月米麵，回去計給米之日原領羊價銀撤領，交巡撫噶什圖。今我進兵十餘日，賊果來迎，則早已得信，許多日無信，不久喜信到來，臣現在木魯烏蘇，凡應辦之事皆辦完結，此處久住，則被寒涼所迫，馬匹牲口恐難餵養，遵旨趕暖處餵養馬匹牲口，移住索羅木等處去候喜信，八月初十日領兵由木魯烏蘇撤回，爲此恭摺具奏聞。

[215] 撫遠大將軍胤禎奏報地方官員獻物摺（康熙五十九年八月二十九日）[1]-3529

臣胤禎謹奏，爲奏聞事。

今年八月初九日臣宿駐木魯烏蘇時，巡撫噶什圖遣人向臣問好，獻茶葉三十包〔註1056〕、炒麵〔註1057〕一千斤，臣收受。以茶葉換牛羊，將炒麵交按察使巴襲，一併賜給兵丁。本月初十日署理固原提督事務總兵官金國正〔註1058〕遣守備馬進德向臣問好，獻馬十六匹騾四匹，臣受肥壯之馬十匹，騾四匹，其餘馬匹卻之。十三日臣宿駐喀喇郭勒之時，甘肅巡撫綽奇遣人向臣問好，

〔註1053〕《甘肅通志》卷二十九頁三十二作花馬池副將改日新。
〔註1054〕原文作拉畢，今改正爲噶爾弼。
〔註1055〕原文作再擇，今改爲再則。
〔註1056〕原文作三千包，今改爲三十包。
〔註1057〕原文誤作妙麵，今改正爲炒麵。
〔註1058〕《康熙朝漢文硃批奏摺彙編》第二八六五號文檔自署名太原總兵官金國正。

獻牛八十頭羊二百二十隻。再以中秋節之禮，西安將軍席柱〔註1059〕遣人向臣問好，進獻月餅西瓜。署理甘肅巡撫事務侍郎華山〔註1060〕遣人向臣問好，獻牛馬羊一百頭隻月餅西瓜等物。甘肅布政使覺羅折爾金遣人向臣問好，獻羊五百隻米小菜等物。西寧總兵官王義前、道員趙世錫，及於西寧辦事之知府王景顥〔註1061〕、同知金志硯遣人向臣問好，獻鵝鴨西瓜月餅等物。臣對此等所遣之人曰此軍事要地也，何必以節日之禮，送來食物。因自遠方特遣人送來，我均收取，賞與兵丁等語。所獻之物收取，均賞官兵，賜給伊等每人棉衣各一件，遣之。再原司庫保柱親來，向臣問好，獻馬一百八十匹騾二十頭豬鵝等食物。臣以爲保柱乃獲罪官員，伊屬富戶，應有差使，故受食物，馬騾均卻之，爲此具摺恭謹奏聞。

硃批，知道了。

[216] 移隊前進遇賊誅殺獲俘得悉賊情摺（康熙五十九年八月二十九日）[2]-《卷十》

奏爲殲殺賊匪恭奏喜信事。

八月二十八日在索羅木隣近喀拉郭爾駐營時，將軍延信差委護軍校綽班〔註1062〕齎送隨來厄魯特濟木巴稟報，延信率領大兵八月初二日由圖棍托洛海起行，凡所到之處無不預爲嚴防，令官兵皆穿甲，隊伍遷移皆令妥愼準備，然後行走，安營時我營取中，與達賴喇嘛營相連，並前鋒營頭隊蘭州涼州荊州各處綠旗兵共十二營，皆沿我營及達賴喇嘛營週圍紮下，四尊大炮分在四犄角，一百十八子母炮在營牆週圍均勻擺列，挖地坑預備點火糞住哨，黃昏前撤圍牆外兵，二三里之遙，每二里號令接連，隨行之兵，編爲三分，每夜二分，營外圍牆十人編一隊，牽馬在營週圍巡防，一分在營內巡防，預備妥協，備鞍馬各拴一匹外，餘馬晝則在圍牆內牧放，夜則進圍餵養。如此每日嚴密防範，八月初八日渡河，在阿克達木河〔註1063〕安營，青海親王羅布藏丹津、貝子丹鍾等來稟稱，今巴台附近我們左翼貝勒阿拉布坦溫布、貝子巴拉珠爾阿拉布坦等兵，明日起來，暫歇一宿，候阿拉布坦溫布等兵，並力前進，

〔註1059〕《平定準噶爾方略》卷三頁三作西安將軍席柱。
〔註1060〕《清代職官年表》巡撫年表作甘肅巡撫花都，滿缺侍郎年表作盛京戶部侍郎花都署甘撫。
〔註1061〕《甘肅通志》卷二十八頁四十五作臨洮府知府王景灝。
〔註1062〕第一〇五號文檔作委護軍校綽班岱，二一六號文檔作委護軍校綽班。
〔註1063〕原文作克達木河，今改正爲阿克達木河，即今長江三源之一之當曲。

與軍事有益。我初九日歇宿一日，檢閱滿洲綠旗兵操演，是日將晚，前鋒章京明泰、護軍校阿那布來稟稱，白日明泰、阿那布並明泰奴僕阿那達我們三人荷槍在營前二十里之外遙望排行，順河邊有二十賊，在三處圍攢齊坐，看見我們皆驚慌，各牽一劁馬會合一處，向我們放槍，順明泰膈肢窩肩膀擦過二彈，順阿那布枕骨後擦過一彈，我們三人跑進一隱藏處，下馬將馬橫避阻止，令明泰一齊放槍，接連明泰奴僕阿那布又放一槍，中一賊之腿，由馬墜下，賊一齊來扶膈肢窩看守皆敗，尋向東南山谷逃去，我們人少未追，延信理當派官兵追趕，惟明泰等由攻處來二十里，賊去二十里，再追去六十里，因天晚追趕不及。明日起身行走時，青海親王羅布藏丹津差人來稟稱，我們前往追趕，遠望行走五十人光景，初九日夜至大諾莫歡烏巴什嶺〔註1064〕下，忽約二十賊荷槍帶撒袋，每人各牽一劁馬，由前山谷出來，看見我們人即敗退，我們人隨追至二十里，由山谷又出二十餘賊會合一處，一齊敗退，晚昏黑時回來，準噶爾賊特差人來偵查我們兵力，是以延信哨圍堅固，防守嚴而又嚴，兵預備如攻伐隊伍編行，再明泰等與約二十賊對敵支持，擊賊敗退，明泰之僕阿那達，包依奴才〔註1065〕，奮力殺賊，甚堪誇獎，應加勸勉，明泰、阿那布記名外，僕人阿那達著鼓勵賞銀十兩。

　　八月十三日延信一面連夜差人令公策旺諾爾布等嚴加防範堆撥，一面派妥人令查實巴台情形，令其住兵候我，勿可輕動，明日將亮時，我親領大兵起行，預備妥協，行至查罕哈達口〔註1066〕公策旺諾爾布等兵撤回一處。二更時查看巴台情形人來至稟稱，由察罕哈達三十里西北大山谷中有敵兵四五百有餘，是以明日延信親率滿洲綠旗察哈爾扎薩克青海兵編排隊伍，查罕哈達地方路狹，山大谷多，到處可以伏兵，不可不防，派兵皆行中間溝路，兩邊大山，探路行走，行過查罕哈達險狹之處，搜尋山谷，遇賊即行殲殺。右翼親王羅布藏丹津處北山谷有千餘兵光景，來稟稱，延信即令大兵向巴台右面進攻，賊見我進兵，即往後山高險處敗退，延信即領兵察看，皆大草墩，追趕不及，收兵撤回博克河地方，夜四更時，忽由西南約千賊吶喊，向營衝擊，我們週圍放哨兵丁一齊施放槍炮，賊即退去，復侵犯青海親王羅布藏丹津、台吉吹拉克諾木齊、博碩克圖代青阿拉布坦溫布、丹鍾等營，羅布藏丹津等

〔註1064〕 即諾莫渾烏巴什山，今名唐古拉山，藏名當拉嶺。
〔註1065〕 常寫作包衣奴才。
〔註1066〕 《欽定大清會典事例》（嘉慶）卷五百六十作察漢哈達，意即白頭山，《清代唐代青海拉薩間的道程》解爲是東布勒兔山系之最高點。

兵亦當放槍射箭，賊旋敗退，侵犯額駙阿保營，額駙親自領兵即向攻擊，賊即敗退，賊敗出時，我們前槍營槍炮退出，遮避四十餘馬，總管前鋒章京西勒圖領八十前鋒隨追賊尾，攻伐三次，殺二賊，遮避馬皆奪回。天亮查我們週邊兵，放槍擊斃三賊，親王羅布藏丹津兵殺九賊，此內勇士西拉巴〔註1067〕人獨自殺二賊，貝子丹鍾兵殺二賊，貝勒阿拉布坦溫布兵殺一賊，台吉吹拉克諾木齊兵殺三賊。

　　正查閱間，公策旺諾爾布、親王羅布藏丹津送來隨準噶爾來一蒙古人，據稱我名為濟木巴，隨桑濟扎布〔註1068〕來，被準噶爾所俘搶，原土爾扈特霍朔特台吉人，現隨拉木扎木巴車木伯爾行走，拉木扎木巴車木伯爾待我仁慈，不予虐待，我思車木伯爾已老，隨之出力，我亦不能另有榮貴，現滿洲聖主大兵來到此處，大兵強盛，車凌端多布等斷難久存，願永受滿洲聖主恩典安生，此夜來攻時，我亦在其中，未攻以前逃匿於山谷，亮後隨進。又詢濟木巴，你們準噶爾兵力共有多少，唐古忒兵調來否，現你們〔註1069〕兵共數多少，聞小車凌端多布領兵來，果來否，策旺阿拉布坦處有信否，我們大兵會合青海共同進兵來送達賴喇嘛，再雲南四川兵由察木多路進之處，你們皆聞知否，你們兵何日來迎戰，昨日夜你們遣兵來偷我們馬否，或來劫營否，你們兵已來侵營，何故即敗，你今誠意來投聖主，凡有所知，皆應據實告知。乃繼稱準噶爾兵力現共有二千餘，行李皆遷移，現皆在喀拉諾爾，車凌端多布來時，拏獲營兵，噶隆達什扎克巴〔註1070〕、第巴多克巴、代瑲洛布藏他們以下唐古忒兵四五千，再帶來拉藏造大炮九尊，來至喀拉烏蘇。車凌端多布等知道噶隆達什扎克巴等與唐古忒人等未必同心，對他們疑惑，噶隆達什扎克巴等放三頭目留在木魯烏蘇等候，今不知如何。聽聞前四川兵由察木多來之信，車凌端多布等商議，車木伯爾領七百兵去迎後，我們住木魯烏蘇，哨探人來告稱，由庫庫顙路來無數大兵，車凌端多布等同商，今二路來大兵，我們如何能當，不拘如何力歸一處，來當一路之兵，如不能支持，則商計回去之處，即差人令車木伯爾親自撤兵，今車凌端多布、車木伯爾、托布齊等現領有兩千餘兵，八月初六日由達木起行迎來，至諾莫歡烏巴什地方遠望兵之光景，

〔註1067〕原文作勇西拉巴，今改為勇士西拉巴。
〔註1068〕《平定準噶爾方略》卷二頁三作三濟扎卜，土爾扈特阿玉奇汗之子。
〔註1069〕原文作我們，今改為你們。
〔註1070〕本書第七十三號文檔作第巴札西匹巴，第九十四號文檔作扎什則巴，第一〇五號文檔作噶隆扎什澤巴，第一八二號文檔作噶隆拉什咱克巴。

不見頭尾，未敢來侵，乘空去侵，在山內避行，你們大兵撤至查罕哈達口，車凌端多布等同商，他們兵適撤，未得暇以前，商定我們是夜趕回他們馬群去劫營，夜車凌端多布、車木伯爾托布齊領一千五百餘兵，二路來劫營，來至稍近，看見週圍守備甚嚴，無隙可乘，車凌端多布、車木伯爾、托布齊未敢侵犯，領兵退回後，復商議明日他們兵起行，必順谷路走，我們兵埋伏兩邊，取高處逼迫進攻，他們兵必受傷，商定領兵在查罕哈達山後地方埋伏，取峽谷之高處，遣人遠望，明日早遠望人回告稱，他們兵遷移奔谷路行走，大兵取谷之兩邊高處過山岡來。車凌端多布又復差人由遠處查看，令速來告，不久差人回來告稱，谷路移行大兵，取兩邊高處編成隊伍遷移看守行走，遠看後尾亦大兵斷後，兵力甚多，行走情形甚整齊嚴肅，車凌端多布認為形勢非我們力單可成，即領兵仍退山後谷內，今來甚近，昨夜派八百兵，令四百趕馬群，令四百劫營，大兵守備甚嚴，未得侵犯。聞小車凌端多布並未領兵來，紛言伊領屬兵隨土爾扈特，再我們台吉策旺阿拉布坦先每年在藏差人，今年未差人，我們遷移，必出一事，我們人等皆猜說，聞車凌端多布二路來大兵〔註1071〕，他們詳商，內兵牧馬甚怠，我們迎去取他們馬群，得馬群，他們兵雖多，如何能走，尚未知，我們今來情形，即棄，同去台吉前，如何稟告，聞詳商不拘如何，親領兵試看，不能支持，則再由哈拉詹胡查順嘎斯路回去。再先藏地衆唐古忒等多懼我們，今聞好幾路大兵來送達賴喇嘛，唐古忒等竟向我們反目，顯然另有打算，現藏內我們準噶爾人一個不留，皆帶來等語。隨來之濟木巴與我們厄魯特藍翎巴爾蘇拉等相識，土爾扈特人車木伯爾隨行繕文人是實等語。濟木巴告稱，車凌端多布等、噶隆達什扎克巴等，持守三頭目調來四五千兵留喀拉烏蘇等處。領來第巴阿爾布巴告稱，唐古忒人等怨恨準噶爾，晝夜盼望聖主搭救，早為大將軍王知悉，適我洛布臧來時，噶扎克巴、倭隆奈、旺扎克〔註1072〕亦渴望大兵何日能來，今唐古忒人等被準噶爾壓制無法迎接，如果大兵來至，聞達賴喇嘛眞來，闔唐古忒等必叛離準噶爾等語。查此攻討時共殺賊二十，得備鞍馬十餘匹，得槍腰刀撒袋等械亦十餘件，再得準噶爾馬內一黑馬，濟木巴認識告稱，此馬我們霍朔特棍楚克勇士〔註1073〕所騎之馬，棍楚克出名之人，戰時勇猛，獨自衝陣，軍隊隨之。

〔註1071〕 此句意為車凌端多布聞二路來大兵。
〔註1072〕 阿爾布巴之兄。
〔註1073〕 原文作棍楚克勇，今改為棍楚克勇士。

是以延信即將滿洲綠旗察哈爾扎薩克青海之兵，編成隊伍，取高排列，遠望看見高山之險，四五十二十五十百，又或時數百兵之光景，賊見我們兵即過山敗去，山險地惡，看皆草墩，賊等各牽剗馬間隔，追趕不及，收兵回營。

十七日由博克河起行時，大軍仍照舊編隊搜山谷，四面遠望並無敵兵，是以大兵恰恰收回，在沙克河安營，延信心記大將軍王之教諭，令我等謹慎行事，現至沙克河，看準噶爾情形，恃人逸馬肥，晝則列陣，夜則揚聲，使我們兵馬疲困，設追隨他們兵聲音，則我們兵馬徒勞，與事無益，現準噶爾賊棄藏計窮，惟幸竊得馬匹敗逃，是以延信與各大臣共商，晝則兵編隊伍，預備妥協，夜則哨探嚴防，馬各繫備外，餘馬皆圍內牧放，無晝夜嚴防，賊雖奸詐，亦至計窮，此間賊或白晝來侵犯，或夜來侵犯營壘，則即行殲殺。現車凌端多布等遷移婦孺，在喀拉諾爾至喀拉烏蘇，他遷移之力並質明彼處唐古忒之形勢可成，再示以天威，一次使定，如此聖主所交之事，斷不至有失，同商議等語。上年土事瑚畢圖差為使者，委護軍校綽班代〔註1074〕，路上相識隨來，準噶爾濟木巴交綽班代，八月十九日由沙克河起行，解送大將軍王軍前。據濟木巴所云，噶隆達什扎克巴、第巴堆巴、代琫洛布臧等唐古忒四五千兵，車凌端多布等留喀拉烏蘇等候等語。咨文曉諭噶隆達什扎克巴、第巴堆巴、代琫洛布臧等內稱，今聖主推廣黃教，以安眾生，我們大兵青海王台吉等共調兵護送達賴喇嘛西藏坐牀，大兵現來至沙克河，早晚至喀拉烏蘇，聞準噶爾濟木巴告稱，車凌端多布等你們調來兵住喀拉烏蘇等語，我們大兵劫準噶爾賊營一次〔註1075〕，賊今處處躲避敗退，早晚即被殺盡，你們斷不可向賊，當圖常受聖主無窮重恩，以前大將軍王曉諭你們，有咨行之處，你們即遵照大將軍王之教導遵行，我們大兵至喀拉烏蘇，你們即領兵來尋，事成後，你們從此得各安生理等言，繕唐古忒文，咨派第巴阿爾布巴人，此等情形，令將軍噶爾弼等亦知咨文等語。

又據隨來厄魯濟木巴告稱，車凌端多布等曾商，內地兵力強大，則奔嘎斯路去，往〔註1076〕德布特哩，有劫軍營回去相商之言，臣即咨訥欽王納爾蘇等，賊被我們兵劫，必奔你們嘎斯路去，你們嚴防哨探，營壘妥為堅防，馬全在圈內牧放，遣人遠望，預備妥協，車凌端多布等敗至德布特哩、哈濟

〔註1074〕第一〇五號文檔作委護軍校綽班岱，本文檔前文作委護軍校綽班。

〔註1075〕此句意思相反，應為準噶爾兵劫大軍營一次。

〔註1076〕原文作住，今改為往。

哩〔註1077〕地方，力窮可殺，則即橫截殺盡，車凌端多布等若差人尋路，則照皇父降旨，他們兵勿犯，惟保守隨人，拏獲解送，速即咨行。

再問委護軍校綽班代，得知將軍噶爾弼至喀拉烏蘇之信否，據稱將軍噶爾弼是月二十日至喀拉烏蘇，差唐古忒人咨文將軍延信，將軍延信帶達賴喇嘛二十一日抵達喀拉烏蘇。隨來厄魯特濟木巴，聞先準噶爾賊在喀拉烏蘇等處築砌營牆居住確否，據稱此無影事，攻敗回去，聞報受傷二百餘，準噶爾賊膽驚破，落荒敗去，其餘略同告將軍延信之言。賞給濟木巴銀衣等物，送來濟木巴交委護軍校綽班代，理藩院領催畢什勒拉圖八月二十九日起行，解送御前。再前大臣謹遵聖旨，向暖處領兵緩餵馬匹，在索羅木等處等候喜信，奏聞轉回等語，今仰託皇父威福，我們所進大兵劫殺賊匪，車凌端多布等欲支，力不及，竊馬不得，計窮敗退，臣領兵緩進餵養馬牲口，向西寧起行，此間定藏，達賴喇嘛坐牀喜信到後，另行奏聞外，爲此恭摺奏聞。

[217] 派台吉額爾德尼吉農防護驛糧摺（康熙五十九年八月二十九日） [2]-《卷十》

奏爲派兵防護驛糧事。

八月二十八日平逆將軍延信稟稱，本隊大兵現由諾莫歡烏巴什來到沙克河，每日與賊對恃，準噶爾賊極奸詐，雖正面不敢來侵我大兵，但由後面偷犯竊取驛糧，來去不測，須預先防守堅固。延信與各大臣商議，事先台吉額爾德尼吉農向我告稱，我帶兵報答聖主重恩，如有差遣，情願奮勉從事，因詢伯勒奈驛言移糧之處，額爾德尼吉農告稱，索克詹丹等處住達賴喇嘛之人，梅穆拉拉甘地方住我所屬唐古忒，由此路會合喀拉烏蘇邊界布拉克，可以至藏，我蒙聖主隆恩，此路有我屬唐古忒人等，驛糧移到此路，則我親帶二百兵，盡力運糧，牲口等有乏倦被斃，則由我屬唐古忒量得勒派幫助，有索克詹丹等處達賴喇嘛之人等，由雅布領取印文，亦派取牲口幫助運糧，準噶爾賊不至，與事有益等語。再問此路地方情形，額爾德尼吉農告稱，驛由烏訥郭爾、扎哈爾、阿克達木之源，至沙魯拉、布柴、索克詹丹可以到藏居住。運米之路，則現過諾莫歡烏巴什嶺來糧，則博克河以下至拉青地方，諾莫歡烏巴什嶺邊來糧至梅穆拉拉甘地方，由此二處來糧，皆沙克、昂吉爾、倭洛木地方合路，由此又有二路，由上路來則走嘎欽路，由下路來則走禹克路，

〔註1077〕清代史料常作喀濟爾，與德布特爾不遠。

此二路皆喀拉烏蘇邊，合布拉克由梅穆拉拉甘，略計走二十餘日則可以至藏，如是辦理居住，則多時驛站人等所食口糧，馬喫之草，均可得到等語。是以即照額爾德尼吉農所告辦理，額爾德尼吉農、員外郎阿拉善八月十九日由沙克河起行，為此稟報等語。臣維青海人等感皇父仁德之教化，恭順年久，此次出兵各奮勉出力，今近至巴台，額爾德尼吉農又自知奮勉，親告驛糧運至堅固之處，皆感戴皇父深恩所致，所有額爾德尼吉農奮勉之處記錄，事定時奏聞皇父施恩，此故令將軍延信咨告額爾德尼吉農外，為此恭摺謹具奏聞。

[218] 拏獲盜馬賊人審訊懲治摺（康熙五十九年八月二十九日）
[2]-《卷十》

奏為拏獲盜馬賊匪懲治事。

臣領兵由木魯烏蘇回歸，八月十三日撤至喀拉郭爾地方，出放牧群之哈拉敏等差牧長烏巴什來告稱，本月十一日夜倭爾多斯〔註1078〕蒙古等失去十五匹馬三匹騾，倭爾多斯蒙古雙闊爾班第次日即追踪尋找，回來告稱，跟踪追跡至固爾班諾莫歡地方，看見一蒙古二騾在山谷內隱藏拴繫，我去牽騾，四蒙古持槍向我尋來，我們二人力不能及，即告出放牧群侍衛等官員等，共領十二人，令蒙古雙闊爾班第指示追去，一面差我們來告。十三日早來告後，臣即交二等侍衛戴齊哩、三等侍衛珠瑪善〔註1079〕、藍翎固色米丟、護軍達什拉圖等二十鳥槍護軍，一百前鋒追去，令侍衛等接連追去。侍衛等來至告稱，我們去追賊時，言分二路，皆在固爾班諾莫歡地方會見，左翼四阿哥〔註1080〕之二等侍衛推勒克、九阿哥〔註1081〕之二等侍衛烏禹齊、十二阿哥〔註1082〕之郭什哈〔註1083〕馬來、正黃旗之雲騎尉沙木巴扎布、牧群行哈拉敏、右翼八阿哥〔註1084〕之三等侍衛哈勝、十阿哥〔註1085〕之三等侍衛溫泰、正白旗藍翎蘇克東額、公綽克圖、蒙古護軍校噶拉瑪臣、三等侍衛六格、牧長巴雅爾圖、

〔註1078〕清代內扎薩克蒙古之一部，常寫作鄂爾多斯。
〔註1079〕第一八九號、第一九二號文檔作珠瑪山。
〔註1080〕指清聖祖第四子胤禛，繼清聖祖為清世宗。
〔註1081〕指清聖祖第九子胤禟。
〔註1082〕指清聖祖第十二子胤祹。
〔註1083〕常寫作戈什哈，清代高級官員之侍從護衛。
〔註1084〕指清聖祖第八子胤禩。
〔註1085〕指清聖祖第十子胤䄉。

牧副西敬等尋踪行至哈濤，蘇克東額追進山谷內，看三十餘蒙古在彼下營，皆拴有印馬，要拏賊，因力單，以善言誘說，時六格、西敬亦到，共以巧說拉取有印馬十五匹三騾。我們候左翼去人尋到，相約一齊進拏，護軍校噶拉瑪見山下一人追來，我們相向夾追，賊被逼棄馬逃走，護軍校噶拉瑪先到擒獲，問名那木喀爾連，咨行官兵，皆哈勝、蘇克東額，我們二人引去拏賊時，餘賊皆未動，群內敗出，向三賊追去，哈勝拏獲賊祖木塔爾，蘇克東額拏獲賊喇嘛達什，溫泰拏獲賊胡拉沁。查問為首人等何名，你們屬誰，如何在此處安營，你們合夥幾人，如何竊得我軍馬騾。據供稱，我台吉，我名查罕。又一供稱我名齋桑諾爾布，我們皆貝勒阿拉布坦溫布屬人，隨我們貝勒來當兵，因受瘴氣病了，我們二十一人，並我們貝勒盟巴克他喀，台吉車凌屬喀拉喀〔註1086〕等十四人，亦因病，將我們一併留在木魯烏蘇，皆交我們二人管理，喀拉喀等一窩鋪七人，拉來有印馬騾，向我告說他們對換來的，現你們拏獲四人，在一窩鋪拏獲喀拉喀沙克都爾、宗堆，給你們拏獲等語。拏獲喀拉喀宗堆、拉瑪、達什、那木喀爾、尊塔爾、沙克都爾、胡拉沁等七賊，台吉查罕、齋桑諾爾布親將馬騾一併拉來等語。臣對台吉查罕、齋桑諾爾布云，你們青海台吉等皆固什汗之子孫，聖主各皆封王貝勒貝子公，倍加慈惠，屢施重恩，今策旺阿拉布坦無故毀你們固什汗所立黃教，殺拉藏汗，毀佛教，土伯特闔境眾生飽受災難，聖主不忍看視，特委我大兵推廣黃教，以安眾生，此乃你們青海人等之事，你們理當報聖主之恩，凡應効力之處，奮勉行事，嚴禁下人等盜竊，得內兵馬，即應送來，方合道理，你們兵來人說病，推諉落後，你們下人等又偷拉我們內兵人等有印馬騾，你們並未露出，如果對換，則查驗有憑據否，你們未查，為何隱匿。再喀拉喀等七人，以前有無行竊之事，若所供少有不實，即將你們以法處示眾。據供稱，聖主誠為滿洲佛，想我們青海台吉等皆固什汗之子孫，各封品級，崇貴至極，再我們下人等屢蒙重恩，不可勝數，我們青海闔境人等，不分晝夜無不合掌禱祝感激，今因黃教並我們眾生，聖主籌劃，特派大將軍王親來到此草木不生絕域極邊地方，我們如蟻蛭，理當皆在大將軍王前誓死効力，我們所管台吉車凌所屬喀拉喀等七人，將有印馬騾，他們換拉，向我們告說，我們理當查問換據，甚是愚昧，未行查問，即是死罪，我們有何供答之處，惟不知偷拉馬騾是實，生殺

〔註1086〕常寫作喀爾喀，即清時期漠北蒙古四部。

在大將軍王處置，喀拉喀等七人，平時在青海有行竊人之馬牛羊之處，這些皆賊是實，拏獲帶來賊喀拉喀拉瑪、達什、宗堆、尊塔爾、那木喀爾、沙克都爾、胡拉沁。再諭我們大兵特爲黃教大事來，你們雖小人等，亦當各自奮勉，今反偷我們兵丁馬匹，你們內誰起意行竊，以前行竊多少次，除你們外，還有人否，你們誰能據實供認，則即寬免，案經一一嚴加訊問，沙克都爾、胡拉沁供稱，大將軍王前我何敢不據實供認，先此喀拉喀拉瑪、達什、尊塔爾、宗堆、那木喀爾、洛布臧、色布特恩等七人，向我們商議去偷盜馬匹，我們畏懼，未敢隨從，十一夜見偷拉馬騾，洛布臧、色布特恩現在窩鋪，將此問喀拉喀，瞞得麼等語。喀拉喀拉瑪、達什、尊塔爾、宗堆、那木喀爾對問，喀拉喀等五人供稱，我們已行竊被獲，何敢隱瞞，我們今據實供，我們五人並與洛布臧、色布特恩商議，偷拉內兵人等馬騾是實，糾合沙克都爾、胡拉沁，此二人並未去，洛布臧、色布特恩現在窩鋪，沙克都爾、胡拉沁未行竊之處是實。臣將這些寬免外，喀拉喀等五人與洛布臧、色布特恩會同行竊馬騾是實，他們親自承認，台吉查罕、齋桑諾爾布、青海蒙古等前，將喀拉喀拉瑪、達什、尊塔爾、宗堆、那木喀爾即行處斬，懸首示衆。台吉查罕、齋桑諾爾布你們因洛布臧、色布特恩係夥賊，一併未咨送，將你們應從重治罪，問現給你們限期將洛布臧、色布特恩去拏獲。供稱洛布臧、色布特恩與彼行竊，不知影踪，若知那能不拏獲，大將軍王開恩給限，我們內去一人，必能拏獲，限本月十七日，臣准如所請，留齋桑諾爾布，台吉查罕你今即回去將洛布臧、色布特恩拏獲，由八月二十日進必往軍營送來，所限日內不來，則將齋桑諾爾布依法處治，一面差交，遣兵將伊妻子皆連坐。本月十八日台吉查罕差訥愷等四人來至告稱，我們台吉查罕照大將軍王交至窩鋪地方，拏獲洛布臧、色布特恩，親自送來，連夜趕去，路上中瘴，頭暈不食，色布特恩、洛布臧交我們四人解送，十七日至巴彥喀拉嶺下住夜，我們騎來馬忽驚跑，我們四人各去追趕拏回來時，看洛布臧連拴繩步行逃跑，我們至爲驚慌，處處尋找未得，天亮後尋找亦未得到，大將軍王給限內，如將洛布臧、色布特恩送來，咨請寬免，我們叩請將逃洛布臧急速必拏獲解送。又問拏獲解送賊色布特恩、洛布臧，你們二人與喀拉喀拉瑪、達什、尊塔爾、宗堆、那木喀爾如何偷馬，少有巧飾，則即刻處斬。供稱大將軍王前怎敢不實供，八月間不記日，喀拉喀拉瑪、達什二人，宗堆、尊塔爾、那木喀爾五人與我們二人至大路，看一群唐古忒買賣人等拉趕馬牛來，我們去偷馬來時，我們五人隨言喀拉喀拉瑪、達什引去，夜至山頂上，喀拉喀言人多進則驚覺，拉瑪、達什、尊塔爾、洛布藏我們四人去，那木喀爾、宗堆、色布特恩，令你們三人在此等候，我們三人立在山崗上等候不久，喀拉喀等四人趕來一群馬騾，我們七人拉去是實，我們想是唐古忒人等之馬，竟不知內軍之馬，知則喀拉喀拉瑪、達什二人知之等語。又訥凱等四人，你們送來賊洛布藏，因逃脫，你們即當殺，你們趕緊拏獲送來，暫且寬免你們死罪，齋桑諾爾布留在此處，咨令釋放，你們與你們各台吉會同妥爲勤勉，查拏逃賊洛布藏解送完結，若拏獲不解送，皆殺你們，嚴交咨行外，齋桑諾爾布並賊色布特恩圈禁，俟拏獲洛布藏解送時，核對口供，訊明實情，洛布藏、色布特恩皆處之以法，台吉查罕、齋桑諾爾布因管理無能，量加懲治完結，爲此恭摺謹具奏聞。

[219] 遵旨將上諭派員弛驛送交班禪摺（康熙五十九年九月二十一日）[2]-《卷十》

奏爲欽奉旨上諭事。

九月初十日臣領兵在朔隆嶺地方安營時，理藩院咨行，康熙五十九年八月十八日乾清門頭等侍衛拉什傳奉諭旨，今藏事皆定，班禪額爾德尼此數年被準噶爾兵勒派，迄未能遣使請安，今大兵至藏，班禪欲遣使請安，不可略存難色，並應先加慰問，向班禪問好，如此則班禪以爲榮，闔衆聞知亦好，著議政大臣咨行班禪，將旨文交其閱看，並令咨行大將軍王，由大將軍王處派喇嘛一名、妥實章京一名，速即馳驛遣赴班禪處，班禪遣使給我請安，亦速即帶來，欽此欽遵等因。議政大臣咨行班禪旨文，著兼繕蒙古唐古忒文紬，並蒙古王台吉等喇嘛等班禪額爾德尼咨文一併馳驛咨行，查喇嘛達木巴噶隆、理藩院郎中鍾佛保先在西藏行走之人，臣派達木巴噶隆、鍾佛保，旨文紬並蒙古王台吉等喇嘛等班禪額爾德尼咨文一併交令速去，本月十二日伊瑪圖〔註1087〕安營之日馳驛起行，爲此恭摺謹具奏聞。

〔註1087〕《欽定大清會典事例》（嘉慶）卷五百六十作依瑪圖，《清代唐代青海拉薩間的道程》解爲《欽定西域同文志》之雅瑪圖郭勒，以濱河多山羊故名，溫泉以東以北的山脈是登弩爾特山（《欽定西域同文志》九二一頁），往北流經山中的河是衣麻圖河，衣麻圖站在此河沿。以今地圖視之，北流之河即今之水塔拉河，《玉樹調查記》頁一八三註釋十六亦言依瑪圖河爲今水塔拉河上源，但距離不符。佐藤長所指之依瑪圖河應爲青海省興海縣之黃清河，此地當在青海省興海縣黃清河邊之大河壩附近，《中國分省系列地圖集 青海省》。

[220] 謝賞給軍餉摺（康熙五十九年九月二十八日）[2]-《卷十》

奏爲叩謝天恩事。

臣領兵來時，一切物件皆蒙皇父賞足，旋蒙恩賞銀十萬兩，綢五百疋，食用之物無數，恩施至重，臣毫無作爲，今又施恩，令員外郎瑪泰特持賞銀三萬兩，臣敬謹祗領，望闕謝恩，皇父如此慈賞，臣感激歡悅，惟未得仰瞻聖顏，心中甚急，定藏喜信來至，即將皇父賞銀催驟趕緊運去，仰瞻皇父聖顏，催驟餘銀請酌辦軍需，爲此恭摺謹具奏聞。

[221] 撫遠大將軍胤禎奏謝賞物及大軍進藏摺（康熙五十九年九月二十八日）[1]-3532

臣胤禎謹奏，爲謝恩事。

臣七月二十六日奏報，八月三十日到，請安摺內奉硃批，朕體安，八月初六日出，十三日駐蹕唐三營〔註1088〕，正午，此奏報到來之後，將先前三個報匣內，由朕親裝小物遣發，令爾喜悅之。今年炎熱，現未往木蘭，圍獵甚熱，糧田已收近十分，此際喜報，絡繹不絕。阿爾納等已降服吐魯番，富寧阿〔註1089〕等奪戰，一人未傷而返，傅爾丹〔註1090〕、祁里德〔註1091〕等成功消息方至眼前，先捕獲之哨卒，均送至朕前。因喜報抵至，朕安心等候等因。臣聞知，皇父聖躬萬安，今年又仰副聖意，糧食已收近十分，臣不勝喜悅。再仁賞刻有咒語之金銀錢幣，顯微鏡望遠鏡火鐮，荷包，金玻璃銅各色磁燒琺瑯鼻烟壺連同荷包及糖漬三種果，恭謹接領，謝恩。逐一開閱，不識之物甚多，皇父不辭勞苦，親督裝荷包，每件標有御筆字，臣方辨認以何焚製鼻烟壺之名。再所賞雞血石鼻烟壺，益加奇特，平素皇父預見一切，運籌帷幄，均無不符，故臣內心讚歎不已。今皇父又賞御佩之雞血石鼻烟壺，臣如獲至寶，欣喜恭敬隨身佩戴，金銀錢幣，均賜諸子各一枚。再爲四路進攻之將軍大臣等，拏獲賊之哨卒，吐魯番歸降事所上奏摺，由部遵旨謄錄咨行後，臣逐閱甚喜。繼之所報皇父仁賞木蘭之鮮肥鹿尾舌肉，同將軍傅爾丹之軍俘獲準噶爾四百餘人，馬六千匹等喜訊，於九月初九日到。再臣八月初二等日之報，九月二十三抵達之請安摺內，奉硃批，朕體安，圍獵平安竣事，九月十

〔註1088〕當爲唐三營行宮，在今湖北省隆化縣唐三營村。
〔註1089〕《平定準噶爾方略》卷七頁二十二作靖逆將軍富寧安。
〔註1090〕《平定準噶爾方略》卷六頁二作振武將軍傅爾丹。
〔註1091〕《平定準噶爾方略》卷七頁十八作征西將軍祁里德。

三日將自博洛和屯之木蘭鹿尾肉一併遣送，欽此。臣謹閱之，二次領受所賞鹿肉，謝恩，同諸子飽食之。於邊陲獲食此肉，實非所期者，木魯烏蘇等處雖有鹿，肉並無味，斷不及木蘭之鹿。竊思臣率兵駐木魯烏蘇，並未遇敵交戰而盡微薄之力，而皇父仁愛，不斷施恩，臣實感激且羞愧。謹思仰賴皇父威福，諸路大軍進發，均無不勝者。四路進攻大軍之喜訊陸續稟報，阿爾納等降服吐魯番，將軍富寧阿之軍奪戰，一人未傷返回。臣我隊進藏之軍，遇敵即剿殺之。將軍傅爾丹之軍深入賊界，連續剿捕逆賊，俘獲馬畜，踐踏田地，放火焚糧。將軍祁里德之軍大舉剿殺逆賊，察噶希之子寨桑色布騰降服羅卜藏希喇布等，擄獲馬畜萬餘。再車凌敦多布喪膽敗逃，或被我等拏獲，平定藏地後，達賴喇嘛坐牀之喜訊不久即至，臣眼下得以朝觀皇父之聖顏，朝觀之後，謹叩謝皇父二年仁愛之鴻恩，故內心不勝喜悅，為此具摺謹奏。

　　硃批，知道了。

[222] 撫遠大將軍胤禛奏地方官員獻物品摺（康熙五十九年九月二十八日）[1]-3533

　　臣胤禛謹奏，為奏聞事。

　　臣率兵自木魯烏蘇返回時，管理博克達〔註1092〕班禪商上事務之墨爾根綽爾濟遣其徒來迎，向臣問好，獻香一束劣素珠一串羊八十隻之後，臣受香一束，素珠羊隻均卻之，賜給餑一匣，炒麵一袋遣之。管理達賴喇嘛商上事務之堅贊喀木布親來迎，向臣問好，獻馬十匹牛二十頭羊一百隻後，臣受馬二匹，其餘馬匹牛羊均卻之，賜給綢二疋遣之。回子達爾漢伯克博洛特之莫葉、回子薩里親來，向臣問好，獻小刀一把羊一千隻馬二匹後，臣受小刀，將羊隻馬匹均卻之，賜給綢一疋遣之。回子達爾漢伯克博洛特親來迎，向臣問好，獻羊三百隻，均受之，賜給蟒緞二疋綢六疋，遣之。達爾漢伯克博洛特之婿回子鄂爾克伯克親來迎，向臣問好，獻羊一百隻，均受之，賜給蟒緞一疋，綢三疋，遣之。台吉阿布濟遣人迎之，向臣問好，獻香二束小刀二把駝一頭馬二匹後，臣受香小刀駝，卻馬，賜給餑二匣綢二疋，遣之。親王羅卜藏丹津之姐土爾扈特台吉額爾德尼濟農之妻遣人迎，向臣問好，獻牛一頭羊十隻後，臣告伊等所遣之人，告爾等之妻，台吉既往軍營，我所受領之數可矣，故將牛羊均卻之，賜給綢一疋遣之。親王羅卜藏丹津之二母福晉、伊妻福晉

─────────────

〔註1092〕譯者註，博克達，蒙語神聖之意。

遣人迎之，向臣問好，獻香一束駝十頭馬十匹牛三十頭羊四百隻炒麵四袋後，臣受駝二隻馬一匹、炒麵、香，其餘馬駝牛羊均卻之，賜給綢八疋，遣之。親王羅卜藏丹津之妹扎薩克頭〔註1093〕等台吉格勒克之妻遣人迎之，向臣問好，獻馬二匹，臣受馬一匹，賜給綢一疋，遣。察罕諾門罕〔註1094〕遣伊之徒弟來，向臣問好，獻香五束馬一匹，臣僅受香，賜給綢一疋，遣之。原貝勒達彥之妻福晉察罕達喇親來迎，向臣問好，獻駝五頭馬十匹牛十頭羊一百隻，臣受駝一頭馬一匹羊二隻，其餘馬駝牛羊均卻之，營外支帳以後，飲茶食飯果，賜給綢四疋，遣之。貝勒色布騰札勒遣人迎之，向臣問好，獻馬二匹，臣受馬一匹，賜給綢一疋，乳餅一匣，遣之。額爾德尼台吉藏巴札布〔註1095〕之母及伊妻遣人迎之，向臣問好，獻香二束馬二匹，臣僅受香，賜綢一疋遣之。西寧衛屬達特瑪呼圖克圖遣人向臣問好，獻駝二頭馬十匹，臣受駝一頭馬一匹，賜給綢三疋遣乏。希勒圖達賴諾門汗親來迎，向臣問好，獻利瑪鄂袞達喇額克佛一尊宗喀巴佛一尊馬十匹氆氌四塊，臣受宗喀巴佛馬一匹，其餘馬氆氌均卻之，賜給綢二疋，飲茶、食果遣之。西寧衛所屬達木巴囊蘇親來迎，向臣問好，獻馬二匹，均受之，賜給綢二疋，遣之。禪師羅卜藏親來迎，向臣問好，獻馬一匹，受之，賜給綢一疋，遣之。魯木布木囊蘇親來迎，向臣問好，獻馬二匹，均卻之，飲茶遣之。台吉車凌敦多布及伊母遣人來迎，向臣問好，獻香三束馬二匹，僅受香，賜給綢一疋，遣之。公車凌親來迎，向臣問好，獻駝一頭馬二匹退毛羊四隻奶油五袋，臣受退毛羊奶油，馬駝均卻之，飲茶，賜給綢一疋，遣之。棟闊爾呼圖克圖〔註1096〕親來迎，向臣問好，獻香四束馬五匹牛十頭羊一百隻，臣僅受香，賜給綢一疋，飲茶，又為熬茶，賜給銀一百兩，遣之。台吉伊希珠勒札布遣人迎之，向臣問好，獻馬三匹，均未受卻之。駐松山達克隆呼圖克圖遣伊之徒弟來迎，向臣問好，臣受所獻之香四束，賜給綢一疋，遣之。為此具摺恭謹奏聞。

〔註1093〕 此處補頭字。
〔註1094〕 原文作察罕諾門，今改正為察罕諾門罕。指第三世拉穆活佛羅桑丹貝堅贊，曾學經於哲蚌寺郭莽扎倉，清康熙二十一年於今青海省尖扎縣建德千寺，為七世達賴在塔爾寺出家時之堪布與經師。
〔註1095〕 顧始汗第六子多爾濟之孫，其父畢嚕咱納，《蒙古世系》表三十七失載，《如意寶樹史》頁七九○後表五作額爾德尼台吉策旺札布，其父畢塔咱那。
〔註1096〕 棟闊爾即今名之東科爾寺。該呼圖克圖係五世東科爾活佛索南嘉措，清代駐京呼圖克圖，今青海省尖扎縣人，甘南拉卜楞寺第二世加木樣官卻晉美旺布之叔。

硃批，知道了。

[223] 撫遠大將軍胤禛奏為調軍情形摺（康熙五十九年九月二十八日）

[1]-3534

臣胤禛謹奏，為奏聞事。

先臣駐木魯烏蘇，借進兵之威，本欲候喜訊。然因官兵病者甚多，臣於木魯烏蘇應辦之事均已辦理完竣。若久居遇寒恐馬畜受損，欲依皇父諭旨，乘暖餵養馬畜，逐漸移牧至索洛木等地，以候喜訊等情奏聞之後，八月初十日率兵自木魯烏蘇返回，抵達索洛木之喀喇郭勒後，平逆將軍延信遣委護軍校綽本泰〔註 1097〕來報喜訊，且官兵仍有病者，臣及諸子亦稍有不適，故此餵養馬畜，漸移牧之西寧等因，於八月二十九日奏聞。今仰賴皇父之福，臣、諸子及官兵於九月二十六日均妥抵西寧。臣親率兵前來時，雖有病亦不甚重，馬畜無甚損失。臣來至後告稱雪大牧草枯竭，驛馬多受損傷，且驛站兵丁亦有傷病者等語。現正值軍機孔殷之際，驛站甚要，故臣即遣派鄂爾多斯兵丁一百七十名，除伊等現有之馬匹外，每人各多賜一匹壯馬及犒羊茶銀，交付員外郎常明珠，著至木魯烏蘇增駐各驛站。原駐之青海蒙古兵若有逃減者，則飛咨各處補駐。綠營兵有減少者亦查之，將木魯烏蘇護米之綠營兵攜回，如數補駐，又於每驛站各增四名以駐等情，自阿希罕驛站〔註 1098〕處遣回之。

再自將軍延信遣綽本泰報一次喜訊以來，再無稟報之處，我等軍力甚強，征戰之將軍等又謹遵皇父之深謀指教，堅信而行。竊思務必殺盡逆賊，降服平定西藏，此毋庸置疑，今西地之喜訊暫未至者，恐因驛站之馬畜減瘦，稍有遲延，臣又著領催、蒙古嚮導辦理壯馬四十匹後，賞茶銀犒〔註 1099〕羊，交付新滿洲牛錄章京奧其爾，往迎西地之喜訊，遇將軍延信等所報之事，爾親攜之速來等因，西地喜訊到後，再行具奏，恐皇父聖心憂煩，故此先具摺恭謹奏聞。

硃批，知道了。

〔註 1097〕 第一○五號文檔作護軍校綽班岱、第二一六號文檔作護軍校綽班、綽班代。
〔註 1098〕 《欽定大清會典事例》（嘉慶）卷五百六十載名哈什哈水。《寧海紀行》記有阿什汗水城，在黑城子東南，城稍大，此城距倒淌河四里餘，即今青海省共和縣倒淌河鎮附近。
〔註 1099〕 原文誤作凜，今改正為犒。

[224] 撫遠大將軍胤禛等請安摺（康熙五十九年九月二十八日）[1]-3535

臣胤禛等恭請皇父萬安，爲此具摺謹奏。

臣胤禛、弘曙、弘智、弘曦。

硃批，朕安，今年腿腳甚好，照常乘馬，如先年哨鹿圍獵，忍耐而行，此論於密雲行宮繕寫發之。

[225] 撫遠大將軍胤禛奏為地方官迎接獻物摺（康熙五十九年九月二十八日）[1]-3536

臣胤禛謹奏，爲奏聞事。

臣自木魯烏蘇返回，九月初十日宿索龍口，陝西總督鄂海遣人迎臣，獻馬十匹駝十頭及食物。甘肅巡撫綽奇遣人迎臣，獻馬八匹駝六頭哈密瓜八十個。西寧總兵官王義乾〔註1100〕遣人迎臣，獻馬二十匹哈密瓜八個。涼州總兵官李忠岳遣人迎臣，獻掛麵等食物。署理寧夏總兵官事務參將董玉祥遣人迎臣，獻稗子米等食物。鞏昌府知府和圖〔註1101〕遣人迎臣，獻馬二十匹及果品等物。陝西巡撫噶什圖及於西寧辦事之道員趙希錫〔註1102〕，江罔〔註1103〕，王廷洋，李玉堂，知府王景浩〔註1104〕，張濤，周春元，同知金智彥〔註1105〕，各遣家人迎臣，共獻馬一百匹駝六十頭。本月十八日宿塔蘇爾海，雲南巡撫甘國璧〔註1106〕遣人向臣問好，獻茶葉等物。本月二十三日宿巴顏諾爾〔註1107〕，署理甘肅巡撫事務侍郎華山遣人迎臣，獻馬十匹。布政使折爾金遣人迎臣，獻駝四頭馬八匹騾二頭。署理按察使事務通政使富山遣人迎臣，獻馬四匹。二十五日宿鎮海堡〔註1108〕，臨洮之道員江古泰〔註1109〕遣人迎臣，獻馬二匹後，臣向伊等所遣之人曰，爾等歸告於各自主人，從遙遠處特送馬駝食物，

〔註1100〕《平定準噶爾方略》卷三頁三十七作西寧總兵王以謙。
〔註1101〕《甘肅通志》卷二十八頁四十七作何圖。
〔註1102〕《甘肅通志》卷二十八頁三十八作撫治西寧道趙世錫。
〔註1103〕《甘肅通志》卷二十八頁三十五作分守涼莊道蔣洞。
〔註1104〕《甘肅通志》卷二十八頁四十五作臨洮府知府王景灝。
〔註1105〕第二一五號文檔作金志硯。
〔註1106〕《平定準噶爾方略》卷七頁三十六作雲南巡撫甘國璧。
〔註1107〕《欽定大清會典事例》（嘉慶）卷五百六十作巴彥諾爾，諾爾爲蒙古語，湖泊之謂，該湖位於青海省共和縣恰卜恰鎮東巴村東十餘里，《寧海紀行》載其東西長六里，南北闊二里餘。
〔註1108〕原鎮海堡位於今青海省湟中縣多巴鎮通海村。
〔註1109〕《甘肅通志》卷二十八頁二十八作江際泰。

曉爾等之誠意，惟我之馬駝甚多，無需用此馬駝之處，既然食物自遠處業已送來，我受之賞與官兵等因，故受食物，將馬駝均卻之。賞與此等人棉衣各一件，爲此具摺恭謹奏聞。

硃批，知道了。

[226] 撫遠大將軍胤禎請安摺（康熙五十九年十月十二日）[1]-3537

硃批，朕體安。

臣胤禎等謹請皇父萬安。

押送來降厄魯特之二等侍衛赫達色〔註1110〕九月十二日到，員外郎佟智於十月初六日到，自伊等處欣聞皇父聖體萬安，氣色甚光澤，爲此具摺謹奏。

大將軍王臣胤禎。

平王臣訥爾蘇。

前鋒統領臣弘曙、臣弘智、臣弘曦。

公臣嫩托和。

公臣奎惠。

公臣三官保。

都統臣宗室楚宗、宗室海山。

都統臣穆森。

都統臣汪古利。

西安將軍臣宗札布。

閒散大臣伯臣欽拜。

閒散大臣臣拉忻。

護軍統領臣五十八。

副都統臣阿林保。

副都統臣宗室赫世亨。

副都統臣薩爾禪。

副都統臣莊圖。

兵部侍郎臣渣克丹。

陝西巡撫臣噶什圖。

〔註1110〕 第九十五號文檔作黑達色，第二〇三號文檔作和達色。

[227] 選兵備糧並嚴懲擅動銀米妄自靡費之副將周天鑒摺（康熙五十九年十月十二日）[2]-《卷十一》

奏為選兵備糧事。

查原派進藏一萬二千滿洲綠旗兵，守驛二千步兵，住驛八百馬兵皆至木魯烏蘇，臣親與大臣檢閱，柴達木地方一千五百兵內選不能進藏六百餘兵，交侍衛阿齊圖。先調西寧八百餘兵咨訥欽王駐防德布特爾地方，再綠旗兵內選馬好揀留固原一千兵守驛，一千步兵，四百炮手內七百四十〔註1111〕，督標一千兵內五百，涼州一千兵，二百砲手內五百二十〔註1112〕，甘州一千兵，二百砲手內四百七十〔註1113〕，寧夏二百砲手內二十兵，原進藏兵由木魯烏蘇地方帶二月米麨，隨三月米麨，五月米價用取租銀，至藏後買米口糧給兵丁人等，具奏准行在案。此選留一千五百滿洲兵，二千二百五十綠旗兵，預備米麨米價租銀，餘無隨運之處，運米駝牛減少進藏，滿洲綠旗兵應隨運三月米麨，惟一月半米麨交按察使永泰，隨預備一月半口糧，羊牛又節省，餘一月半米麨，此共節餘米麨，交按察司巴什〔註1114〕查收，皆堆存木魯烏蘇地方，共收米麨數目，交報巡撫噶什圖計明，又派五百綠旗兵交副將蓋日新，將米敬謹看守，由藏回來〔註1115〕兵陸續放給。再預備選留兵丁米價租銀由畢罕錢糧內查節省銀兩，現收十五萬四千二百七十九兩餘銀外，查明餘銀照數取還，交巡撫噶什圖，住木魯烏蘇兵雖計給五月，二月半米麨，二月半羊價，彼處竟無賣項，臣動此存米麨暫給兵丁一月二十日不等，至西寧地方住時，所給米麨，照數抵扣，亦交巡撫噶什圖。再在木魯烏蘇所住之兵，除五月米麨羊價外，又應運三月米麨，臣領在木魯烏蘇所住之兵，五月內回來，在木魯烏蘇所存米麨多，此應運三月米麨，皆運至柴達木接濟德布特哩地方之兵，如此則德布特哩地方之兵不須運米，運送柴達木，則運費便可節省，亦交巡撫噶什圖。再住興漢驛八百馬兵〔註1116〕，守驛一千步兵內，住至木魯烏蘇十八驛住三百六十馬兵外，由木魯烏蘇住驛四百四十馬兵，守驛一千步兵，馬牲

〔註1111〕 此句意為七百四十炮手內擇四百。
〔註1112〕 此句意為五百二十炮手內擇二百。
〔註1113〕 此句意為四百七十炮手內擇二百。
〔註1114〕 《清代職官年表》按察使年表作甘肅按察使巴襲。《平定準噶爾方略》卷九頁二十七作甘肅按察使巴襲。
〔註1115〕 原文作後來，今改為回來。
〔註1116〕 此句意為住驛之八百興漢馬兵。

口減損多，再隨三月米麪，減少駝馱，未到日期，米麪皆靡費，此兵竟不可進藏，交他們五月米價，得租銀酌量拉領兵交副將周天鑒〔註1117〕，由木魯烏蘇又給二十日米麪，先咨回西寧，查周天鑒等所給兵丁，擅動銀米，妄自靡費，周天鑒不勤愼王事，任意靡費銀米，廢弛馬駝，至今逼迫兵丁，貽誤軍機之事，甚屬可惡，是以拏獲周天鑒，查明私自動用銀兩，靡費米麪之數，應賠之款，著與漢總兵官楊士昌公同賠償，交巡撫噶什圖，將周天鑒重懲參奏，署固原提督印交總兵官金國振〔註1118〕，詳細查明此次兵丁共給過錢糧鹽茱銀米價米麪數目，按件分晰，明白奏聞，皆交巡撫噶什圖，爲此恭摺謹具奏聞。

[228] 將軍延信稟報到藏撤調兵糧駐守各地摺（康熙五十九年十月十二日）[2]-《卷十一》

奏爲調兵分駐各地防守事。

十月十二日接由西藏報差佐領倭齊哩賮〔註1119〕將軍延信、噶爾弼報文，送到閱看，延信報稱擊敗賊匪，送達賴喇嘛至藏，擇日坐牀等語。再噶爾弼於八月二十三日取藏，迎接延信等兵，照伊奏聞抄咨，臣維皇父預先熟計，對各將軍等詳盡諭教，而官兵仰報世代養育之恩，亦各盡力奮勉殺賊成功，此皆皇父奇謀深遠所致，臣不勝欽佩〔註1120〕，照延信所報另行繕摺謹奏外，閱看延信報文，隨來準噶爾之特固斯、扎哈告稱，車凌端多布等仍由原來路順那克產，由克哩業路回去等語。守嘎斯口住防德布特爾之兵無事，是以訥欽王訥爾蘇你領去滿洲綠旗兵仍來西寧，令住牧養馬，原住柴達木兵丁交都統阿爾恩〔註1121〕，仍令咨柴達木住防。再交侍衛阿齊圖先調西寧六百餘兵，馬牲口軍械，亦送柴達木，咨行副將馬維品〔註1122〕與土司楊汝松領土司兵二千，青海郡王察罕丹津住守努克特，今事大定，咨行馬維品、楊汝松罷兵，

〔註1117〕《陝西通志》卷二十三頁六十八作漢中城守營副將周天健。
〔註1118〕《康熙朝漢文硃批奏摺彙編》第二八六五號文檔自署名太原總兵官金國正。
〔註1119〕原文作賨，今改正爲賮。
〔註1120〕原文作欽遲，今改正爲欽佩。
〔註1121〕《欽定八旗通志》卷三百二十一作滿洲鑲黃旗都統阿勒納。《平定準噶爾方略》卷五頁二十作都統阿爾納。此書因翻譯之誤，易將滿洲鑲黃旗都統阿勒納、由護軍參領陞任蒙古正紅旗副都統阿拉納（《欽定八旗通志》卷三百二十四），散秩大臣阿喇衲（《平定準噶爾方略》卷七頁二十三）三者混淆。
〔註1122〕《甘肅通志》卷二十九頁二十九作洮岷協副將馬維品。

留木魯烏蘇地方守米五百綠旗兵，交副將蓋日新看守等語。今延信奏〔註1123〕達賴喇嘛坐牀，兵可否在藏過多，調回兵由何路咨行等事，議定另報，守米兵撤，藏兵亦一併罷，在彼處米給由藏退回官兵，若有餘米，皆挖窖掩埋，交彼處住驛人等看守行文，再都統穆森領官兵仍住西寧，副都統莊圖領官兵仍住莊浪外，由木魯烏蘇同來涼州隊護軍、和州〔註1124〕隊馬甲，進藏餘蘭州隊官護軍馬甲，內空官護軍馬甲，缺蘭州隊四百餘官護軍馬甲皆未補足，缺馬甲得護軍閑散滿洲等，得馬甲作爲涼州、和州二隊，本年蘭州地方糧所收微少，此二隊護軍馬交都統旺固哩〔註1125〕，副都統和什痕〔註1126〕咨住涼州，爲此恭摺謹具奏聞。

[229] 達賴返藏代爲謝恩摺（康熙五十九年十月十二日）[2]-《卷十一》

奏爲達賴稟請謝恩事。

平逆將軍延信呈報，擊敗準噶爾賊並六世達賴喇嘛稟呈唐古忒文一件，譯文內開，稟呈大將軍王阿哥，阿哥在彼處身體想是安康，聞愛恤眾生，不勝忻喜，我在此處虔誦滿洲聖主萬萬歲，大將軍王阿哥惇信禱祝，勤加唪經，上報滿洲聖主厚恩。再仰蒙王阿哥威力沙扎木呢宗喀巴之徒大兵一齊來見，準噶爾人等已經敗退，今普陀以善來至，令我九月十五日坐牀，以安眾生，以後眾生照先仁慈明鑒，我仍上滿洲聖主增壽萬萬歲，勤勉唪經，請不斷普施仁慈等語。

此文一併呈進，達賴喇嘛哈達一件，伊父索諾木達爾扎哈達一件，再第巴阿爾布巴哈達一件，皆領受外，爲此恭摺將達賴喇嘛稟呈唐古忒文一併謹具奏聞。

[230] 據將軍延信稟克敵大捷親送達賴喇嘛入藏坐牀並辦理善後事宜及各處謝恩摺（康熙五十九年十月十二日）[2]-《卷十一》

奏爲克敵大捷事。

十月十二日平逆將軍延信報文內開，延信先爲此事被大將軍王聞知，我

〔註1123〕 此處補奏字。
〔註1124〕 應爲河州，今甘肅省臨夏市，本文檔同。
〔註1125〕 《欽定八旗通志》卷三百二十七作漢軍正黃旗都統汪悟禮。《平定準噶爾方略》卷六頁十三作都統汪悟禮。
〔註1126〕 《欽定八旗通志》卷三百二十一作滿洲正黃旗副都統宗室赫世亨。《平定準噶爾方略》卷六頁十三作副都統宗室赫世亨，清太祖努爾哈赤長子褚英後裔。

們大兵於八月十五日撤至博克河地方，賊來夜襲，我等滿洲綠旗察哈爾扎薩克兵青海蒙古兵擊敗賊匪，殺二十餘名，奪得馬匹軍械等物，並問隨來濟木巴言，將濟木巴一併解送大將軍王前，繕摺，八月十九日由沙克河地方交委護軍校綽班代咨文外。我們大兵十九日由沙克河地方起行，照先預備，妥協行走，二十日在齊暖郭爾〔註1127〕安營，夜下雨雹，接連終日下雪，三更時忽由西北二千餘賊喊嚷放槍，向營衝來侵犯，我們兵皆預備妥協，即應接放砲燃槍射箭，賊不能久支，遂敗去，天亮得備鞍馬二十四匹，扎槍八杆，撒袋十三分，槍七杆，腰刀五把。延信即派官兵追去，賊皆牽嘎林馬往草地找山險敗逃，追趕不及，即調哨探翼長新滿洲阿隆阿、前鋒章京明泰、護軍參領阿拉那〔註1128〕、藍翎聶克都、護軍校兼委章京達爾濟等領兵追趕。阿隆阿、明泰、阿拉那、聶克都、達爾濟等回來稟告，我們追趕去三十餘里，賊向西過山，竟不見踪影，沿路看受傷賊屍殼有一百，皆剝去衣服，赤身拋擲等語，此攻戰時我們兵馬連一個也未損傷。

二十一日領大兵由齊暖郭爾起行，二十二日在楚瑪拉地方安營，夜下大雪，五更時忽由西邊千餘賊喊嚷放槍，向營衝來，我們營週圍放卡兵砲槍煙火雖利害，皆隱藏預備，即當放砲放槍射箭，賊兵槍藥皆濕，煙火頓滅，天又將亮，賊不能當敗去，延信即派阿隆阿、明泰、阿拉那、聶克都、達爾濟等追趕，阿拉那等回來告稱，去追趕五十餘里，賊跑入草地，過山險無顏敗退，沿路看成群死賊六十餘，得備鞍馬十六匹，扎槍二十一杆，撒袋四分，腰刀五把等語。我們滿洲綠旗兵馬一個未傷，此二次所得馬軍械等物皆給兵丁人等。查準噶爾賊此二次昏夜趁大雪襲營，我兵冒雹雪出卡，兵士皆一半守望，掩蓋槍砲，燃點火繩，隱備妥協，賊來侵犯，即放砲槍，中賊死及二百，昏夜衆放砲槍，誰放中賊身死，不能分晰，惟二十日夜賊由西北向營衝來時，川北總兵官王雲吉、副將楊晉新〔註1129〕等卡，王雲吉親自看砲放槍，楊晉新親自放砲，轟斃一賊，再千總李鶴亦親放砲，殺賊數人，又武秀才王吉槍殺一賊，因將王雲吉、楊晉新、李鶴、王吉等効力記錄。

八月二十八日青海親王羅布藏丹津親問由準噶爾隨來巴木布勒，你何日

〔註1127〕 第五十七號文檔作齊倫郭勒，第九十一號文檔作齊努高勒。
〔註1128〕 此人後陞任蒙古正紅旗副都統，《欽定八旗通志》卷三百二十四作蒙古正紅旗副都統阿拉納。
〔註1129〕 《甘肅通志》卷二十九頁十六作楊盡信，雍正元年已陞任固原總兵官。

出來，你爲何隨準噶爾前來，車凌端多布等現在何處，兵還有多少，準噶爾車凌端多布等領兵三次侵犯我們營有你否。據稱我是月二十六日逃出阿拉坦諾爾〔註1130〕邊，先我父在時，管理百戶，後我父故後，策旺阿拉布坦撤去我們管理百戶，不給我人，將我一併管理，我因此怨恨，隨青海親王羅布藏丹津進，我原杜嘎爾屬人，杜嘎爾死後，今隨托布齊。車凌端多布現共有三千兵，車凌端多布等聞大兵來，八月初五日他們遷移阿拉坦諾爾地方，車凌端多布、車木伯爾、托布齊等領所有兵三次來襲，兵營堅守甚嚴，砲槍不斷施放，我們兵多受傷身死，我們頭人商議，看大兵力強，如要明攻，則竟不可敵，夜要衝營，則堅壘甚嚴，竟不可前進等語。又問巴木布勒，車凌端多布等三次來襲我營，多受傷敗退，你意想車凌端多布等敗回去否，還隱藏歇息齊力又來否，再此間策旺阿拉布坦來信否，又你們增添兵否。據稱現車凌端多布等領兵住努克特，向阿拉坦諾爾去，由此敗回原處，不知去不去，曾聞我們下好多人等言，車凌端多布等商量回去時，或出嘎斯口，順喀拉沙爾路去，或從濟斯肯圖餕路由原來克哩業路去無，則征康濟鼐再去之處，仍尚未定等語。我意想若回去，則必順濟斯肯圖餕路，由克哩業回去，車凌端多布等他們內所商之事，我等竟未聞知，或在一處隱藏，或竟回去之處，顯然不知，此間由我們台吉〔註1131〕處，並未增添。由本年正月一人一文亦未發給我們，我們準噶爾人等疑說，數月我們由努克特連一人一文未來，我們努克特必定出事等語。

本日班第撤回賁第地方〔註1132〕，厄魯特藍翎巴拉蘇拉差遣巴彥、巴木布哩搜山追趕拏獲一步行唐古忒，問你何處人，屬誰，你由何處來。據稱我名庫賁，我係霍爾盟唐古忒，前年準噶爾兵來，將我的一切牲口全被搶去，我不能獨自生活，給準噶爾爲奴，隨行三年，三月初五日準噶爾車凌端多布他們行李往阿拉坦諾爾地方遷去，他們親自領兵去迎大兵，棄我而去，是以我回來時遇放哨人被獲等語，餘皆與巴木布勒所告之言無異。

是月三十日先由查罕哈達被準噶爾拏獲，青海郡王查罕丹津哨探人杜拉爾，並隨扎什行之唐古忒巴特瑪、色布特恩逃出，往查罕郡王營，查罕丹

〔註1130〕今西藏色林錯。
〔註1131〕即《平定準噶爾方略》卷一頁一作策妄阿喇布坦。
〔註1132〕本句意爲本日撤回至班第賁第地方，班第賁地爲地名，《欽定大清會典事例》
　　　　　（嘉慶）卷五百六十作班第奔第，今西藏那曲縣羅瑪鎮稍北附近。

津差伊達彥齋桑咨送我營。延信查問唐古忒色布特恩，據稱我係達賴喇嘛商〔註1133〕上屬唐古忒，我們噶隆扎什則巴共調領我們唐古忒兵七千，車凌端多布助兵往布哈、莽奈地方，八月初五日車凌端多布等聞大兵來，他們將行李遷往阿拉坦諾爾地方，車凌端多布他們所有兵，我們唐古忒兵內擇有馬人等迎大兵至諾莫歡烏巴什地方，查看內兵光景，滿山遍野西來，軍力甚大，白日攻殺，計不可敵，車凌端多布等言，夜能衝入營，議定拏獲爲首將軍，不能則趕拉馬匹，即於是夜準噶爾三頭目他們領全軍喊入，不意你們施放大砲，槍聲不斷，我們群隊中一人墜馬，我們兵竟不能立，由彼處溜避，要衝別營去圍時，尚未至營近處，忽放大砲，槍聲不斷，準噶爾人等料你們預備堅固，知不能衝，車凌端多布等領兵退去。二次至齊暖郭爾地方，車凌端多布等商議，此數日每日下雪，大兵多日防備，想是甚倦，此晚又下雪，我們要衝他們營，因雪不用槍，皆令領長槍，專派搶取達賴喇嘛之人二十，生搶得他們將軍，令生擒，不生擒則即令即殺我們，此次衝進之兵，一牲口不許取，乘便皆擊殺，若有取一牲口之人，必要砍殺，搶取達賴喇嘛二十人，我們大隊一併商定令行，車凌端多布受瘴氣大病，領數人留在窩鋪，車木伯爾、托布齊等所餘厄魯特唐古忒兵全帶來，來至近你們營，作爲三隊，喊衝進時，你們營週圍預先埋伏砲槍射箭多如雨，準噶爾人等不能衝，頗有受傷，不久探知準噶爾之達哩台吉被大砲轟折大腿，伊騎馬鑽出，又轟死數人，知你們有備，不能衝，又不能當，車木伯爾即收兵敗退，從此準噶爾人等不見你們光景。走入山谷隱藏，未防備，倉猝又要衝營，議定八月二十二日來至楚瑪拉地方，車凌端多布等領兵，黎明時衝你們營，喊入你們營，你們營週圍排列砲槍，一齊施放，準噶爾人馬不支，受傷墜倒，預備極嚴，想不能敵，車凌端多布等即收兵，伊運大行李去阿拉坦諾爾地方會合，看準噶爾兵先走，仍舉大纛排齊隊伍，此三次受傷以來，車凌端多布等領兵繞走大山，隱藏山谷，處處派人登高山遠望，恐怕你們大兵追來，準噶爾人等迷亂，一日移撤二三里，現準噶爾兵不照先舉纛，隊伍亦甚亂等語。又問巴特瑪、色布特恩，我們由巴爾喀木來將軍領兵至何處，第巴達克冊現在何處。據稱聞得由巴爾喀木路來將軍並領恭布盟唐古忒三千兵，八月十五日進藏，第巴達克冊現由原住薩木業廟〔註1134〕逃出。郡王查罕丹津屬問杜拉爾，亦照巴特瑪色布特恩告說。

〔註1133〕此處補商字。
〔註1134〕即桑耶寺，位於西藏扎囊縣桑耶鎮雅魯藏布江北岸，西藏最古老寺院之一。

　　九月初一日由準噶爾隨帶特固斯、扎哈二人，你們由何處逃出，今查問車凌端多布等在何處。據稱我們二人由諾郭孫諾爾地方來，我們來時車凌端多布等他們會合行李，每人牽拉三四匹馬，商議起行回去，說他們仍由來路那克產順克哩業路回去，我們又聞得康濟鼐帶阿里克〔註1135〕兵，共集三萬兵阻止準噶爾退去之路等語。又問特固斯，車凌端多布等調來七千唐古忒兵，今在何處。據稱車凌端多布他們衝營〔註1136〕受傷，八月二十五日我們唐古忒兵住布哈來至莽奈地方，向唐古忒首領扎什則巴等說，你們唐古忒兵有七千，合我們厄魯特共一萬兵，大砲又有九尊，我們共合力，與內兵可以抵禦。扎什則巴等說，我們唐古忒兵原來時皆勒派之兵，心意不一，現來內兵實力強大，青海兵亦來護送達賴喇嘛，如果抵抗，則即如與達賴喇嘛對敵，我們內部恐變生不測。車凌端多布言如此完結，你領唐古忒兵，我們一齊行至阿拉坦諾爾地方再定，一併帶唐古忒兵，車凌端多布等由阿拉坦諾爾起行，向唐古忒兵說，你們散去或叩達賴喇嘛或往藏去各自回家，任你自由行動等語。又向扎什則巴說，我們得拼命，白日不便，恐被人襲，起行時準噶爾人等將唐古忒馬匹口糧皆帶去，今噶隆扎什則巴等將唐古忒等在各處遣散等語。又問特固斯等，你們所告之處，準噶爾賊帶唐古忒九尊大炮，今唐古忒兵皆散，此九尊砲現放何處。據稱我聞埋五尊砲，砲藥子彈即分散，此五尊砲埋在何處，餘四尊砲放在何處，問噶隆扎什則巴得知，我們到藏後，問明扎什則巴派人去取。

　　是月初三日由準噶爾逃出拉藏汗屬固木布扎布，由哨探送來我營，延信查問。據稱我拉藏屬人，由博羅崇克克地方隨本台吉索爾咱〔註1137〕來藏，準噶爾車凌端多布等來藏時我被獲，車凌端多布差我為奴，本年聞內大兵來，車凌端多布領兵迎去，我跟隨他們行李落後，車凌端多布等被大兵擊敗，八月三十日他們有行李追至阿鍾地方，牛馱皆用馬馱，一切重物蒙古窩鋪一併皆焚，因行走甚亂，安營未久，又倉惶遷移，我騎一肥馬，往將軍營來等語。又問固木布扎布，你适纔逃出，車凌端多布現往之處，遠近如何，抑車凌端多布歇息數日，問齊力又來不來。據稱我由阿永地方，強走二日二夜纔到此處，車凌端多布果多支持，他們斷無如此急忙遠去，所集唐古忒兵亦未不散，

〔註1135〕即阿里，《大清一統志》（嘉慶）卷五百四十七載，阿里，為西藏之極西邊境，東自藏界麻爾嶽木嶺，西至巴第和木布嶺，二千一百餘里，南自匝木薩喇嶺，北至烏巴拉嶺，一千三百餘里。
〔註1136〕原文作由營，今改為衝營。
〔註1137〕《平定準噶爾方略》卷三頁五作台吉蘇爾扎，拉藏汗次子。

準噶爾車凌端多布等斷不回來，問其餘皆同巴木布勒、巴特瑪色布特恩、特固斯等所云。固木布扎布台吉蘇爾咱人，現蘇爾咱屬交我們兵來巴圖蒙克等，再獲得唐古忒庫貢、巴特瑪色布特恩，即達賴喇嘛商〔註1138〕上屬之人，皆交達賴喇嘛之父索諾木達爾扎。準噶爾巴木布勒，親王羅布藏丹津尋來人，仍給羅布藏丹津辦理。特固斯、扎哈諄請聖主隨來，特固斯、扎哈交領催伊薩海由達木地方九月初八日解送大將軍王外。延信計準噶爾賊三次來侵我們營，受傷甚重，亡二百餘人，肝膽俱碎敗退，來會唐古忒兵，與噶隆扎什則巴等通力合作，迎接我兵攻討，扎什則巴等見〔註1139〕準噶爾賊被我們兵擊退，知斷不能成事，不從車凌端多布等言，均各分散，逃向家去，此次全勝善成，皆聖主運籌帷幄，訓諭周詳，自臣等兵將素蒙聖主世養重恩，雖遇雨雪雹濕凍毫無躲避，攻戰勇猛，同心同德，始終勤奮，大功得就，準噶爾賊車凌端多布等三次攻擊我營，重創遠遁，曾遣兵追趕不及，令延信共同商議，停止追趕，派熟悉地方嚮導引路，阿拉坦諾爾、騰格哩諾爾從二路遣調兵，賊敗出之跡，實由騰格哩諾爾路，令厄魯特侍衛歪堆、護軍校〔註1140〕六格、厄魯特藍翎巴彥爲首領，察哈爾扎薩克厄魯特兵爲副。阿拉坦諾爾路，令土默特委護軍校詹泰、凌華爲首領，察哈爾扎薩克厄魯特兵爲副，追查賊敗踪跡，驗明探信來報，九月初八日由達木地方起行。又第巴阿爾布巴來叩達賴喇嘛，第巴向隆布奈說〔註1141〕，他們地方熟悉，派遣安人至那克產、克哩業探詢敵敗踪跡，再藏地週圍皆種田，共領兵進則不得放牧馬匹牲口，是以大兵暫留達木地方，京城護軍營令副都統烏哩布〔註1142〕管理，蘭州營令副都統伊里布管理，涼州營令副都統保色管理，荊州營令副都統寧固哩〔註1143〕管理，砲營令副都統許國貴〔註1144〕管理，扎薩克蒙古兵營令塔布囊噶爾瑪色楞管理，察哈爾巴爾呼蒙古兵營令副都統長凌〔註1145〕管理，綠旗兵令提督馬建

〔註1138〕 此處補商字。
〔註1139〕 此處補見字。
〔註1140〕 原文作格，今改爲校。
〔註1141〕 本句意爲第巴阿爾布巴向來叩達賴喇嘛之第巴隆布鼐說。
〔註1142〕 《欽定八旗通志》卷三百二十一作滿洲正紅旗副都統吳禮布。
〔註1143〕 《欽定八旗通志》卷三百三十一作荊州副都統寧古禮。《平定準噶爾方略》卷五頁十三作副都統寧古禮。
〔註1144〕 《欽定八旗通志》卷三二七作漢軍正黃旗副都統許國桂。
〔註1145〕 《欽定八旗通志》卷三百二十四作蒙古鑲藍旗副都統常齡。《平定準噶爾方略》卷七頁五作副都統常齡。

白〔註1146〕、總兵官王雲吉等管理，全軍令副都統烏哩布爲首領管理，由臣指揮，營壘哨圍，妥防固守，馬匹牲口至好水草處牧放，不時出去巡查嚴防。延信自貝勒額駙阿保、公策旺諾爾布、侍讀學士常壽、總兵官李林，我們親自選擇滿洲兵八百，綠旗兵八百，護送達賴喇嘛九月初八日由達木起行，向藏地推進，達賴喇嘛坐牀之日擇定九月十五日極好之日，達賴喇嘛坐牀後，凡應辦之事，並大兵是否過多，留兵何處，由何處撤退等事宜，妥議辦理，陸續稟呈外，爲此稟呈等語。

又稱由準噶爾隨來達賴喇嘛商〔註1147〕上屬唐古忒巴特瑪色布特恩告稱，聞準噶爾被你們兵擊敗，第巴達克冊甚懼，避往薩木雅廟〔註1148〕去，今延信與閱兵大臣等商議，派使咨文達克冊，內開，策旺阿拉布坦因與拉藏汗不合，給車凌端多布兵，暗遣來藏，毀壞佛教，令土伯特飽受災難，各寺廟經教衆生不安，滿洲聖主皇恩普照，不忍看視，推廣黃教，以應蒙古等及你們各唐古忒之心願，給新呼畢勒罕冊封達賴喇嘛，大兵、四十九扎薩克、喀拉喀、青海通力進軍，護送入藏坐牀，俾土伯特衆生照前各自太平安逸，我們共領兵博克河、齊努郭爾〔註1149〕、楚瑪拉等三處安營，夜準噶爾車凌端多布、車木伯爾、托布齊三人領伊所有之兵偷襲我營，偷竊牲口，我們埋伏兵勇，砲槍齊發，殺死好幾百人，馬槍撒袋腰刀扎槍帽等物全棄，嚴創不支，潰敗逃竄，以先準噶爾賊來藏後，你唐古忒被準噶爾勒派壓迫，不得已暫且順從，並非你們實意，此情我們盡知，唐古忒使者先曾回來亦有報告敵情之處，第巴達克冊勿少疑懼。準噶爾賊自來藏地以來，你所屬唐古忒憂慮備戚，今準噶爾賊聞天討來臨，敗退逃避，你唐古忒人等勿再妄生疑慮，畏懼大兵，曉諭衆人照先以應滿洲聖主仁慈至意，並曉諭各唐古忒各照舊享受太平生活，嚴禁我們滿洲蒙古直至厄魯特綠旗官兵人等，對你們斷不致稍有擾害，若有稍擾害，你們可來喊告，即將其人照例治以重罪，一律傳諭你等，俾與黃教有益，敬謹勤勉，永保康寧，大將軍王安慰衆唐古忒一併咨用唐古忒文曉諭。

〔註1146〕　《平定準噶爾方略》卷七頁十九作提督馬見伯，爲固原提督。
〔註1147〕　此處補商字。
〔註1148〕　即桑耶寺，位於西藏扎囊縣桑耶鎮雅魯藏布江北岸，西藏最古老寺院之一。
〔註1149〕　第五十七號文檔作齊倫郭勒，第九十一號文檔作齊努高勒，本文檔前文作齊暖郭爾。

順便亦咨文嘎勒丹、色拉、布賴蚌三廟〔註1150〕，咨文內稱，我們滿洲聖主為推廣黃教，以安土伯特眾生，我們大兵送達賴喇嘛來時，準噶爾車凌端多布等領兵三次侵犯我營，我兵殺準噶爾賊數百餘，因此車凌端多布等受傷無數敗走，我領大兵送達賴喇嘛入藏，傳諭你們各屬喇嘛等唐古忒等照舊生理，為此大將軍王咨文，一併繕成唐古忒文咨行。

再準噶爾隨來特固斯告稱，康濟鼐由阿里邀兵阻止車凌端多布等回去之路，延信亦會同議定致康濟鼐咨文，策旺阿拉布坦無故給車凌端多布兵，暗往藏來，殺拉藏汗，毀壞黃教各寺廟，土伯特眾生憂困至深，滿洲聖主明鑒，以廣黃教，而安土伯特眾生，封達賴喇嘛，令坐原牀，派大兵來送西藏，我領大兵至諾莫歡烏巴什，準噶爾賊車凌端多布等全力迎來，夜間三次侵犯大營，被我殺傷數百餘，賊丟棄器械無數敗退，上年車凌端多布等得拉藏汗人所馱等物，他們送本努克特，康濟鼐你誘準噶爾賊，殺六十餘人，物什皆奪取之事，滿洲聖主聞知，備蒙誇獎你，適由準噶爾隨來特固斯等人們聞所告，令你邀阿哩克地方之兵，同力阻止車凌端多布等回去之路，等候征伐等語。今車凌端多布等被我們大兵擊敗殺數百人敗去，若順你們地方走，你領預備兵在路堵殺，有生擒首領人等，令送我們，與黃教有益，輔行之處，被滿洲聖主聞知，必重賞不次，又用繕唐古忒文咨行。

此咨行三文外，再由大將軍王處咨行班襌額爾德尼、第巴達克冊、嘎拉丹、色拉、布賴蚌等三廟，八月三十日由班迪貢迪〔註1151〕地方交主事瑚畢圖咨行，康濟鼐至藏後，給彼處唐古忒教令傳布向藏起行，除隨將準噶爾特固斯、扎哈送來後，解送京城外，為此恭摺謹具奏聞。

[231] 定西將軍噶爾弼平定西藏疏（康熙五十九年冬十月十七日）
〔註1152〕（《衛藏通志》卷十三上）

兵部為欽奉上諭事。

據定西將軍噶爾弼等謹奏聞，為取定昭地事。從前將拉里地方攻取奏

〔註1150〕 指格魯派甘丹寺、色拉寺、哲蚌寺三大寺，《大清一統志》（嘉慶）卷五百四十七頁二十八載三寺名分別為噶爾丹廟、色喇廟、布雷峰廟。

〔註1151〕 《欽定大清會典事例》（嘉慶）卷五百六十作班第奔第，今西藏那曲縣羅瑪鎮稍北附近。

〔註1152〕 時間據《欽定平定準噶爾方略》卷八頁一補，康熙五十九年八月二十三日噶爾弼已率軍進佔拉薩，此奏疏署日期為十月十七日，且文內有兵部奉上諭事字樣，知必為奉旨日期，非上奏之日期。

聞。臣等領兵暫且在拉里地方餵養馬匹駐箚，與平逆將軍約會，再行進取昭地在案。我們差往打聽信息之人回來稟稱，竹工之呼圖克圖〔註1153〕迎來歸順，今吹木丕勒宰桑〔註1154〕帶領準噶爾之兵六百名，蠻兵二千名，在於噶爾招穆倫〔註1155〕之渡口，堅守墨竹工卡〔註1156〕，章名兒自榮所前來，與我們之兵對敵〔註1157〕。聞聽竹工呼圖克圖暫行歸順，臣即與眾人商議，我們若駐箚仍等約會日期，倘或吹木丕勒前來，將噶爾招穆倫之渡口墨竹工卡堅守，將歸順我們之人俱驚怕變更，則坐守事務有誤，我們即行起身，俟吹木丕勒未措及之先，不若將墨竹工卡、噶爾招穆倫渡口攻取，再等西寧之兵一同前進。如此議定，即將滿漢兵內挑選三十名，扮為唐古忒之人，先行差往打探信息。此際工布之第巴等親身前來稟稱，我等尊奉將軍之令，帶領工布兵二千名，在於工布伽木達地方下營，一同効力等語。臣等逐一賞明，令千總趙儒、第巴濟古爾將銀緞等物挈去，前往工布伽木達地方，將工布之兵逐一賞賜。八月十六日在於墨竹工卡地方約會，已經差去。臣等帶領滿漢官兵於八月初六日自拉里起身，到工卡爾拉地方，竹工之呼圖克圖將伊地方人口數目冊籍呈送前來歸順，已到竹工地方。我們從前差去之滿漢兵稟稱，墨竹工卡兒〔註1158〕地方有唐古忒之兵、榮梭蒙古有千餘名，俱行安營，並無吹木丕勒之兵信息。次日起身到墨竹工卡地方，據前行之先鋒稟稱，前邊箚營之賊聞我兵到來，俱行撤散，現今彼處無兵等語。因此臣等即行前去將墨竹工卡攻取，第巴達瓦等俱行賞賜安民。據差往噶爾招穆倫渡口驗看船隻之通事札錯、阿拉木巴等稟稱，渡口無有船隻，問村莊人等，俱回稱船隻俱被第巴達克札〔註1159〕收去。吹木丕勒宰桑找尋徹凌敦多布〔註1160〕已回達木

〔註1153〕竹工即止貢寺，據《直貢法嗣》頁二四九載此止貢呼圖克圖即止貢寺第二十五任主持貢覺陳烈頓珠。

〔註1154〕《平定準噶爾方略》卷六頁二十一作左哨頭目春丕勒。

〔註1155〕即拉薩河，藏名機楮，見《衛藏通志》卷三，《大清一統志》（嘉慶）卷五百四十七作噶爾招穆倫江。

〔註1156〕《大清一統志》（嘉慶）卷五百四十七作墨魯恭噶城，《欽定理藩院則例》（道光）卷六十二作墨竹，達賴屬中等宗之一，宗址位於今西藏墨竹工卡縣。

〔註1157〕此句《平定準噶爾方略》卷八頁一作聞春丕勒宰桑率賊兵二千六百人自章米爾戎一路來拒我師。

〔註1158〕《大清一統志》（嘉慶）卷五百四十七作墨魯恭噶城，《欽定理藩院則例》（道光）卷六十二作墨竹，達賴屬中等宗之一，宗址位於今西藏墨竹工卡縣。

〔註1159〕《平定準噶爾方略》卷六頁九作第巴達克咱。

〔註1160〕《平定準噶爾方略》卷四頁十八作策零敦多卜。《蒙古世系》表四十三作策凌端多布，其父布木。此人為大策凌端多布，以區別於小策凌端多布。

地方。渡口第巴達克札曾積聚二三千名蠻兵札營，知大兵取了墨竹工卡地方，兵丁俱已潰散，第巴達克札情願逃往沙漠地方。臣等即差千總趙儒、第巴濟古爾前往第巴達克札曉諭，爾原受聖恩之人，今聖主廣施法教，救護唐古忒之人差兵前來，是為爾等，速行歸順，如若仍然兩意不順，即差兵將爾拏來問罪。如此差去，第巴達克札自沙漠地方又潛逃回家，前往搜尋，明白曉諭，如不歸順，即行拏獲。因此第巴達克札同趙儒、濟古爾一同過噶爾招穆倫前來，接繼喇嘛仲古爾、達瓦等相繼歸順前來。來看此處唐古忒俱甚是恭敬第巴，凡事俱遵第巴達克札指使行事，因此第巴達克札暫行款待，令其在我們營中駐劄，探聽準噶爾賊人信息，俱前往達木、哈喇烏蘇等處地方，接我們西寧一路兵馬前去，伊等所食糧餉俱係第巴達克札自昭地攢湊送去，昭地準噶爾之喇嘛甚多，此內亦有策凌敦多布甚是靠用之人，第巴達克札雖經歸順，不可信服。臣等僉議得昭地地方乃準噶爾賊人根基，我們速行由噶爾招穆倫過去，攻取昭地，將伊巢穴佔住，四面路口堅守，斷賊糧道。準噶爾調來之唐古忒兵丁，暗地差人前去，令其各散，挑選兵馬，迎接西寧一路兵馬，前來幫助，使準噶爾賊兵首尾不能相顧，合力易於剿滅。令第巴達克札傳聚皮船，於八月二十三日過河，即分隊，令二等侍衛那沁〔註1161〕、郎中鄂哩〔註1162〕等帶領滿漢官兵做第一隊。臣與都統五格〔註1163〕等帶領滿漢官兵做第二隊。副都統吳那哈〔註1164〕、總兵官趙坤〔註1165〕、馬會伯〔註1166〕等帶領滿漢官兵做第三隊，於二十三日五更進兵，將昭地攻取。所有大小第巴等，布賴琫〔註1167〕等寺廟之喇嘛聚集，將聖主廣施法教，救護圖伯特部落眾民之至意宣諭，眾第巴民人喇嘛俱跪稟，蒙聖主之恩，享受安逸，自準噶爾人等前來，將我們遭害，以除殘壞，天朝大兵到來，我們眾唐古忒部落人等，得復見天日，紛紛歡悅，舉掌叩首。臣等將昭地所有之達賴喇嘛倉庫盡行封謹，於昭地堅固地方安營，於相通四面道路俱派兵看守，斷絕準噶爾往

〔註1161〕《平定準噶爾方略》卷八頁一作侍衛訥秦。
〔註1162〕《平定準噶爾方略》卷六頁二十四作郎中鄂賴。
〔註1163〕《欽定八旗通志》卷三百二十四作蒙古正白旗都統五格。《平定準噶爾方略》卷六頁二十三作都統武格。
〔註1164〕《欽定八旗通志》卷三百三十一作江寧副都統吳納哈。《平定準噶爾方略》卷六頁二十五作副都統吳納哈。
〔註1165〕《平定準噶爾方略》卷五頁二十八作總兵趙坤，為雲南鶴麗鎮總兵官。
〔註1166〕《平定準噶爾方略》卷七頁六作總兵官馬會伯。
〔註1167〕即哲蚌寺，《大清一統志》（嘉慶）卷五百四十七載，布雷峰廟，在喇薩西北十六里，相傳宗喀巴弟子所建，有喇嘛五千餘。

來之人運糧道路。又為唐古忒字樣，用第巴達克札印信，將策凌敦多布處所有唐古忒之兵暗地差人前去，令其各散。派綠營官兵前往噶爾丹、色喇、布賴瑋等廟內，有堪布等，曉諭準噶爾喇嘛，準噶爾喇嘛等幫助策凌敦多布，毀壞法教，將唐古忒人等殘毀，爾等即行舉出，與爾等出家人無涉，若隱藏一名，俱歸罪於伊等，因此三個廟內堪布衆喇嘛，將廟內所有一百一名舉出，準噶爾喇嘛內有為首者五名喇嘛，第巴達克札、各廟堪布等俱稱，伊等係策凌敦多布甚是靠用之人。訊問此五名喇嘛，即行斬戮。其餘九十六名準噶爾喇嘛，盡行收禁昭地監內，臣等挑選滿漢兵，整頓馬匹，即前往迎接平逆將軍延信之兵，幫護合力剿滅賊寇外，為此謹奏等因。

奉旨，將軍噶爾弼將得昭地奏摺，即抄寫發往大將軍王，將軍富寧安、傅爾丹、盛京三處將軍，江南杭州荊州西安右衛將軍，各省督府提鎮，欽此。《衛藏通志》卷十三上

[232] 撫遠大將軍胤禛等請安摺（康熙五十九年十一月初四日）[1]-3538

臣胤禛等謹請皇父萬安。

臣九月二十八日請安摺，十月十四日抵達。奉硃批，朕體安，今年腿腳甚好，照常乘馬，如先年哨鹿圍獵，忍耐而行，此諭於密雲行宮繕寫發之，欽此。臣等欽悅獲聞，為此具摺謹奏。

臣胤禛、弘曙、弘智、弘曦。

硃批，朕體安，氣色益加好了，盛京烏拉捕獵歸來，依去年編馱遣送，分散貯藏，緩慢食之。

[233] 據延信稟藏衆歡接大軍和達賴喇嘛坐牀據情轉奏摺（康熙五十九年十一月初四日）[2]-《卷十一》

奏為據情轉奏事。

十一月初三日平逆將軍延信等呈報內開，在楚瑪拉郭爾〔註1168〕、齊努木郭爾〔註1169〕等處擊敗賊匪，大兵留在達木地方，親領少數軍兵送達賴喇嘛入藏，將於十五日吉日達賴喇嘛坐牀。再問由準噶爾隨來特固斯、扎哈言，他們本身一併皆交領催伊薩海，九月初八日由達木地方起行等處，繕文呈報等

〔註1168〕 第二三〇號文檔作楚瑪拉。
〔註1169〕 第五十七號文檔作齊倫郭勒，第九十一號文檔作齊努高勒，第二三〇號文檔作齊暖郭爾、齊努郭爾。

因。今延信護衛達賴喇嘛本日由達木地方起行，順雷東、潘多〔註1170〕、達克薩、孫多、布鍾、郎唐、嘎拉丹、楚庫爾、達克咱、嘎爾拉丹〔註1171〕等寺廟城域行走，所到之處，各喇嘛等唐古忒男女老少，背負小孩，見我們大兵，成群圍觀，歡樂跳躍，作種種舞蹈，均合掌出二大指，指天指日歡呼不已。問通事譯稱，自準噶爾賊佔據土伯特地方以來，父子夫妻離散，搶掠一切物件，致使饑寒凍餒，愁苦萬狀，亟盼早日重見天日，今滿洲聖主遣兵擊敗賊匪，又使達賴喇嘛坐牀，推廣黃教，拯救我們土伯特全區，令我們眾人脫離苦海，重享昇平，路經各處，無不跳舞歡悅，亦有嗚咽哭訴，或有年紀高人，高呼滿洲聖主使我復生，此恩如何能報。延信十四日進藏安營，十五日即令眾人擇吉卯時達賴喇嘛坐牀，聖主推廣黃教至意，以示眾人，唪經祝聖主萬壽萬萬歲，賜達賴喇嘛銀一萬兩、綢、哈達克。哲布尊丹巴胡圖克圖差使，代胡圖克圖呈送曼達、綢、哈達克。我隊來額駙王貝勒公大臣等官員喇嘛等，皆各呈進曼達、綢、哈達克。由巴爾喀木來將軍噶爾弼伊隊之大臣等官員等亦呈進綢、哈達克。延信及色拉、布賴蚌、嘎拉丹三大廟，每廟各給一千兩銀，綢、哈達克，各廟爲聖主萬歲唪經。此日土伯特做樂，令我們筵宴，藏週圍住大小廟喇嘛唐古忒等，爲達賴喇嘛坐牀道喜，各備呈獻，老幼男女聚數萬人，廟宇內外擁滿，爲飯爲蓋。

晚宴散時達賴喇嘛鞠躬合掌向我們眾人告說，我一小人，滿洲聖主令我住郭什麼庫木布廟，推恩至我父姊弟等，隨我喇嘛班第等皆享受滿洲聖主不次重恩，養育我許多年，大將軍王又來臨西寧，聖主降旨賞我印冊，封爲達賴喇嘛，大將軍王見我惻隱仁慈，陸續施恩，待之至厚，我向藏來時又賞銀萬兩氆氌蒙古包轎馬駱駝口糧等，種種恩德，難以數計，又推廣黃教而安土伯特眾生，遣將軍大臣等領大兵送我，路上準噶爾賊三次夜間侵犯營壘，仰仗滿洲聖主鴻福，大將軍王威信，大臣等眾兵之力，將準噶爾擊敗，沿路往西藏深山谷內遠逃，喇嘛唐古忒等男女聞天兵來，扶老攜幼，環跪路旁，合掌跳躍，小人目覩，內心喜悅，且思滿洲聖主之靈，感受重恩，今日令我在布達拉阿林廟坐牀，達賴喇嘛屬噶隆、尚功、第巴、達他各辦理善後之事，

〔註1170〕常寫作旁多，即今西藏林周縣旁多鄉。
〔註1171〕嘎爾拉丹寺今多作甘丹寺，《大清一統志》（嘉慶）卷五百四十七頁二十八作噶爾丹廟，在喇薩東南八十里，相傳宗喀巴所建，廟內有宗喀巴之塔及所遺坐牀，有喇嘛五千餘居此，雍正十一年御賜廟名曰永泰寺。

年老喇嘛等叩見，數萬人來，滿執伯勒克見我，此非初意所望也，皆滿洲聖主使我榮貴至極，此恩何能報答，我惟領衆喇嘛等唪經佛前，虔禱滿洲聖主萬萬歲外，惟滿洲聖主鴻福，大將軍王之威信，使被毀黃教復能振興，以救土伯特衆生復見日月，各處勒石直至萬萬世，旌揚永久。

噶勒丹、色拉、布賴蚌等寺廟喇嘛，達賴喇嘛商〔註1172〕上之噶隆、尚功、第巴、達他等共跪告稱，仰滿洲聖主之恩，普安衆生，準噶爾賊入侵，殺拉藏汗，置土伯特衆生於水深火熱之中，毀壞寺廟，佛教幾滅，今世不得重見天日，今滿洲聖主明鑒萬里，使我們土伯特教本振興，解黎民倒懸之苦。天兵來臨，西藏邊界準噶爾賊肝膽驚碎，敗遁於山谷，我們衆喇嘛唐古忒等，蒙滿洲聖主施恩，令達賴喇嘛坐牀，復廣黃教，我們土伯特全境人等重見天日，永享昇平。

再青海王貝勒貝子公台吉等同跪告稱，準噶爾策旺阿拉布坦無故遣兵毀我祖父固什汗所立黃教，殺我們骨肉拉藏汗，毀壞廟宇經教，令土伯特衆生處於水火之中，滿洲聖主不忍坐視，遣大兵送回達賴喇嘛，派我們青海兄弟們隨將軍來，三次擊敗準噶爾，賊肝膽俱碎遠敗，達賴喇嘛坐牀，推廣黃教，以安衆生，此皆滿洲聖主威福，以成大事，此非我們青海人力所能及，我們青海兄弟蒙〔註1173〕滿洲聖主此重恩，如何能報答，叩告延信。

恭思聖主不分內外，令普天衆生，皆太平安生，解倒懸之苦，今小賊策旺阿拉布坦不思安分，竟派車凌端多布兵，偷遣來藏，毀壞黃教，令土伯特衆生愁困至深，聖主念先輩達賴喇嘛、固什汗即恭順敬謹，土伯特衆生災難已極，惻隱仁慈，聖心廑係，遣大將軍王領人兵由木魯烏蘇辦理軍機之事，咨送器械馬匹牲口口糧等，準噶爾賊不能當此兵威，遠敗而逃，被毀黃教復行推廣，拯救土伯特以安衆生，此次大事以成，無不聖主悉心諭示，屢出奇謀，令延信將藏事一一辦清，陸續稟報外，送來達賴喇嘛坐牀，闔土伯特人等感思聖主拯救之恩，鼓舞喜悅，處處作樂，歌舞太平，稟報前來等語，爲此恭摺謹具奏聞。

[234] 副都統唐色病故請勿再補缺摺（康熙五十九年十一月初四日）
[2]-《卷十一》

奏爲副都統唐色病故事。

〔註1172〕此處補商字。
〔註1173〕原文作們，今改爲蒙。

領兵住德布特哩訥欽王納爾蘇等咨稱，管理柴達木兵廂紅旗副都統唐色於九月初十日因患痼疾，即飲聖主賞保新氏藥靈符後少愈，十月初十日忽又病發，不省人事，至十三日病故，遂將唐色裝殮，派兵送往西寧，安置西寧，軍隊一齊撤回外，都統阿爾恩領兵仍住防柴達木地方，唐色之缺請毋庸另派大臣，為此恭摺謹奏請旨。

[235] 遵旨處決遊擊楊勝志等貽誤糧運繼勘沿途艱險是否緩決請旨摺 （康熙五十九年十一月初四日）[2]-《卷十一》

奏為奉旨決囚事。

據刑部咨文內開，康熙五十九年會審斬犯，遊擊楊勝志〔註1174〕、守備龔應芳、千總楊士榮，解送策旺諾爾布軍糧，並不督催，供給回兵，不能及時，貽誤軍機，楊勝志、龔應芳、楊士榮核實，定冬至前處決。九月二十三日該犯聲訴冤屈，是月二十八日復訊，上諭大將軍王，愒米是實，及在彼處以法處置，若有別故，則改為圈禁，秋後處決，欽此欽遵，咨行等因。十月十四日臣查遊擊楊勝志、守備龔應芳，差管運米千總楊士榮等供稱，雖口外嚴冬雪大，馱米牲口倒斃者多，候換牲口日久等語。回子達爾罕伯克供稱，至土旺科爾寺、土仁莊親王營等處，隨運米官員等牲口久候兵，查米糧運輸宿歇，我們久候，因歇宿日多，米恐有誤，斃全運，再馱一半米前進等語。楊勝志、龔應芳沿路遲緩，至杜勒諾爾〔註1175〕又畏縮不前，貽誤軍需，再楊士榮由十一日至臺，一千二三百里之間，遲緩行二月餘始到，不以軍米為要務，沿途歇宿，使回子等困苦，畏縮前進，貽誤軍需，因此皆即當以法處置，惟本年大臣親至木魯烏蘇閱看，沿途瘴氣，雪早，冬時大雪，水草被壓，馬牲口損傷者是實，如此遊擊楊勝志、守備龔應芳、千總楊士榮即以法處之或緩決監禁秋候之處，統候皇父明斷，為此恭摺謹奏請旨。

〔註1174〕《陝西通志》卷二十三頁五十九作延綏鎮左營遊擊楊生直，陝西長安人，康熙五十年任。

〔註1175〕《欽定大清會典事例》（嘉慶）卷五百六十作第里諾爾，《西藏六十年大事記》所附朱繡《海藏紀行》註釋第十八條曰貝力東措湖蒙語作都勒淖爾、都勒泊、都壘淖爾、得侖淖爾、坥列腦兒，皆一音之轉寫，含有明鏡之意，湖水味鹹，今意譯作苦海。即《軍民兩用分省系列交通地圖冊》（青海省）標註之青海省瑪多縣與興海縣交界處之豆錯。

[236] 撫遠大將軍胤禎奏為通過貿易獲取消息摺（康熙五十九年十一月二十日）[1]-3541

臣胤禎謹奏，爲欽遵上諭事。

臣於十一月十二日奏報，十一月十六日抵達。奉硃批，爾所奏事，雖稱間隔數日，平定藏地，又欲問西地消息，期盼殷切，今商茶開市，往來行人必多，可經常獲聞消息罷，爾仍探取消息，以小摺呈報，稍微有誤，嗣後奏摺內解釋即可矣。再先前班禪之商賈前來，爾曾稱往西寧，恐將此忘記，若急速貿易，將我等土司、百姓情願前往之人同遣之，我等又可獲消息矣，欽此欽遵。伏思雖克取藏地，安撫唐古特衆人，應如何駐兵，如何班師之處，彼處將軍等既然尚未報完全平定，皇父聞此訊，頒旨甚是。故此臣遵旨交付巡撫噶什圖、總兵官王以謙〔註1176〕、道員趙世錫等，對於往返藏地經商之衆，令其經常獲取消息等情外，查得班禪前來貿易之商貨仍尚未交付總兵官王以謙、道員趙世錫等，緊急督促即刻起程貿易，我等土司、百姓情願前往貿易之人，即一同派往，明白曉諭經商者內伶俐之人妥取西地消息。順便行文將軍延信、噶爾弼經常報告西地事務，頃聞〔註1177〕彼處諸消息，臣即急速具摺奏聞。俟西方之事平定告成，咨商將軍富寧安、傅爾丹、齊勒德〔註1178〕之事回覆，臣往何方行走之處，伏祈皇父訓諭旨，恭謹遵行，爲此具摺謹奏。

硃批，甚是，惟將特克愼〔註1179〕等之奏報，併入噶爾弼之奏報，自四川奏入，應將噶爾弼之奏報併入特克愼之奏報，自西寧發出，事雖重復，必有一件先至，此皆將軍等小事。

[237] 遵旨籌備防務以便明年由巴里坤阿拉台二路進軍摺（康熙五十九年十一月二十日）[2]-《卷十一》

奏爲欽奉上諭籌備防務事。

靖逆將軍富寧阿將本年巴里坤、阿拉台〔註1180〕二路馬匹牲口一切事項，盡行齊備，以便明年大行征討，根除殲敵，據議政大臣議覆，奏准咨行。伏維聖主乾綱獨斷，五路遣兵，皆照諭旨，以成大功，各擊殺賊匪，俘獲隨從，

〔註1176〕《平定準噶爾方略》卷三頁三十七作西寧總兵王以謙。
〔註1177〕原文作問，今改爲聞。
〔註1178〕《平定準噶爾方略》卷七頁十八作征西將軍祁里德。
〔註1179〕《欽定八旗通志》卷三百二十一有滿洲鑲黃旗都統宗室特克新，是否此人待考。
〔註1180〕今常寫作阿勒泰。

令賊營大為驚惶，準噶爾人等知我軍威，心膽俱碎，富寧阿奏請進兵極是，如此巴里坤兵令富寧阿照奏預備，明年大兵乘機進行，在阿爾崩阿地方阻止要隘，或可重創策旺阿拉布坦。今西藏之事已定，在大將軍王前派滿洲兵三千，令調給富寧阿帶領，再由在大將軍王前大臣內派馬口糧等物，咨令噶什圖辦理起行，所需〔註1181〕兵米口糧挽運等事，皆照富寧阿伊處兵辦理。又奏隨營馱米需用駱駝二千餘，現甘肅地方無駝，此二千餘駝，請由大同輔駝內賞用，富寧阿請馱隨米二千餘駝，由巡撫綽奇餵養咨送駝內領用，不敷之駝，除大同運米駝外，由餘二千二百八十四駝內，照數辦理解送。再明年進兵，咨行阿拉台路將軍富爾丹〔註1182〕、奇里德〔註1183〕等，他們駐兵雖偏，運進口糧等物如何至彼，如何相約，通知議定具奏，奉旨進行，此事咨行大將軍王、將軍富寧阿、富爾丹、奇里德等，明年進兵之處，他們商定具奏，欽此欽遵，咨行到後。臣即與將軍富寧阿、富爾丹、奇里德等共議，皇父以軍機重務，命臣等互商議定具奏，關於巴里坤、阿拉台路之兵，明年應如何分進，米口糧應如何挽運，二路之兵應如何互相聯絡，在何地會合等，因離我住處較遠，確難懸測，當行文與將軍互商，以符皇父以軍事為重之意，力求萬全，再行具奏。再現巴里坤地方咨調三千兵，此三千兵挽運米口糧如何辦理之處，亦一併定議具奏。巴里坤咨調三千滿洲兵，由都統穆森、副都統莊圖帶領，每佐領鳥槍護軍各一名，大護軍各一名，鳥槍馬甲各一名，此二千六百十三兵，皆已咨遣，再不敷三百八十七名兵，由駐涼州護軍內照數補派，所欠鳥槍馬甲亦咨涼州領取，此兵令都統穆森等帶領，早往甘州肅州地方去住，餵養馬匹，勿庸添派大臣，於十二月二十五日起行，穆森等到涼州後添派三百八十七名兵等，與都統旺固哩等同驗看，取三千兵，全住一處，兵多米草料難以供給，酌量由甘州肅州分住餵養馬匹。再此內訥欽王納爾蘇等帶領德布特哩五百鳥槍護軍，仍尚未至，到後在西寧暫將馬匹餵養一月。副都統薩拉產〔註1184〕率領陸續趕去，明年進兵之處，將軍富寧阿等議得回文後，此三處兵馬再定日期向巴里坤起行。查都統穆森等領來官兵，原由京城出征時住西

〔註1181〕原文作過，今改為需。
〔註1182〕《平定準噶爾方略》卷六頁二作振武將軍傅爾丹。
〔註1183〕《平定準噶爾方略》卷七頁十八作征西將軍祁里德。
〔註1184〕《欽定八旗通志》卷三百二十一作滿洲正紅旗副都統薩勒禪。《平定準噶爾方略》卷十頁二十一作副都統薩爾禪。

寧減給馬牲口，有行走之處，今臣酌增辦理，今河北議咨之處，調過兵馬口糧等物，令噶什圖辦理起行等語，此兵增給馬駝，到甘州肅州之間，所給米口糧辦給具奏，交巡撫噶什圖。順巴里坤路共進官兵需用米口糧，馱米之駝，今即辦齊，交巡撫綽奇咨文。又由河北議咨文時，車凌端多布極爲奸詐，由藏逃出隱藏克哩業，乘空來犯青海人等不可測，此處大將軍王咨文酌派二千兵往阿爾崩阿地方防守，青海人等移兵，再柴達木地方設哨遠遠瞭望，各駐嘎斯口探取信息等語。查隨來準噶爾特固斯、扎哈告稱，車凌端多布等仍由來路順那克產、克哩業回去，住德布特爾，因無兵事，訥欽王納爾蘇領兵請撤具奏，臣計車凌端多布等極奸詐，隱住別處，暗犯青海，移營不可測，柴達木隊兵並青海未派進藏一千六百兵，仍令都統阿爾恩領，住防柴達木哨，在嘎斯遠遠瞭望要緊，住阿爾崩阿地方，妥爲探信，交阿爾恩等，今請勿庸另遣兵馬，爲此恭摺謹具奏聞。

[238] 多處探詢自克哩業前進路程情況摺（康熙五十九年十一月二十日）[2]-《卷十一》

奏爲探詢自克哩業前進至嘎斯路程事。

前奉旨由克哩業地方探尋嘎斯地方路程，嘎斯西喀濟爾走德布特爾、哲斯肯，順托魯走至青海路等語。大將軍王咨文此路，求有熟悉之人，由克哩業至青海嘎斯、喀濟爾、德布特爾，問明沿路水草之情況，拉藏下人等至克哩業，聞由彼處尋青海地方嘎斯來人亦查明具奏，欽此欽遵。住德布特爾訥欽王納爾蘇，住柴達木三十六台吉等蒙古等內走此路確知之人，必令速查咨報等因。訥欽王納爾蘇咨報〔註1185〕，親王羅布藏丹津屬杜拉爾齋桑什保曾走此路，至十一月十三日臣查問杜拉爾齋桑什保，你以先何事去往克哩業，由德布特爾他拉走幾日至克哩業，回來時走幾日，水草如何，由克哩業至伊犁有無別路可通，你走過否。據稱以先厄魯特共佔據倭齊拉圖車臣汗〔註1186〕，霍伊特、準噶爾、哈薩克、布魯特、業爾齊木、喀什噶爾、阿克蘇、庫查〔註1187〕等盟，移住伊犁、喀拉他拉、哩布什地方後，倭齊拉圖車臣汗之長子噶拉達

〔註1185〕此處補咨報二字。
〔註1186〕倭齊拉圖車臣汗即鄂齊爾圖汗，《蒙古世系》表三十五作鄂齊爾圖，父拜巴噶斯爲顧實汗圖魯拜琥之兄，祖哈尼諾顏洪果爾。
〔註1187〕疑即庫車之誤。

木巴〔註1188〕故去，勢力漸減，倭齊拉圖車臣汗阿克蘇被回子擾亂，我舊主霍伊特台吉拉布坦率領我們以下一千餘戶，由伊犁避住克哩業，又一千餘戶人等來住柴達木，我們拉布坦，王畢賀扎什巴圖爾〔註1189〕之兄達賴巴圖爾〔註1190〕之女固哲克伊所生，台吉拉布坦之奴僕在克哩業告〔註1191〕知扎什巴圖爾王，伊令齋桑哈濤訥克伊為使，我們台吉拉布坦之叔他爾巴哈齋桑諾彥達拉木達賴等，令派兵千人，台吉拉布坦親自帶領奴僕一齊出嘎斯向西南順哲斯肯、托魯至克哩業，我們台吉拉布坦親收領下奴僕，由原去路入嘎斯來住柴達木，合千餘戶，住喀濟爾、德布特爾，台吉拉布坦母子領少數人來扎什巴圖爾王閑住。他爾巴哈齊諾彥、達拉木達賴等拉布坦二千餘戶，並領伊奴僕復出嘎斯尋策旺阿拉布坦去，至今在彼處住，惟我們百餘戶住柴達木，台吉拉布坦母子故後，我們主故，扎什巴圖爾王進扎什巴圖爾王，令我為杜拉爾齋桑，管理百戶人，事經計有二十四年，是年七月初五日由德布特爾、喀拉巴拉固地方起行，走一百二日，二月十七日至克哩業，沿路不知小站名，由德布特爾順喀濟爾出嘎斯口，向西南走巴拉固、哲斯肯、托魯之水，麥胡爾嶺、達蘭嶺、庫庫穆倫、喀拉穆倫，庫庫頡河、喀拉頡河等有名之處，至克哩業野，路少山谷多，路途缺水。我們去千餘人皆住時每五十編隊如行營，緩行陸續至克哩業，我們台吉拉布坦母子，親收領一千餘奴僕，明年正月初五日由克哩業地方起行，趕牛羊，牛馱小孩，其他步行趕逐，緩行如移營行，整七月始至柴達木。由嘎斯直至克哩業，沿路雖照常無草，還有布都拉嘎那、德爾蘇特斯肯等草木，地方極暖，正月時即已綠色，雪少雨水豐足，夏時站宿之處，水雖多不足人飲，少數人不甚艱難，冬時大河地方有水，小河山溝水皆乾甚缺，不可行走，由嘎斯直至克哩業路狹，還可引行，出嘎斯有一小戈壁地，一宿，明早可出至克哩業，相近有三戈壁，地皆可過，一日燒項除獸糞、巴拉固小樹、布都拉嘎那之根外，別無他物，路程不知等語。又杜拉爾齋桑什保，不令我隨往木魯烏蘇去，噶扎拉齊阿拉那告稱，皆由嘎斯走足一月至克哩業，你如何由德布特爾去時走百餘日始至克哩業，由克哩業來時走整七月始至德布特爾等語，大兵由此路進去時並無懼行阻止之處，令你送

〔註1188〕《蒙古世系》表三十五載鄂齊爾圖一子名噶勒達瑪，疑即此人。
〔註1189〕《蒙古世系》表三十七作達什巴圖爾，顧實汗圖魯拜琥幼子，即第十子。
〔註1190〕《蒙古世系》表三十七作多爾濟，顧實汗圖魯拜琥第六子，達賴巴圖爾為其號。
〔註1191〕此處補告字。

行走之人，妥為思念路之遠近，宿站地方之名，告明情形，除你之外，又有行走之人，亦派令稽查究問。據稱我本年六十歲，大將軍王問他地方時，若知何敢隱瞞，由嘎斯騎好馬速行，則可月內至克哩業，惟我們去時千餘人，編二三十隊陸續行走，並無定宿，來時又按隊接連，駄領婦孺，五六十里七八站宿始至，宿站太多，又將及三十年事，竟未能詳記，當時王羅布藏丹津齋桑哈濤訥開倡行，再王羅布藏丹津屬多羅特盟西拉布巴圖爾，在克哩業住十餘年，管理回盟，此二人知地方情形，現隨王羅布藏丹津往西藏去，再我們一同行兵之人，皆隨他爾巴哈齊諾彥、達拉木達賴等往策旺阿拉布坦去，不在此處，其餘台吉等盟，有無往克哩業行之人，我則不知等語。先查問隨親王羅布藏丹津去之台吉西拉布，知此二路，令西拉布先速咨送，我問明奏於皇父，交將軍延信行文，今杜拉尔齋桑什保告稱，又此西拉布住克哩業十餘年，深知地方情形，將軍延信，哈濤訥開，令此西拉布即速咨送，又從彼處由藏至克哩業路，由藏至嘎斯路，由嘎斯至克哩業路，行文查知道之人，盡問知路之人，一併即速咨送，蘇爾咱之妻，住守努克特侍讀學士華色，有行走此路之人，必查咨送文，行文將此送到後，問明再行具奏，為此恭摺謹具奏聞。

[239] 遵旨派員入藏摺（康熙五十九年十一月二十日）[2]-《卷十一》

奏為遵旨派員入藏事。

准理藩院咨稱，康熙五十九十月初八日由三路軍務處來人等進見，奉旨令護軍校綽賁前往將軍延信處，綽賁去時與拉藏屬台吉吹木珠爾為友，至藏後，從彼去見班禪額爾德尼，由軍務處調隨來唐古忒達什車凌，他在藏有妻子，亦交綽賁等領去見他妻子。由吐魯番處得厄魯特達什，原為拉藏之人，亦交給蘇爾咱之妻，有差吹木珠爾、綽賁之處，仍差遣吹木珠爾，在此處準噶爾所有信事，此皆知，令告知吹木珠爾，有問之處令問，欽此欽遵，咨行等因。護軍校綽賁十一月十一日帶領台吉吹木珠爾來至西寧，臣遵旨將厄魯特達什交侍讀學士華色，除交給蘇爾咱之妻外，台吉吹木珠爾告稱，我住京城，受聖主深恩，今復遣我入藏回家，見我主蘇爾咱之妻，少事治理，再來請假，臣給吹木珠爾假，咨送伊家，吹木珠爾回來，護軍校綽賁、台吉吹木珠爾、唐古忒達什車凌辦給馬匹口糧，是月二十四日由西寧起行，將此咨行將軍延信，為此恭摺謹具奏聞。

[240] 訥欽王納爾蘇等已撤兵至西寧摺（康熙五十九年十一月二十日）
　　[2]-《卷十一》
　　奏爲撤兵事。
　　前臣住防德布特爾時具奏，訥欽王納爾蘇等行將撤兵〔註1192〕，今訥欽王納爾蘇等於十一月初九日來至西寧，爲此恭摺謹具奏聞。

[241] 撫遠大將軍胤禎奏報平王訥爾蘇班兵日期摺（康熙五十九年十二月十二日）[1]-3545
　　臣胤禎謹奏，爲奏聞事。
　　先臣爲駐防得卜特爾之平王訥爾蘇等班師事，業經具奏，今平王訥爾蘇等率兵於十二月初九日抵至西寧，爲此謹具摺奏聞。

[242] 撫遠大將軍胤禎奏爲藏地情形摺（康熙五十九十二月十二日）
　　[1]-3542
　　臣胤禎謹奏，爲奏聞事。
　　率鄂爾多斯兵至木魯烏蘇經驛前往之員外郎常明珠，十二月初八日抵達後，臣問常明珠西地之消息如何。告稱常明珠我自木魯烏蘇來時途遇由藏出來之親王羅卜藏丹津屬下達爾漢格隆率近百兵丁前來，問爾自何處返回，藏地事務若何，爾王復遣爾乎，爾乃擅自返回乎。達爾漢格隆告稱將軍大臣我青海王等帶達賴喇嘛前往藏地坐牀，將我等留於達木地方，後我王令我等馬瘦之兵丁先乘暖返歸，我率此近百名馬瘦之兵丁於十月十日自達木地方啓程前來。於彼處聞得班禪額爾德尼乘聖主封此新達賴喇嘛時來會，十月十七日前來招地，將軍大臣、我青海王等均候於招地，後不曉班禪額爾德尼來否等情。前臣曾奏欽遵皇父諭旨，獲有西地消息，即刻奏聞等因，現除詢問員外郎常明珠之語外，並無其他消息，故此將問常明珠之情由，具摺恭謹奏聞。
　　硃批，知道了。

[243] 撫遠大將軍胤禎奏謝賞物摺（康熙五十九年十二月十二日）
　　[1]-3543
　　臣胤禎謹奏，爲謝恩事。
　　臣十一月初四日奏報，於十二月初三日抵達。奉皇父硃批，盛京烏拉捕獵至，依去年編駄遣之，欣悅貯藏，緩慢食之，欽此。又謝恩摺內奉硃批，

──────────────────

〔註1192〕此句意爲前臣具奏住防德布特爾訥欽王納爾蘇等行將撤兵。

尚未定行禮之處，再觀之，大將軍乘驛速來，所關甚重也，欽此。恭閱不勝喜悅，皇父仁賞之鹿麖鹿尾口條肉雉鵝魚恭謹受領，同諸子謝恩，分給大臣些許。既非易得之物，其餘臣謹收藏，緩慢品嘗。再臣屢經具奏朝覲皇父聖顏之心甚切，故欲乘驛前往等情，今皇父訓誨之旨甚是，臣謹遵，惟候皇父降仁旨，為此具摺謹奏。

硃批，知道了。

[244] 撫遠大將軍胤禛奏為遣藏地官員事摺（康熙五十九年十二月十二日）[1]-3544

臣胤禛謹奏，為奏聞事。

准吏部咨，監察御史陳贊條陳之事，經臣等部議覆奏，奉旨今正值軍務孔殷之際，若有用官之處，眼下即獲官遣之，方於事有利。依此條陳，易於臣等辦理，何以得知所遣官員是否富裕，若反復更改此事，以致反誤軍務，今正值軍機之際，為臣者應盡力之時，將監察御史陳贊遣至大將軍王前，於應効力之要地報効，伊至彼處，於軍務如何有利，即速得用官之處，知曉後，再條陳具奏，欽此欽遵，咨文等因，於九月二十八日到。監察御史陳贊於十二月初三日抵達後，臣查得地方之事均有承負之官員，今仰皇父之威福，敗賊平定藏地，西寧並無應効力之要事，將陳贊遣往藏地，令伊查明往彼處運糧餉之官員內，誰効力與否，誰運米前抵達，誰運米留後之處，查明後速報來等情，已於十二月初九日自西寧啟程遣往，為此具摺恭謹奏聞。

[245] 久未得藏訊已派員探詢進藏驛站似不宜撤摺（康熙六十年正月初二日）[2]-《卷十二》

奏為久未得藏訊，派員探詢事。

前臣得西藏之信，即行奏聞等因，今至二月由西藏未報一事，適木魯烏蘇住第六站把總李子催〔註1193〕稟稱，先平逆將軍等、丹鍾貝子〔註1194〕下蒙古等派三十六站，每站各住五名，十一月初二日丹鍾貝子行文，駐站蒙古等皆陸續撤回，大將軍行文到後，我親領四兵咨送至第九站，住站兵一名亦回，無藏訊，來時遇六蒙古詢問，據稱平逆將軍早已領大兵向四川而去，我回來由督標第五站撤兵，十一月二十七日至木魯烏蘇等語。又總督年羹堯咨文內

〔註1193〕第二四九號文檔作李子崔。
〔註1194〕《蒙古世系》表三十九作丹忠，顧實汗圖魯拜琥第五子伊勒都齊曾孫，父根特爾，祖博碩克圖濟農。

稱，聞進藏二將軍大約十一月初頭一齊回來，由巴爾喀木路向四川來，我具奏請派員預備米口糧等語。查住原時臣共商議，自木魯烏蘇這邊站，臣住，自木魯烏蘇那邊站，將軍延信等住，在木魯烏蘇那邊站辦理，派員外郎阿拉善陸續經辦，臣又差人由木魯烏蘇這邊辦理，今年羹堯咨文內稱，二將軍由巴爾喀木路而去，此處將軍等並未來報，臣看把總李子催所報站斷，那邊未致誤事，亦不可測，皇父急欲聞信，西藏之事，日久不至耽誤，又並未得實信，臣甚著急，一面派員外郎常明珠、雲騎尉沙木巴扎布等辦給馬匹口糧，臣問將軍延信西藏情形，辦理驛站咨文，由木魯烏蘇路至藏去路上遇西藏所報之事，即令速咨，正月初二日由西寧起行，一面派回子通事等辦給馬口糧，臣咨行將軍延信、噶爾弼，由巴爾喀木路回歸，請令將軍等去，必能面見將軍，我令交文書，去年十二月二十九日由西寧起行，一面總督年羹堯你差人順巴爾喀木探取將軍延信等信，何日至打箭爐之處，令速報我，再由打箭爐至藏所駐之站，斷不可撤，留備駐藏大臣等奏報，交由彼路行遞，為此恭摺謹具奏聞。

[246] 詢明藏地撤軍情況摺（康熙六十年正月初十日）[2]-《卷十二》

奏為探詢藏情事。

臣由藏回來青海台吉格勒克濟農、額爾德尼〔註1195〕台吉臧布扎布、貝勒色布特扎爾屬台吉那木扎爾到後，問明具奏等因。正月初八日台吉格勒克濟農到後，臣向其詢問，何日由藏起行，我們將軍兵去，現住藏何處，率兵情形何如，準噶爾賊敗去，達賴喇嘛坐牀，合唐古忒有何意見，你係親去，將軍大臣等所議辦之事必定知曉，所知盡告，勿少隱諱。據稱我親與親王羅布藏丹津等隨大兵進藏，大敗準噶爾賊，將軍大臣等同我們去請達賴喇嘛，九月十五日早坐牀。是月二十日我們王與台吉等共商，由我們青海兵內共選五十餘人追趕賊跡，十月二十日回來告稱，我們過巴嘎那克產〔註1196〕之處，至伊克那克產〔註1197〕界並未遇人，沿途瘦疲馬匹牲口，許多物品，陸續遺棄，足見賊已遠逃等語。

再準噶爾賊內布庫巴、木巴爾、洛餒淋陳、特古斯等二十餘人陸續隨來告稱，我們準噶爾兵內畏大兵之威，敗逃急行，馬匹牲口疲倦者極多，

〔註1195〕此處刪帶字。
〔註1196〕即小那克產。
〔註1197〕即大那克產。

笨重蒙古包長槍等物，燒毀拋棄。伊克那克產地方之那邊西倫沙爾地方，這邊末尾戈壁地方，差台吉諾海等數人往見車凌端多布等，詳告情況，車凌端多布等為首數人皆哭，拋棄一切重物，又趕緊行去尋找克哩業，取得信息。台吉二子舒努達瓦、老臧舒努〔註1198〕向伊父反目，與小車凌端多布領下人等叛走，台吉伊長子噶拉丹車凌領兵追趕，彼此互相攻打，西邊人均有受傷，噶拉丹車凌亦受傷回來，小車凌端多布領伊下人等順阿拉台路去請聖主安〔註1199〕，舒努達瓦、老臧舒努兄弟二人領下人等，去請他們遠祖土爾扈特之阿禹奇安〔註1200〕。車凌端多布等他們毀壞行李，不得佳音，恐懼相哭，我們準噶爾人等由十歲騎馬，處處被攻，皮肉受傷，一日不得安寧，今內將軍大臣等青海台吉等皆來，我們婦孺不能謀生，隨軍進止，請聖主恩施等語。再十月十五日我們一那欽人告說，伊往扎什倫布廟去，聞蘇爾咱屬一人之言，策旺阿拉布坦已死，因煮滿扎差數人，聞兵來，傳聞敗去之信，不知虛實等語。是月十八日班禪額爾德尼至藏入菩提後，達賴喇嘛欽遵聖旨，向班禪額爾德尼呈遞哈達行禮，將軍大臣等我們青海王台吉等皆叩見班禪額爾德尼，與達賴喇嘛甚為歡洽，唐古忒土伯特無不歡快跳躍，十一月初五日向班禪額爾德尼說格楚爾薩奇爾，是日吉日我將起行，班禪額爾德尼來時阿里康濟鼐隨來告說，聞我們內大兵來，領六千唐古忒兵，準噶爾敗走，駐守那克產阿爾崩阿地方，賊不由那路去，我叩見達賴喇嘛所云等語。再將軍大臣等與我們王台吉等共同商定之處，額駙阿保、公策旺諾爾布共領三千兵留守，順巴爾喀木路前進將軍，兵順木魯烏蘇前進，皆由巴爾喀木路尋找通行打箭爐之路。我們親王羅布藏丹津、郡王代青霍紹齊查罕丹津〔註1201〕，貝子巴拉珠爾拉布坦領青海一千五百兵，除留藏外，其餘台吉等各領所屬兵分別陸續回來。再議定四額駙、端多布多爾吉〔註1202〕、台吉塔旺扎木蘇〔註1203〕、侍衛扎什等，在達賴喇嘛前往過冬，本年青草時回來。聞達賴喇嘛又賞出十萬兩銀，牛羊各一萬，糌粑一萬袋，送給內兵。今藏地受聖主厚恩，大將軍王之威德，我們能享太平，我們王身感青海二老福晉無人照應，除留兵外，餘兵交我遣

〔註1198〕《蒙古世系》表四十三分別作舒努達木巴巴朗、羅卜藏舒努。
〔註1199〕此處補安字。
〔註1200〕此處補安字。
〔註1201〕即郡王戴青和碩齊察罕丹津。
〔註1202〕《蒙古世系》表二十九作敦多布多爾濟，土謝圖汗察琿多爾濟之孫。
〔註1203〕原文作旺扎木蘇，今改正為塔旺扎木蘇，屬內扎薩克蒙古烏朱穆沁部。《蒙古世系》表十六作塔旺札木素，車臣親王素達尼之子。

回，我親自十一月初五日由藏起行，走五日至巴布隆〔註1204〕地方，住宿四日，十四日來時我們索諾木他爾齋桑追來告稱，我親自十二日由藏起行，台吉你起行後，初七日幫準噶爾賊行兇拏獲人內第巴達克冊、此阿濟奈人噶隆扎什則巴之弟喀拉烏蘇之達魯哈多霍樂達什，住那木魯，原殺卓哩克圖溫布等六人。初八日由巴爾喀木路前進將軍領兵由藏起行，順巴爾喀木路而去。十一日順木魯烏蘇前進將軍領兵由藏起行，亦順巴爾喀木路而去。將軍等準噶爾圖扎克布哩，先派達賴喇嘛隨從十五人亦順巴爾喀木而去。〔註1205〕又聞將行兇幾人一併帶去，不知數目，由彼處順拜圖路而來，十二月二十八日到家，由東路走，由此處去，並未遇見驛站人等，亦未見額爾德尼台吉臧布〔註1206〕，仍尚未到家，我過正月初一日請大將軍王安，欲來探詢，故初三日領催來到，我即收拾，初四日起行，我領兵行，索諾木他爾齋桑、額爾克溫布、達爾罕齋桑杜嘎爾領侍衛四人等來，索諾木他爾齋桑等云，你們台吉格勒克濟農先由藏起行，你們留幾日來，除格勒克濟農告言外，問你們如何，又有其他信息，皆云除格勒克濟農告言外，另無所聞等語。再由藏回來貝勒色布特扎爾屬台吉那木扎爾查問，皆照格勒克濟農所云，此台吉格勒克濟農等人們皆去為兵，我們一齊奮力，大擊準噶爾賊，事成之人，臣於〔註1207〕台吉格勒克濟農你們二人並台吉那木扎爾、齋桑索諾木他爾等各賞綢一疋，遣送回家。再帶台吉臧布扎布〔註1208〕差領催多賴〔註1209〕來告稱，我正月初一日至台吉臧布扎布家，臧布扎布妻問杜嘎爾扎布，台吉臧布扎布仍尚未至，到後即咨送西寧告說等語，台吉臧布扎布到時問得別故，再行具奏外，為此恭摺謹具奏聞。

〔註1204〕《欽定大清會典事例》（嘉慶）卷五百六十作巴卜隆，為自青海入藏之一站，《清代唐代青海拉薩間的道程》解為同名河之渡口，《乾隆內府輿圖》作八步隆河，為拉薩河上游，此河應為《中國分省系列地圖集 西藏》標註之桑曲，以道里計之，當在那曲縣古露鎮附近《中國分省系列地圖集 西藏》

〔註1205〕此句意為，將軍等將準噶爾圖禁於扎克布哩廟內達賴喇嘛及十五名隨從亦帶從巴爾喀木路回來。

〔註1206〕應為藏布扎布，顧始汗第六子多爾濟之孫，其父畢嚕咱納，《蒙古世系》表三十七失載，《如意寶樹史》頁七九○後表五作額爾德尼台吉策旺札布，其父畢塔咱那。

〔註1207〕此處補於字。

〔註1208〕顧始汗第六子多爾濟之孫，其父畢嚕咱納，《蒙古世系》表三十七失載，《如意寶樹史》頁七九○後表五作額爾德尼台吉策旺札布，其父畢塔咱那。

〔註1209〕第二○三號文檔作領催多來。

[247] 進討策旺阿拉布坦共議分路進兵摺（康熙六十年正月十七日） [2]-《卷十二》

奏爲遵旨共議進軍西域事。

前討逆將軍福寧阿〔註1210〕奏請進兵討滅賊策旺阿拉布坦事，議政大臣議覆具奏，奉旨此事大將軍王、將軍福寧阿、富爾丹、奇哩德〔註1211〕等咨文明年進兵之處，他們彼此皆已議定具奏，欽此欽遵。臣即令將軍福寧阿、富爾丹、奇哩德等探明巴里坤、阿拉台路兵情形，應由幾路，如何進米口糧，如何挽運，二路之兵如何彼此聯繫，何處會合之處，我住處相距遙遠，確實難知，文到你們互商，必仰體皇父以軍事重要之至意，應求萬全，各盡所言，報來以便彙奏。今討逆將軍富寧阿來稟內稱，營長常色哩差藍翎啓疇，遵照大將軍王所交命令，由振威將軍富爾丹〔註1212〕、征藏將軍奇哩德〔註1213〕等商咨等因。富爾丹、奇哩德等咨稱，進兵之事至要，我們住處相隔較遠，約日會議，必多躭誤，我們所議與將軍之議，不甚大異，我們恭繕大將軍王咨文，送交將軍們，三路歸一，回報大將軍王等語。富寧阿會同盡議，我們原奏之處，在巴里坤之滿洲蒙古回子綠旗兵，合計共兵一萬七千二百餘，由此選出一萬四千兵，由哈畢拉罕、吐魯番、阿拉輝路前進等語，今增送三千滿洲兵，此兵由額勒恩、哈畢拉罕路前進，八千兵增二千，共進一萬，由吐魯番前進六千，增一千，共進七千，由吐魯番進七千兵後，留吐魯番一千兵，餘六千兵順阿拉輝口前進，過那拉特嶺下歸吉斯河，尋伊犁前進，烏魯木齊地方緊要，而吐魯番回子等耕地有糧，由額勒恩、哈畢拉罕路前進一萬兵，留烏魯木齊一千，收穫耕糧，預備軍糧，餘九千兵尋伊犁、阿拉台路前進。

將軍富爾丹、奇哩德等咨稱，至博羅他拉後，會合巴里坤之兵，共同商酌，或阿拉坦、額門博羅、布爾嘎蘇、他拉奇等嶺，分闢攻進，或三路兵會合進攻一處，屆時再定，巴台木魯行等，問嚮導，此三嶺有一接連，相隔不過三四日路程，策旺阿拉布坦或博羅布楞蘇或他奇嶺，凡接墊一嶺，彼此致信，賊未取受，順嶺去，尾隨進，順阿拉輝進兵，又探進賊營，至賊首尾不能相顧，博羅布楞蘇口由博羅他拉不過一二路程，若遇緊要事件，則可致信

〔註1210〕 《平定準噶爾方略》卷七頁二十二作靖逆將軍富寧安。
〔註1211〕 《平定準噶爾方略》卷七頁十八作征西將軍祁里德。
〔註1212〕 《平定準噶爾方略》卷六頁二作振武將軍傅爾丹。
〔註1213〕 《平定準噶爾方略》卷七頁十八作征西將軍祁里德。

聯繫，本路之兵，即過博羅布楞蘇嶺尋向伊犁前進。再一萬七千兵共領三月口糧，內挽運四十五日米，由現在巴里坤五萬餘隻羊，給一月口糧之羊，餘十五日隨米，此需馱米二千五百餘駝，交巡撫綽奇預備妥當，派宰馱米駝兵，隨米同行官員，及領守羊俄爾多斯台吉兵丁，隨米牽駝大兵一併隨去，阿拉台路將軍等互相聯繫，住驛不成，停駐阿圖驛，俟大兵擊敗賊眾，隨報喜信，派兵送來，路遠不能即至，可送我們二路大兵尾隊住驛，並送額勒恩、哈畢拉罕路之兵尾，酌量仍住此驛，住驛馬牌子等項，巡撫綽奇交辦驛章京郎圖預備足彀，再調來固原寧夏甘肅等處三千九百綠旗兵住驛之馬馱米駝等項，皆本年四月間來到巴里坤。

再阿拉台路將軍等咨稱，我們計由佛斯合勒合哨，無尤誤行，粗計至伊犁需經二月，我們布拉罕、布魯特二路進兵之路，由巴里坤較遠，今年馬匹牲口肥壯，閏六月十五日前，我們由佛斯勒合霍土旺哨、孫托特庫奎哨起行，我們由巴里坤至伊犁，粗計路程四十日可以繞至，遇阿拉台路兵一齊前至，我們巴里坤兵七月初間選擇吉日起行，我們巴里坤兵皆三人有一馬，征進時又令盡力，前請奏借給滿洲綠旗兵銀兩，現在仍未解到，到即差官兵往喀拉開〔註1214〕地方增買駝馬，我們巴里坤路兵精，糧食豐足，器械整齊，馬牲口有餘，無少尤誤，然沿進兵之路，水草甚好，無大嶺險狹之虞，伊犁可以易至，策旺阿拉布坦聞天兵來臨，伊兵不分，盡所有之力，一路之兵抵禦，遇兵看伊力〔註1215〕可擊則擊，不能擊則保守餘路之兵，急速致信各處乘近領兵前進，或尾隨攻擊，準噶爾賊意必敗走，或致伊內亂，散二路之兵，可以攻滅，若策旺阿拉布坦領眾預先遠避，則二路之兵，擬選精銳，由我自帶留在伊犁，餘兵全退，所退兵之餘口糧馬牲口，搶掠牲口，得敵人之糧，足資辦理，若有不足，由烏魯木齊吐魯番送糧，為一年之口糧。策旺阿拉布坦所在之處，若策旺阿拉布坦極遠避敗，或由烏魯木齊、吐魯番致糧有難處，則當時我們同商，或吐魯番或烏魯木齊輪流佔住，策旺阿拉布坦困窮之處，酌宜行額勒恩、哈畢拉罕路，富寧阿我親領兵征進，由吐魯番領兵征進時誰首先之處，請大將軍王派等語。

看富爾丹奇哩德等現稟之文，仍照他們先稟之文，皆與富寧阿稟文無異，伏維仰仗天威，進藏之兵擊敗車凌敦多布遠逃，安定藏地，令達賴喇嘛坐牀，

〔註1214〕常寫作喀爾喀。
〔註1215〕即伊犁。

巴里坤、阿拉台等數路之兵入賊邊界，踏毀其耕田，大搶人牲口，震動逆賊，肝膽俱碎是實，將軍〔註1216〕富寧阿等近靠賊境，確知其內情，乘機進兵討滅策旺阿拉布坦之巢，具奏極是，看策旺阿拉布坦性極狡猾，竟非可信之人，實斷不可留於世，現乘其眾驚心慌亂之際，大兵各自殺進，一遭擊除賊根，則邊界始自得安寧，揚威外國，不敢再起妄念，然富寧阿等他們兵丁馬牲口豐富，器械齊整，人人感激圖恩，各自奮勉，進兵則必成功，並無躭誤，議定極固，本年進兵並無疑慮，是以臣咨調巴里坤各處綠旗兵，皆派妥協，器械齊整，馬牲口養肥，四月內至巴里坤，交該提督總兵官等行文，馱米之駝，住驛之馬，亦咨四月內至巴里坤，交巡撫綽奇行文，再調現甘肅州〔註1217〕餵養馬匹過巴里坤，三千滿洲兵亦四月內可到，其間交馬牲口，令餵肥壯，器械齊備，又巴里坤官兵所借俸餉，令速即解送，亦交巡撫綽奇行文，再明年征調，首領之人，皆皇父明斷指派，本年調動兵馬，令誰為首，敬請欽派，為此恭摺謹具請旨。

[248] 青海郡王等差員進貢賞給路費摺（康熙六十年正月十七日）
[2]-《卷十二》

奏為青海郡王等請派員進貢事。

正月十二日郡王代青霍紹齊查罕丹津由西藏差伊額爾克莫爾根達木林來問臣好，咨送哈達藏香氆氌。當問達木林你何日起身，藏信如何，你們王為請皇父安，有無奏摺。據稱進藏大兵、青海各王台吉等兵，仰託聖主威福，準噶爾賊三次進擊，均遭大敗，去年九月十五日達賴喇嘛坐牀，今藏地平安無事，聞說額駙阿保、公策旺諾爾布領內兵在藏過多，將軍等領兵同歸，親王羅布藏丹津、貝子巴拉珠爾拉布坦、我們王三人領青海兵暫住，其餘台吉等兵皆已調回。我來時藏雖留兵，將軍等何日領兵由何路回歸，仍尚未定，十月三十日我們王令往京城請聖主安，差交奏摺一件，呈貢珊瑚珠子一串香四束氆氌四疋，請大將軍王准令我們馳驛，其餘皆照扎薩克台吉格勒克吉農〔註1218〕等告等因。

譯閱奏文內云，聖主明鑒，奴才郡王代青霍紹齊查罕丹津跪奏，聖主推廣十萬日之明，為教眾之益，如須彌爾山之固，奴才仰仗聖主無窮光明，擊

〔註1216〕此處補軍字。
〔註1217〕甘州與肅州之合稱，甘州即今甘肅省張掖市，肅州即今甘肅省酒泉市。
〔註1218〕親王羅卜藏丹津之父達什巴圖爾養子，又娶妻達什巴圖爾之女阿寶。

敗逆賊，達賴喇嘛坐金牀，請班禪光臨，大兵至藏，人等共享昇平，謹奏大蓋情形，恭候聖旨遵行。

臣以達木林馳驛之事，皇父無旨，不可馳驛，你們牲口盤費少，則我可賞你首領達木林銀二十兩，隨去三人銀各十兩，除王查罕丹津所奏蒙文、呈貢物件仍交伊差達木林咨行起身外，王查罕丹津由藏遠地問臣好，咨送哈達香氈氊，臣皆領受，答給哈達一件綢二疋，爲此恭摺謹具奏聞。

[249] 沿途撤軍摺（康熙六十年正月二十二日）[2]-《卷十二》

奏爲撤軍事。

先住木魯烏蘇驛站把總李子崔〔註1219〕稟稱，聞平逆將軍延信早已領大兵向四川去，我由第五驛領兵，十一月二十七日來到木魯烏蘇。臣自木魯烏蘇以來，驛站雖齊，增派倭爾多斯兵，因河邊驛站不可不接，派員外郎常明珠、雲騎尉沙木巴扎布至藏，住驛補齊，又派回子通事等，由巴爾喀木路迎將軍等查探信息。又總督年羹堯、將軍延信等何日來至打箭爐，令速探報〔註1220〕。再由打箭爐至藏，住驛斷不可撤，留備住藏大臣等奏報，應由何路行文具奏。正月十九日總督年羹堯稟稱，將軍延信咨文，由我們四川省官兵合給預備草料，將軍延信領兵實由四川來，由打箭爐至藏住驛，照大將軍王交未撤仍住等語。本月二十一日索諾木住驛筆帖式額爾格圖報稱，在藏差辦事〔註1221〕官鍾佛保、喇嘛達木巴噶隆正月十六日來至朔羅汪口稟稱，藏扎什魯木布之事皆已辦完〔註1222〕，留藏蒙古兵一千五百，再四川兵一千二百，貴州兵三百，交總兵官趙崑〔註1223〕，副將晉新〔註1224〕管理，將軍延信上年十一月十一日由藏起身向四川去，差護軍參領明泰領撤驛文，亦於十一月十一日由藏起身來撤驛，我們自己十二月初二日由藏起身，本年正月十六日來至朔羅汪等語。將軍延信由西寧進，領滿洲綠旗兵由巴爾喀木路向四川去，他們在藏辦事報文，護軍參領明泰如何，不知耽延仍尙未至西寧，然看總督年羹堯所報之事，筆帖式額爾格圖所報之事，延信等向四川去無疑，查原住驛時，木魯烏蘇路

〔註1219〕第二四五號文檔作李子催。
〔註1220〕此句意爲又行文總督年羹堯，令年羹堯速探將軍延信何日至打箭爐，速報胤禛。
〔註1221〕此處補事字。
〔註1222〕此句之意爲往藏扎什倫布寺去班禪額爾德尼處之事皆已辦完。
〔註1223〕《平定準噶爾方略》卷五頁二十八作總兵趙坤，爲雲南鶴麗鎭總兵官。
〔註1224〕《甘肅通志》卷二十九頁十六作楊盡信，雍正元年已陞任固原總兵官。

地涼氣不正，五月始出青草，住驛牲口無存，臣自木魯烏蘇以來，驛站屢次差員辦理，由木魯烏蘇那邊皆將軍延信住驛，地方愈涼，氣愈利害，人馬實無定止，今大兵不由木魯烏蘇路來，延信等差明泰咨撤此路之驛等語。臣在木魯烏蘇所存之米，皆溫布，由西寧至藏住驛，行文皆撤回，再由藏奏報之事，由四川咨行，由藏差人，計直送西寧之日，來至皆相等，若由四川報，則在路耽延不可測，是以凡事令一面由四川驛報，仍一面差人竟令咨送西寧，駐藏額駙阿保、公策旺諾爾布等亦行文，再筆帖式額爾格圖所報之處，鍾佛保、達木巴噶隆來，班禪帶使者來不來，未派，臣急辦肥馬二十匹差人咨令迎鍾佛保等，來至後，除問明班禪一齊帶使者先行奏聞外，使者等接續即速起身咨送京城，為此恭摺奏聞。

[250] 貝子洛布臧達爾扎病故派員賫〔註 1225〕賞摺（康熙六十年正月二十二日）[2]-《卷十二》

奏為貝子病故派員賫〔註 1226〕賞事。

正月初七日青海盟長貝子畢賀車臣代青洛布臧達爾扎〔註 1227〕之妻福晉穆呢〔註 1228〕伊差固徵齋桑稟稱，我們貝子在郭忙廟〔註 1229〕居住養病，正月初解日病故，來告後，臣差侍衛西達子〔註 1230〕、主事達色，送已故貝子洛布臧達爾扎布彥哈達一件，銀一百兩，綢四疋。是月十九日侍衛西達子、主事達色回來稟稱，我們大將軍王取去布彥哈達銀綢給福晉穆呢此子台吉濟克濟扎布〔註 1231〕等、福晉穆呢等他們各齋桑侍衛等跪哭告稱，我們貝子原為青海一小台吉，蒙聖主宏恩，優封貝子，又放盟長，並未効力，上年送達賴喇嘛，思得機効力，不幸路上舊病復發，大將軍王知我們貝子病情，為德布特爾段落，由德布特爾至柴達木，病情漸重，將軍王聞知，回來，我們貝子病重，向我母子說，現在大將軍王復推廣我們祖父所立黃教，帶領大兵前行，我反

〔註 1225〕原文作賷，今改為賫。
〔註 1226〕原文作賷，今改為賫。
〔註 1227〕《蒙古世系》表三十六作羅卜藏達爾扎，顧實汗圖魯拜琥第二子鄂木布之孫，其父卓哩克圖岱青。
〔註 1228〕第三一五號文檔作福晉莫呢。
〔註 1229〕今名廣惠寺，為羅卜藏丹津之亂被毀後清世宗御賜名，位於青海省大通縣東峽鎮。
〔註 1230〕第一九二號文檔作侍衛西達色。
〔註 1231〕《蒙古世系》表三十六作濟克濟扎布，顧實汗圖魯拜琥第二子鄂木布曾孫，父貝子羅卜藏達爾扎，降襲輔國公。

來家養病，於心不安，往郭忙廟去治病，俟愈則往德布特爾軍營去効力，即死我心亦安，往郭忙廟去時氣尙未斷，我們止濟克濟扎布一子，今年二十一歲，除此之外並無別人，我身故後你們寡婦孤子差人報請大將軍憐恤，初三日正午病故。我們貝子生前並未出力，而大將軍王聞故即差侍衛扎爾固齊安慰我們寡婦孤子，送來已故貝子布彥哈達銀綢，實不能受，惟有教養子濟克濟扎布成人，並爲聖主增壽萬萬歲祈禱外，何能仰答鴻恩於萬一，不勝感激，領衆叩首。二十一日福晉穆呢又差伊達齋桑查罕前來稟稱，我們貝子遺言，我身故後你們母子孤寡可憐之處，大將軍王聞知，必會憐恤你們，現在我惟濟克濟扎布一子，應否襲封貝子之處，敬請大將軍王請奏聖主等語，爲此恭摺謹具奏聞。

[251] 都統穆森等分駐西寧甘涼等地摺（康熙六十年正月二十二日）[2]-《卷十二》

奏爲調兵分駐事。

都統穆森領住西寧鳥槍護軍大護軍，副都統莊圖領住莊浪鳥槍馬甲，交穆森、莊圖，上年十二月十八日由西寧莊浪起身，咨交穆森領去兵住駐甘州餵養馬匹，莊圖領去兵住肅州餵養馬匹，穆森領去兵正月初九日到甘州，莊圖領去兵正月十一日到肅州，皆報。副都統薩爾產〔註1232〕領隨訥欽王由德布特爾來五百鳥槍護軍，在西寧一月餵養馬匹，正月初九日起身，亦咨甘州。臣我無滿洲兵，在涼州護軍內咨過巴里坤三千，兵數足滿，咨派三百八十七名外，其餘四百八十四護軍交副都統賀什興〔註1233〕領來，西寧馬兵馬甲等仍都統旺固哩領，行文住涼州，正月二十一日其餘護軍等、副都統賀什興領來至西寧，爲此恭摺謹具奏聞。

[252] 各路撤兵事宜摺（康熙六十年正月二十二日）[2]-《卷十二》

奏爲各路撤兵事。

正月二十一日總督年羹堯稟稱，定藏將軍噶爾弼咨稱，我奉大將軍王轉奏聞事，噶爾弼我與平逆將軍延信共同商議，二路蒙古綠旗兵留三千住藏之處，除先行稟呈轉奏外，噶爾弼我領來四川雲南滿洲綠旗兵編隊，雲南綠旗

〔註1232〕《欽定八旗通志》卷三百二十一作滿洲正紅旗副都統薩勒禪。《平定準噶爾方略》卷十頁二十一作副都統薩爾禪。

〔註1233〕《欽定八旗通志》卷三百二十一作滿洲正黃旗副都統宗室赫世亨。《平定準噶爾方略》卷六頁十三作副都統宗室赫世亨，清太祖努爾哈赤長子褚英後裔。

兵交總兵官馬輝伯〔註 1234〕，十一月初一日起身。江寧杭州滿洲兵交都統烏格，初二日起身。四川綠旗兵交副將岳鍾琪，初四日起身，我親領荊州〔註 1235〕滿洲兵初十日起身。我們進兵時洛隆宗、碩般多、達爾宗、類烏齊、傑洞等處皆新闢地方，民亦未定，又和圖、喀拉烏蘇、達木等處有通路，地方極為緊要，必須住兵，是以洛隆宗佐領委營長西蘭泰，碩般多員外郎德成、佐領委營長胡哩，達宗爾二等侍衛麥圖、佐領委營長常壽，類烏齊二等侍衛張珠、雲騎尉銜章京海隆阿，傑洞辦理官佛延壽、佐領委營長巴爾奇等，四川雲南滿洲綠旗兵酌留駐守，今事完撤兵，將此一併撤除，綠旗兵各退原處外，滿洲官兵噶爾弼領往成都去餵養馬匹，我先因驛路不同，一切奏事，一面具奏，一面稟咨大將軍王，今來至藏，驛站會合一處，稟大將軍王，由王處請奏，由此處起身，後路上有應奏聞之事，則驛站路程不同，仍照先一面奏聞，一面稟大將軍王，為此稟呈稟轉奏咨行，此事我即應奏聞等因，至藏平逆將軍延信一切奏事，皆稟大將軍王轉奏，我亦稟請大將軍王轉奏咨行等因，為此傳知咨行等語，為此恭摺奏聞。

[253] 分佈駐防事宜摺（康熙六十年正月二十二日）[2]-《卷十二》

奏為分佈駐防事。

正月二十一日總督年羹堯稟稱，定藏將軍噶爾弼咨稱，我與平逆將軍延信共同商稟大將軍王轉奏，在藏辦理留兵事宜，賊車凌端多布敗走，退回他們原處，我們額駙阿保五百兵，察哈爾四百兵，並滿洲綠旗兵二千，青海兵二千留守住此，致使糧運地遠，難於駐守，大臣即由喀木藏衛三省地方酌取，止領給一年口糧等語。令延信與青海王貝勒貝子公台吉等議，你們如何留住，我們內兵或住不住等處於，海王貝勒貝子公台吉等告稱，今仗聖主威福，大將軍王之力，擊敗賊兵，此皆將軍大臣等眾同心奮力所致，此非我們青海兄弟們所能，惟準噶爾賊極為奸猾，現雖遠遁，明年可能遣兵復來，地方新定，唐古忒人等意尚未安，我們青海兵力單薄，無濟於事，酌留內兵，聖主天威準噶爾聞之，不敢再來，眾唐古忒人等得有倚靠，太平安生等語。達賴喇嘛差伊卓呢爾噶布楚告稱，我原德爾格特地方一唐古忒人，蒙聖主高厚之恩，令我安住古木布木廟，今又賞我印冊，封為達賴喇嘛，大將軍王不辭勞苦，親領兵來臨木魯烏蘇，籌謀一切事宜，沿路大雨雪雹，大兵不分晝夜嚴加防護，眾兵圍繞，由將軍大

〔註 1234〕《平定準噶爾方略》卷七頁六作總兵官馬會伯。
〔註 1235〕原文作景州，今改正為荊州。

臣等推及奴僕，勞苦之處不勝其數，今我小子仰託聖主威福，安善來藏，遂得坐牀，惟準噶爾賊極奸猾，現雖被大兵擊退遠去，聞撤大兵之信，遣兵復來，實不可測，若惟止留青海之兵，力單勢弱，唐古忒人等極怕準噶爾賊，恐不得太平安生，聖主拯救闔藏，解倒懸之苦，復得見天日，小子我自始至終，仰望惟聖主大將軍王外，再無其他倚靠，伏乞將軍大臣等共同商議，酌留內兵，聖主天威，準噶爾賊不敢來，我與唐古忒人喇嘛等，皆得共享太平。達賴喇嘛屬噶隆、尚功、第巴、達他等亦照此再三請求，是以延信同商議，照先商議內兵三千駐此，滿洲兵不宜停住，延信之隊，扎薩克兵五百，察哈爾兵四百，此兵兼男丁內好漢，多選看旗仗好一百，穿甲作五百兵，額駙阿保厄魯特兵五百，松潘綠旗兵五百，蒙古綠旗兵共二千，將軍噶爾弼所率領四川綠旗兵七百，雲南綠旗兵三百，共三千。貝勒額駙阿保、公策旺諾爾布、副都統常凌〔註 1236〕等，除各管理所駐蒙古兵外，延信所率綠旗兵官內副將楊晉新管好，漢軍行動極合機宜，署理提督馬鑑〔註 1237〕，總兵官李林、王雲吉、副都統常凌等亦保舉楊晉新，是以獎勵楊晉新，頒總兵官箚付，留管綠旗兵，令遇事商同將軍噶爾弼、所派綠旗兵總兵官趙崑共同管理。蒙古綠旗兵不可無統領大臣，令公策旺諾爾布爲總管。延信所率兵丁們應於形勢重要之處，建立營盤，在菩提山、藏穆綸河〔註 1238〕邊近水柴十二營，皆砌牆挖溝，鞏固要緊，立營地方設立關口。扎薩克、察哈爾兵、額駙阿保厄魯特兵、綠旗兵唐古忒人等一併派出，令守楊嘎拉克〔註 1239〕、楊八井、剛公扎薩木等要緊關口。除設置外，又此外往阿拉坦諾爾、騰格哩諾爾、大納克產、林楚等處，達賴喇嘛所屬唐古忒西拉棍、達他等，你們各有分住之處，準噶爾如來，由你們派妥人探信方向，登高看望，妥爲防守，若聞賊來之信，見其行跡，一面告知住哨，一面速報軍營大臣等，若怠情不報，則治以軍法，繕寫唐古忒文，處處嚴行交代。留住大臣等官員等兵丁等每月口糧錢糧，馬草料皆在內地照例給與管理，達賴喇嘛之噶隆第巴等籌議辦理，妥協稟報，爲此恭摺謹具奏聞。

〔註 1236〕《欽定八旗通志》卷三百二十四作蒙古鑲藍旗副都統常齡。《平定準噶爾方略》卷七頁五作副都統常齡。

〔註 1237〕原文作提署，今改正爲署理提督，《平定準噶爾方略》卷七頁十九作提督馬見伯，爲固原提督。

〔註 1238〕菩提山指布達拉宮所在之紅山。藏穆綸河指拉薩河，藏名機楮，見《衛藏通志》卷三，《大清一統志》（嘉慶）卷五百四十七作噶爾招穆倫江。

〔註 1239〕《欽定大清會典》作陽，當雄縣與林周縣分界一山口，《中國分省系列地圖集 西藏》標註爲央日阿拉。